Wolfgang Geiger

Zwischen Urteil und Vorurteil

Wolfgang Geiger
Zwischen Urteil und Vorurteil

Jüdische und deutsche Geschichte in der kollektiven Erinnerung

Humanities Online

Bibliografische Information der Deutschen Nationalbibliothek
Die Deutsche Nationalbibliothek verzeichnet diese Publikation in der Deutschen Nationalbibliografie; detaillierte bibliografische Daten sind im Internet über http://dnb.ddb.de abrufbar.

Frankfurt am Main, Germany
www.humanities-online.de
info@humanities-online.de

ISBN 978-3-941743-23-6

Umschlaggestaltung: Uwe Adam
Printed in Germany

Dieses Buch ist auch als E-Book erhältlich: www.humanities-online.de

Inhalt

Einleitung

Es gibt kein historisches Thema, mit dem sich die deutsche Geschichtswissenschaft, die Journalistik und interessierte Öffentlichkeit sowie das »offizielle« Deutschland mehr befassen als mit demjenigen, das im Brennpunkt der deutsch-jüdischen Geschichte steht: Nationalsozialismus und Holocaust (Shoah). Eine so intensive Vergegenwärtigung des Vergangenen garantiert jedoch noch keine erschöpfende Aufarbeitung des Geschehenen. In der deutschen Sprache und in der kollektiven Erinnerung haben sich in den vergangenen Jahrzehnten die Begriffe dafür gewandelt: Ursprünglich stand dafür *Auschwitz* emblematisch als der Ort des Geschehens, dessen Wahrnehmung auch lange darauf fixiert war. Übersehen oder vernachlässigt wurde dadurch, was zeitlich vor dem in den Vernichtungslagern industriell organisierten Mord und örtlich abseits davon durch die SS-Einsatzgruppen stattfand. So kritisierte Timothy Snyder 2009 den verengten Blick der westeuropäischen Wahrnehmung auf das Schicksal der west- und mitteleuropäischen Juden, all jener, die *nach Osten* in die Vernichtungslager deportiert wurden, und die entsprechende Ausblendung des Schicksals der osteuropäischen Juden: »By 1943 and 1944, when most of the killing of western European Jews took place, the Holocaust was in considerable measure complete. Two thirds of the Jews who would be killed during the war were already dead by the end of 1942.«[1]

Dies liegt natürlich zunächst daran, dass die Zeitzeugenschaft weitgehend den überlebenden westeuropäischen Opfern zu verdanken ist, nicht nur, aber auch, weil es nach 1945 keine vergleichbare Rede- und Pressefreiheit in Osteuropa gab und weil nicht nur die Kenntnis davon, sondern auch ihre wissenschaftliche Aufarbeitung stark dieser westeuropäischen Perspektive gefolgt ist. Und es liegt auch daran, dass der Zweite Weltkrieg und damit verbunden der Holocaust aus der westlichen und mehr noch aus der deutschen Perspektive so sehr als *deutsche Geschichte* verstanden werden, dass das Geschehen kaum in seiner europäischen geographischen Tragweite und besonders das

1 Timothy Snyder: »Holocaust: The ignored reality», in: *The New York Review of Books,* July 16, 2009, online bereits am 25.6.2009 in: *Eurozine,* www.eurozine.com/articles/2009-06-25-snyder-en.html. Snyder zieht dabei auch eine Parallele zu den Verbrechen des Stalinismus, vgl. Timothy Snyder: *Bloodlands. Europa zwischen Hitler und Stalin,* München (C.H. Beck), 2011.

osteuropäische Judentum kaum in seiner demographischen und kulturellen Dimension wahrgenommen werden. Der Impuls, den die TV-Serie *Holocaust* Ende der 1970er Jahre für eine neue Vergegenwärtigung dieser Vergangenheit bewirkte – damit verbunden auch ein neuer Begriff dafür –, geschah ja auch durch die Erzählung des Schicksals der deutsch-jüdischen Familie Weiss aus Berlin. Zeitzeugen, deren Berichte in Schulbüchern zitiert werden, sind in der Regel deutsche Jüdinnen und Juden, die polnischen und anderen bleiben weitgehend anonym auf den Fotos und in den Texten der Lehrbücher. So überschätzen Schülerinnen und Schüler oft den Anteil der deutschen Juden an den Millionen Opfern des Holocaust, so wie überhaupt der Anteil der Juden an der Gesamtbevölkerung in Deutschland seit dem Mittelalter von vielen (darunter auch Studierende der Geschichte) auf 5 Prozent, 10 Prozent oder noch mehr geschätzt wird (real ≤ einem Prozent).

Erst Claude Lanzmanns Film *Shoah* hatte, abgesehen von seiner Monumentalität, auch das Verdienst, die (mittel-)osteuropäische Realität des Geschehens vor Augen zu führen – ein Aspekt, der auch mir erst in jüngster Zeit nach dem erneuten Anschauen des Films in seiner ganzen Tragweite klar wurde. Lanzmann gebührt außerdem das Verdienst, den hebräischen Begriff *Shoah* entsprechend in die europäische Erinnerungskultur eingeführt zu haben, der noch einmal eine andere Perspektive in sich birgt, nämlich eine spezifisch jüdische, schon sprachlich: *Holocaust* bleibt ein aus dem Griechischen übernommenes amerikanisches Wort, ein *terminus technicus* der Historiker, *Shoah* drückt eine andere Dimension der Empfindung aus.

So wie die Wahrnehmung des Holocaust in dem genannten Sinne lange Zeit verengt war und es in weiten Kreisen auch noch ist, so ist auch die Wahrnehmung der jüdischen Geschichte insgesamt verengt, nämlich weitgehend reduziert auf die Verfolgungsgeschichte durch die Jahrhunderte mit dem Holocaust als Kulminationspunkt im Fokus. Die Kritik daran ist schon vergleichsweise alt, auf entsprechende Publikationen wird nachfolgend an der einen oder anderen Stelle verwiesen, und sie wird wohl in Zukunft auch noch weiter gehen müssen, da die Zunahme der quantitativen Beschäftigung mit diesem Thema noch keine qualitative Verbesserung des Verständnisses der deutsch-jüdischen Geschichte garantiert. So sehr für die historische Darstellung gefordert wird, dass die Opferperspektive angemessen berücksichtigt werden soll, so sehr ist die Einengung der Geschichte auf eine Opfergeschichte fatal, dies kommt nicht zuletzt in dem unter Jugendlichen bereits banalisierten Schimpfwort »Du Opfer!« auf perverse Weise zum Ausdruck. Solch eine Opfer- oder Verfolgungsgeschichte zieht sich durch die Schulbücher vom Kreuzzugspogrom bis zum Holocaust, so sehr, dass die Schüler, wie ich es oft genug erlebe, gar nicht verstehen, warum Juden solange »bei uns« lebten, wenn sie dauernd um ihr Leben fürchten mussten.

Dieses Thema zieht sich als eine von zwei Leitlinien durch die meisten der nachfolgenden Beiträge dieses Buches. Es ist die Frage nach der Verfolgungsgeschichte, der Schuld, der historischen Verantwortung und der Fluchtversuche daraus. Zu dieser problematischen Wahrnehmung von Geschichte kommt noch hinzu, dass dafür gegebene Erklärungen, d.h. Erklärungen für Vorurteile, Hass, Feindseligkeit, Antijudaismus oder Antisemitismus, oft selbst dem Erklärungsmuster der Stereotypen und Vorurteile folgen, die sie verurteilen. Die *Verurteilung* des *Vorurteils* reicht noch nicht zu dessen Auflösung, wenn nicht ein anderes *Urteil* (im Sinne einer adäquaten *Beurteilung*) in der Sache erfolgt. Dies zeigt sich insbesondere beim Thema des Geldes, zu dem die Juden nach weit verbreiteter Auffassung eine besondere Affinität haben sollen, seit sie im Mittelalter einerseits durch den Ausschluss aus zahlreichen Berufen und andererseits durch das angebliche Zinsverbot für die Christen vermeintlich exklusiv den Geldverleih betrieben – was jedoch nicht der historischen Wahrheit entspricht. Dieses Problem aufzuzeigen, zu analysieren und zu erklären, ist, verknüpft mit anderen Aspekten der jüdischen Geschichte und ihrer Wahrnehmung, die zweite Leitlinie, die sich durch die meisten der nachfolgenden Abschnitte des Buches zieht. Sie untersuchen diese Problematik in ihren verschiedenen Facetten. Im Zentrum steht dabei die als solche nicht messbare kollektive Erinnerung, materialisiert dadurch, wie sie sich in Geschichtsbüchern und v.a. in Schulgeschichtsbüchern niederschlägt, die ihrem pädagogischen Auftrag und ihrem »heimlichen Lehrplan« zufolge, wie man früher in der pädagogischen Kritik sagte, genau diese kollektive Erinnerung in ihren Dimensionen von Bewusstheit und Unbewusstheit vermitteln. Im Hintergrund und stellenweise auch im Vordergrund steht dabei auch die unmittelbare eigene Erfahrung als Geschichtslehrer an einem Gymnasium.[2]

Es handelt sich bei den hier versammelten neun Beiträgen um ursprünglich eigenständige Veröffentlichungen in Zeitschriften oder Sammelbänden oder um bislang unveröffentlichte Vorträge. Die Analyse

2 Es handelt sich dabei um eigenständige Erfahrungen und Recherchen seit über einem Jahrzehnt, die auch Gegenstand der Diskussion und des Austausches mit Martin Liepach waren und sind und seit 2009 in meine Arbeit am Pädagogischen Zentrum des Fritz Bauer Instituts und des Jüdischen Museums Frankfurt eingeflossen sind.

zur Geschichte und Aktualität von Joseph Süß Oppenheimer wurde für dieses Buch geschrieben. Die älteren der hier zusammengefassten Texte wurden, wo nötig, überarbeitet und aktualisiert, bei thematischen Überschneidungen wurden Querverweise eingefügt. Der erste Beitrag darf als ein zusammenfassender Auftakt für die Gesamtthematik verstanden werden.

Zwischen Schuld und Scham, Urteil und Vorurteil

Kollektive Erinnerung (nicht nur) in der pädagogischen Realität[1]

Die an den Schulen und im öffentlichen Raum institutionalisierte Erinnerung anlässlich der Jahrestage rund um die zwölf Jahre des Nationalsozialismus wird von Schülern häufig als erzwungene Implikation in eine Problematik von Schuld und Sühne verstanden, die sie wohl erkennen und anerkennen, aber nicht als die ihre, sondern die ihrer Vorfahren. So stellt sich die Frage, was *kollektive Erinnerung* heute ist und sein kann. Oder, anders gefragt: Wie sticht sie der »Stachel der Erinnerung«? »Stolpern« die heute Achtzehnjährigen über Stolpersteine an ihrem Ort?

»1945 ist die deutsche Schuld zu Ende« meinte einmal einer meiner Schüler in der 13. Klasse, allerdings nicht direkt zum Thema Nationalsozialismus, sondern an der Stelle, an der ich im Geschichtsunterricht zum Schluss, nach dem schriftlichen Abitur und vor dem Mündlichen, noch einen Blick auf die historischen Wurzeln des Nahostkonflikts werfe. Er brachte damit auf gewiss geniale Weise auf den Punkt, was, so ist zu vermuten, viele so oder so ähnlich denken, aber nicht zu sagen wagen. Und ich bekäme so ein »coming out« auch nie zu hören, wenn ich nicht im Unterricht einen Freiraum dafür bieten würde. Dieser Freiraum ist ein Raum der Befreiung von der vermeintlichen »political correctness«, die die Schüler im Umgang mit der jüdischen Geschichte und speziell mit Nationalsozialismus und Holocaust empfinden. Auch in früheren Jahrgangsstufen »provoziere« ich die Schüler zu äußern, was sie denken – oder vielmehr, worüber sie bisher eher nicht nachgedacht haben. Wenn solch ein Nachdenken nach meiner Provokation beginnen würde, wäre ihr Zweck erfüllt. *Provocare* heißt ja wörtlich soviel wie »Herausrufen« und dies tue ich bereits, indem ich – so gut es geht – jüdische Geschichte anders thematisiere, als es die Geschichtslehrbücher tun, und indem ich jüdische Geschichte *überhaupt zum Thema* mache und zwar auch unabhängig vom Holocaust.

Ja, es gab eine jüdische Geschichte *vor dem Holocaust* und diese Geschichte war *keine Vorgeschichte des Holocaust* (im Sinne einer

1 Vortrag auf der Studientagung »Der Stachel der Erinnerung« des Deutschen Koordinierungsrates der Gesellschaften für christlich-jüdische Zusammenarbeit am 15.6.2012 in Bonn. Unveränderter Wortlaut.

zwangsläufig dort hinführenden Geschichte), so wie es auch eine jüdische Geschichte *nach dem Holocaust* gibt, die dann allerdings zwangsläufig eine *Nachgeschichte des Holocaust* ist.

1. »1945 ist die deutsche Schuld zu Ende«

»1945 ist die deutsche Schuld zu Ende«. Dieser Satz offenbart ja ungewollt, also unbewusst, dass in Wirklichkeit das Gegenteil zutrifft. Mit diesem Abgrenzungswunsch tritt nämlich das Problem zu Tage, das man mit dieser Schuld hat, weil man sie eingrenzen will, weil man sie *historisieren* will.

Das »Ende der Schuld« bedeutete für jenen Schüler, man dürfe zur Geschichte nach 1945 das tun, was vorher tabuisiert war: nämlich die Juden (ja, durchaus »die Juden«) kritisieren. Dabei wird dieses Tabu für *vor* 1945 gar nicht als solches in Frage gestellt und entspringt auch in den Augen der Schüler, wie mir scheint, keiner als *künstlich* empfundenen »political correctness«, sondern vielmehr einem *realen* kollektiven schlechten Gewissen. »Die Schuld ist zu Ende« heißt ja auch: es hat sie gegeben. Und diese Schuld war angesichts des ihr zugrunde liegenden Verbrechens so groß, dass sich jede Diskussion darüber verbietet. Aber dieses Tabu und dieses schlechte Gewissen – und damit auch diese Schuld? – können *kompensiert* werden, so die dahinter stehende Logik, weil die Geschichte selbst vermeintlich kompensiert: Die Juden täten den Palästinensern an, was vorher ihnen geschehen sei. Parallelen zum Ghetto für die Palästinenser sind ja überall verbreitete Vergleiche, auch in Kreisen unserer Gesellschaft, in denen man es nicht vermutet hätte. Aus dieser Analogie in zunächst antinazistischer Perspektive – »Ich verurteile das Ghetto hinter der Mauer in den Palästinensergebieten, weil auch das Ghetto in Warschau und Lodz unmenschlich war« usw. – entsteht dann jedoch oft und oft sehr schnell ein fließender Übergang zum NS-Jargon: Die jüdische Lobby beeinflusse massiv die Politik und die Medien, insbesondere die deutschen, und das über allem stehende »internationale Finanzjudentum« winkt bereits aus der halb geöffneten Schublade der *Lingua tertii imperii* heraus. So bei Äußerungen meiner Schüler und auch bei anderen Zeitgenossen.

Es geht also um jenes Phänomen, das auch letztes Jahr in dem berühmt-berüchtigten Artikel im *Deutschen Pfarrerblatt* zum Ausdruck kam[2] und das schon seit Jahren im Blickfeld wissenschaftlicher Unter-

2 Dazu Wolf-Rüdiger Schmidt: »Auch Antizionismus ist keine Perspektive.

suchungen steht: der Nahostkonflikt als Projektionsfläche, als Kompensationsraum für ein problematisches Verhältnis mit... unserer *Vergangenheit*? Oder vielleicht eher, wie ich meine, mit unserem *Verhältnis* dazu, mit dem *Umgang* mit unserer Vergangenheit.[3] Dafür hat sich seit einiger Zeit der Begriff des »sekundären« oder »neuen Antisemitismus« eingebürgert. Ich zweifle allerdings daran, ob man mit diesem Begriff pauschal alles erklären kann, was damit zusammenhängt. Inzwischen hat sich der »sekundäre Antisemitismus« in der Analyse soweit verselbständigt, dass er sein »sekundär« bereits verliert und ein Unterschied zwischen primärem und sekundärem Antisemitismus in der Soziologie bestritten wird, so wie auch der »neue« Antisemitismus nicht als wirklich neu verstanden wird.[4]

Ich glaube, dass die Pauschalisierung des Antisemitismus-Begriffs zu seiner Banalisierung beiträgt und mithin keineswegs nützlich für die Erkenntnis ist, dafür aber kontraproduktiv in seiner Wirkung sein kann. Günter Grass aufgrund seines »Gedichtes« als einen »ewigen Antisemiten«[5] zu charakterisieren macht seine Aktion, die er mit dem Gedicht verfolgte, zu einer *self fulfilling prophecy*, beschrieb er doch darin, dass es ein Tabu über Israel gebe und man als Antisemit verleumdet werde, wenn man es bricht, und konnte er doch schon einen Tag später Vollzug melden: die öffentliche Meinung sei »gleichgeschaltet«. Auch diese Wortwahl ist bezeichnend.

Die Israelkritik im *Deutschen Pfarrerblatt*«, Compass-Infodienst Online Extra Nr. 148, Sept. 2011, www.compass-infodienst.de

3 Das Phänomen ist u.a. von Dan Diner schon im Zusammenhang mit dem Historikerstreit analysiert worden, cf. Dan Diner: »Zwischen Aporie und Analogie. Über Grenzen der Historisierbarkeit des Nationalsozialismus«, in: Ders. (Hg.): *Ist der Nationalsozialismus Geschichte? Zu Historisierung und Historikerstreit*, Frankfurt am Main (Fischer TB), 1987, S. 62-73.

4 Dies zeigt sich in den Auswertungen der zahlreichen Umfragen, cf. z.B. Wolfgang Frindte/Dorit Wammetsberger: »Antisemitismus in Deutschland. Sozialwissenschaftliche Befunde«, in: Lars Rensmann/Julius H. Schoeps (Hg.): *Feindbild Judentum. Antisemitismus in Europa*, Berlin (vbb), 2008, S. 261-295. Aus der Perspektive der Publizistik und Öffentlichkeit vgl. auch Chaim Noll: »Was ist neuer Antisemitismus?« in: *Tribüne – Zeitschrift zum Verständnis des Judentums* 193, 2010, auch in: Compass Infodienst Online Extra Nr. 117, www.compass-infodienst.de

5 Henryk M. Broder: »Günter Grass, der ewige Antisemit«, in: Die Welt, 4.4.2012, vgl. www.welt.de/print/die_welt/kultur/article106154111/Guenter-Grass-der-ewige-Antisemit.html

Vor einem Jahr schrieb ein Student in seiner Hausarbeit für eine Übung von mir zum Thema »Vorgeschichte des Nahostkonflikts« an der Goethe-Universität Frankfurt: »Da die Schule ebenso eine staatliche Einrichtung ist und der Lehrplan sich an staatlichen Bildungszielen orientiert, welche wiederum auch an offizielle, außenpolitische Meinungen gebunden sind, ist zu erwarten, dass der Wunsch nach einer pro-israelischen politischen Meinungsbildung der Möglichkeit einer besseren, geschichtswissenschaftlichen Kompetenz der Schüler vorgezogen wird.«

»Es ist zu erwarten ...« Ein schönes Beispiel dafür, wie das Vorurteil dem Urteil zuvorkommt! Damit führte er den ganzen Sinn meiner Uni-Veranstaltung ad absurdum und wenn ich ihm dies für seine Hausarbeit nicht honorieren konnte, wird er sich vermutlich auch wieder bestätigt fühlen. Er hatte in meinem Seminar die Möglichkeit zu erkennen, dass alle Perspektiven in einem offenen Diskurs, allerdings in den Grenzen historisch-wissenschaftlicher Analyse ohne Polemik und Propaganda, zur Sprache kommen konnten, auch im Hinblick auf den Schulunterricht, auf den sich die Lehramtsstudenten und -studentinnen ja vorbereiteten. Er hätte diese Chance für sich nutzen können.

In der Schule rufe ich natürlich die existierenden Klischeevorstellungen und all das Verdrängte heraus (*provocare*) um den Knoten von Schuld, Scham und Abwehr – denn darum geht es wohl – aufzulösen. Es geht, wie mir scheint, um einen vermeintlichen transgenerationellen Schuldvorwurf aufgrund einer vermutlichen transgenerationellen Scham. Der Schuldvorwurf ist die Empfindung der Schüler, die Scham ist nach meiner Vermutung die Erklärung dafür. Der Ort, an dem sich dies besonders äußert, ist der historische Ort, wo es um jüdische, aber nicht mehr um deutsch-jüdische Geschichte geht, und wo man sich auf einem Terrain befindet, das zur Befreiung und sogar zur Umkehrung der Konstellation einlädt: Israel und der Nahostkonflikt. Im Lernarrangement, wie man neuerdings in der Pädagogik sagt, meines Unterrichts wird jedoch deutlich, so hoffe ich wenigstens, wie sehr die »deutsche Schuld« auch und gerade nach 1945 weiterhin die jüdische Geschichte – und nicht nur diese – prägte, weil nämlich die Teilung Palästinas und die Gründung Israels so nicht erfolgt wären, wenn es den Holocaust nicht gegeben hätte... Die Betonung liegt wohlgemerkt auf: *so* nicht erfolgt wären. Deutsche Geschichte, jüdische Geschichte, Holocaust, Israel – dies kann man nicht voneinander trennen.

Ein Grundproblem in unserem allgemeinen Verhältnis zur jüdischen Geschichte und nicht nur, aber insbesondere zu diesem speziellen Thema (Israel, Palästina), besteht darin, dass sich die historische *Kenntnis* umgekehrt proportional zum *Urteil* über die Geschichte verhält: Wir wissen wenig und urteilen dafür umso schneller. Bei keinem Thema wird ohne Kenntnis der historischen Grundlagen so schnell *be*urteilt, *ge*urteilt und *ver*urteilt wie bei diesem Thema. Vorschnelle Urteile sind aber per definition *Vorurteile*.

Wir – damit meine ich eine breite Öffentlichkeit – urteilen so schnell darüber, *weil* wir so wenig darüber wissen und vielleicht sogar, weil wir instinktiv wissen, *dass* wir so wenig wissen und vielleicht sogar, weil wir es gar nicht besser wissen wollen? Ich möchte letzteres zumindest als Frage im Raum stehen lassen.

2. Das *Mea-culpa*-Syndrom

Wenn die deutsche Schuld 1945 zu Ende war, dann im historisch-faktischen Sinne, weil ihr Gegenstand: der Krieg, das Verbrechen, der Holocaust, zu Ende war – die Schuld der Tat. Mit der Kapitulation war es auch das Ende Deutschlands, zumindest das Ende des Deutschlands, das politisch dafür verantwortlich war. Die Schulddebatte fing damit aber erst an und mit ihr die Scham, die daraus folgte. Der Satz vom »Ende der deutschen Schuld 1945« erinnert an das Wort von der »Stunde Null«, übernimmt aber nicht mehr deren Idee von der *tabula rasa*, vom Neufanfang durch Verdrängung des Vergangenen. Vielmehr sind die jüngeren Generationen von dem kollektiven *mea culpa* geprägt, das den älteren fehlte. Dieses *mea culpa* wurde von der an ihrer Intention gemessen erfolgreichen Aufarbeitung des Nationalsozialismus seit den 70er Jahren in Schule und Öffentlichkeit etabliert, das *mea culpa* hat den Verdrängungsmechanismus der Kriegsgeneration abgelöst. Die »Erziehung nach Auschwitz« im Sinne Adornos, »dass Auschwitz nicht noch einmal sei«[6], erscheint somit im Großen und Ganzen gelungen, jedenfalls was unseren Verantwortungshorizont betrifft, hat aber dialektisch Effekte produziert, die damals wohl nicht vorauszusehen waren

Die politisch-pädagogische Absicht einer Prävention vor Rassismus und Antisemitismus oder, wie Adorno es 1960 formulierte, einer »Schutzimpfung« dagegen[7], reduziert die jüdische Geschichte dermaßen

6 Theodor W. Adorno: »Erziehung nach Auschwitz«, Radiovortrag im Hessischen Rundfunk 1965, abgedruckt in: *Erziehung zur Mündigkeit, Vorträge und Gespräche mit Hellmuth Becker 1959–1969*, hrsgeg. von Gerd Kadelbach. Frankfurt am Main (Suhrkamp), 1970, S. 92.

7 Vgl. Theodor W. Adorno, »Was bedeutet Aufarbeitung der Vergangenheit?«, in: *Gesellschaft – Staat – Erziehung. Blätter für politische Bildung und Er-*

auf eine Verfolgungsgeschichte, dass dieser Aspekt in den Köpfen über allem dominiert. »Wehret den Anfängen« – diese Mahnung in Bezug auf die Vergangenheit mit Blick auf die Zukunft wird auch in die Vergangenheit zurückprojiziert, indem man nach den Anfängen immer weiter zurück sucht. Die Geschichtslehrbücher haben sich im Laufe der Zeit verändert, Aspekte jüdischer Geschichte sind hinzugekommen, aber es sind im Wesentlichen wiederum nur weitere Verfolgungsgeschichten. Dies konnte schon vor beinahe zwanzig Jahren der israelische Historiker Chaim Schatzker als Resultat der maßgeblich von ihm mit gestalteten deutsch-israelischen Schulbuchgespräche bilanzieren.[8] In der Tat: Die Kreuzzugspogrome sind in den 70ern in die Lehrbücher eingegangen und der Antisemitismus des Kaiserreichs in den 90er Jahren – letzteres übrigens als eine Folge der Goldhagen-Debatte, wie mir scheint. Wo das Judentum im Mittelalter generell thematisiert wird, steht es oft schon durch entsprechende Überschriften und Einordnungen im Zeichen des Antijudaismus und der vermeintlich unausweichlichen Pogrome: Juden als »ungeliebte Minderheit«[9], »ausgegrenzte Minderheit«[10], »am Rande der Gesellschaft«[11] usw. Entsprechend kursiert auch bei fast allen Lehrbuchautoren die Vorstellung, dass die Juden im Mittelalter im

ziehung, H. 1, 1960, zit. nach: Ekkehard Krippendorf, Einleitung, in: *Erziehungswesen und Judentum. Die Darstellung des Judentums in der Lehrerbildung und im Schulunterricht*, hrsg. vom Verband Deutscher Studentenschaften (VDS), zusammengestellt von Ekkehard Krippendorf in Zusammenarbeit mit Dieter Beilenstein, München (Ner-Tamid), 1960. Siehe dazu auch unten, S. 37.

8 Cf. Chaim Schatzker: »Juden und Judentum in den Geschichtslehrbüchern der Bundesrepublik Deutschland«, in: Thomas Lange (Hrsg.): *Judentum und jüdische Geschichte im Schulunterricht nach 1945. Bestandsaufnahmen. Erfahrungen und Analysen aus Deutschland, Österreich, Frankreich und Israel*, Aschkenas – Zeitschrift für Geschichte und Kultur der Juden, Beiheft 1, Wien u.a. (Böhlau), 1994, S. 37-47.

9 *Geschichte und Geschehen*, Stuttgart/Leipzig (Klett), im Mittel- und Oberstufenbuch: GuG A2, Ausgabe Hessen, 1995, S. 110, GuG I A, 1998/2003, S. 161. – *Hinweis:* Die Verweise auf die jeweilige Landesausgabe des Schulbuches bedeutet nicht, dass sich der Text nur darin findet, sondern dass die Seitenangabe sich aufgrund der Unterschiede zwischen den Landesausgaben nur auf die zitierte Ausgabe bezieht.

10 *Zeiten und Menschen* 2, Ausg. Baden-Württemberg, Paderborn (Schöningh), 2005, S. 116.

11 *Zeit für Geschichte* 2, Ausg. Baden-Württemberg, Braunschweig (Schroedel), 2005, S. 82.

Ghetto lebten, während das Ghetto in Wirklichkeit doch erst am Ende des Mittelalters und in der Frühen Neuzeit entstanden ist.[12]

In diesem Kontinuum der Diskriminierung, Verfolgung, Vertreibung und Ermordung vom 1. Kreuzzug bis zur Befreiung von Auschwitz[13] schrumpft die Epoche der Emanzipation und Integration zwangsläufig zu einer Ausnahmeerscheinung zusammen.

Auch in der jüdischen Erinnerung hat die Verfolgungsgeschichte einen hervorgehobenen Platz, schon traditionell. Die Feiertage im Judentum zeigen es, es sind fast alles Gedenktage historischer Begebenheiten. Es sind Geschichten von Verfolgung, Versklavung, Exil – aber auch von Befreiung und Rückkehr und von verhinderter Katastrophe. So verwies Moritz Neumann, der Vorsitzende des Landesverbandes der Jüdischen Gemeinden in Hessen, in seinen Gedanken zum diesjährigen Pessach im Hessischen Rundfunk unter anderem, aus aktuellem Anlass, auch auf Purim, das an die Vereitelung des »ersten bekannten Genozids der Weltgeschichte« erinnert.[14] So wurde und wird Aktuelles und Vergangenes im jüdischen Erinnern oft zusammengebracht: Die Buchmalereien der Haggadot vergangener Zeiten zeigen in ihrer künstlerischen Ausarbeitung damals aktuelle Szenen der Verfolgung als Illustration zur biblischen Erzählung, und nach 1945 entstanden neue Haggadot in DP-Lagern oder in Palästina/Israel, die die jüngste Erfahrung des Holocaust zur alten Erzählung hinzufügten.[15]

Auch auf der Gegenseite, in der christlichen Kultur, schmolzen früher Erinnerung und Aktualität zusammen. Nicht nur in Buchillustrationen, auch in künstlerischen Darstellungen an und in Kirchen kann man heu-

12 Auch wenn das Ghetto historisch richtig datiert wird, so wird gleichwohl meistens das vorherige Judenviertel als ghettoähnliche Situation beschrieben und der Unterschied somit verwischt.

13 Ein Begriff, dessen Sinnhaftigkeit man anzweifeln kann, der sich aber nun so eingebürgert hat. Gemeint ist natürlich die Befreiung der Überlebenden dort und im weiteren Sinne des Gedenktages 27.1. das Ende der Vernichtungsmaschinerie.

14 Moritz Neumann, »Gedanken zu Pessach 5772«, in: Aus der jüdischen Welt, HR2, 6.4.2012. Cf. www.hr-online.de/website/radio/hr2/ > Suche A-Z > J > Jüdische Welt

15 Cf. Christoph Münz: »Der Holocaust, die Erinnerung und das Judentum – Das jüdische Gedächtnis und der Holocaust«, in: *Erinnern und Verstehen – Schwerpunkte einer nachhaltigen Pädagogik nach Auschwitz.* Text einer Tagung der Gesellschaften für Christlich-Jüdische Zusammenarbeit Görlitz und Dresden und der Friedrich-Ebert-Stiftung, Frankfurt am Main, epd-Pressedienst Dokumentation Nr. 3, 2005, S. 36.

te noch die Juden zur Zeit Jesu mit dem »Judenhut« des Mittelalters sehen (dessen Abbildung übrigens auch im Mittelalter mit der Realität wenig zu tun hatte). So z. B. am Südportal des Frankfurter Kaiserdoms, dem damaligen dort direkt angrenzenden jüdischen Viertel zugewandt.

Zeitliche Parallelisierungen, die wir heute in Schulgeschichtsbüchern finden, folgen einer anderen Logik als jene Parallelisierungen aus christlicher Sicht in der Vergangenheit. Nach dem Holocaust ist aus der Anklage der Anderen die Selbstanklage geworden – mit zeitlicher Verzögerung, gewiss. Der Gelbe Fleck des Mittelalters verweist auf den Judenstern der Nazis, das Ghetto von damals auf das spätere, die Verbrennung während der Pestpogrome auf Auschwitz.

Was ist schlecht daran? Lange wurde diese Erinnerungskultur eingefordert als Mahnung: *Nie wieder!* Im historischen Rückblick wurde diese Mahnung ergänzt durch die Erkenntnis: *Damals schon!* Im Mittelalter, in der Antike usw.

3. Negative Erinnerung

Zum einen fällt auf, dass es in der jüdischen Erinnerung eben auch die positive Wendung gibt: vom Auszug aus Ägypten bis zur Begründung des Makkabäerstaates mit der Neueinweihung des 2. Tempels, woran Chanukka erinnert. So ist in der jüdischen Erinnerung der Verfolgungsaspekt omnipräsent aber nicht dominant nicht in dem Sinne, dass er seine positive Kehrseite überschatten würde. So auch für die jüngere Geschichte: der Holocaust, aber auch die Gründung des Staates Israel.

Wo ist das Pendant dazu in der kollektiven Erinnerung der deutschen Gesellschaft heute? Welche Aufregung rief Richard von Weizsäcker hervor, als er 1985 den 8. Mai einen Tag der Befreiung nannte! Abgesehen davon, dass dies historisch recht spät kam angesichts dessen, dass sich die Deutschen nach 1945 ja als die ersten Opfer Hitlers empfanden, also in diesem Sinne doch Grund gehabt hätten, die Befreiung zu begrüßen; und auch abgesehen davon, dass Weizsäcker in seiner Rede genau diese Empfindung ansprach und die Schuld auf einen kleinen Kreis einer »verbrecherischen Führung«[16] reduzierte, und auch abgesehen davon,

16 http://webarchiv.bundestag.de/archive/2006/0202/parlament/geschichte/parlhist/dokumente/doko8.html. Dazu auch Bodo von Borries: »Lernen und Lehren zum Holocaust – Konventionen, Irritationen, Provokationen?« in: *»Wie sagen wir es unseren Kindern?« Die Behandlung der Schoah im schulischen Unterricht*. Tagung des Deutschen Koordinie-

dass hier mein Vergleich mit der jüdischen Erinnerung einer extremen Schieflage folgt: auf der einen Seite erlittenes, auf der anderen verübtes Leid ... – so frage ich trotzdem:

Warum wurde der 8. Mai kein Gedenktag, natürlich nicht zum Feiern, aber als ein Gedenktag des Aufatmens? Er ist es bis heute nicht. Er ist überhaupt kein Datum zum Nachdenken mehr! Dieses Jahr fand der 8. Mai in den Medien praktisch nicht statt – ich meine hier v. a. die Zentralorgane unserer Information, ARD und ZDF. Berichtet wurde über den Besuch von Bundespräsident Gauck in den Niederlanden einige Tage zuvor und über die Kranzniederlegung am Arc de Triomphe durch den alten und den neuen Präsidenten Frankreichs am 8. Mai, der dort übrigens ein Feiertag ist. (Über die Symbolik des Triumphbogens für das französische Selbstbewusstsein könnte man auch etwas sagen, aber das ist hier nicht mein Thema.) Ich bilanziere also: Dem Nachrichtenstatus zufolge ging am 8. Mai oder kurz davor für die Niederlande und für Frankreich ein Krieg zu Ende – für uns ist das offenbar kein Thema.

Unsere offizielle Erinnerungskultur ist nicht zufällig geprägt von gescheiterten Initiativen zum Guten: von der Paulskirche 1848 über den 20. Juli 1944 bis zum 17. Juni 1953, und auch die Erinnerung an die erste deutsche Demokratie, die Weimarer Republik, steht ja zwangsläufig unter dem Schatten ihres Scheiterns. So ist der heutige Nationalfeiertag der Wiedervereinigung der erste singulär positive Gedenktag. Nationales Gedenken war und bleibt ansonsten eine Reihe von Trauerfeiern. Auch der Tag des Grundgesetzes – wann war das noch mal? – war in diesem Sinne nie ein Tag des Gedenkens, kein Feiertag, so wie wir überhaupt heute wohl der einzige Staat der Welt sind, der seine eigene Gründung nicht feiert (und dessen Gründungsdatum die meisten wohl nicht kennen: 23. 5. 1949).

Also: eine *negative Erinnerung* natürlich aufgrund des Schuldkomplexes, konkurriert von einer Selbst-Victimisierung als Verdrängungsleistung. Der Krieg war und ist psychologisch nicht zu Ende. Weil mit dessen historischem Ende der Anfang aller Fragen danach begann und dies nicht aufhören kann: Das *Warum?* bleibt.

Zahlreiche Untersuchungen geben Hinweise darauf, dass, wie ich vorhin schon erwähnte, viele aus der jungen Generation hierbei eine kollektive Anklage gegen sich selbst verspüren, sie sehen sich wie in der Bibel mit einem Kainsmal gebrandmarkt, das noch nach vielen Generationen an die Untat der Vorväter erinnert. Doch ein Kainsmal in diesem

rungsrates und der Konrad-Adenauer-Stiftung, epd-Dokumentation Nr. 4/5, 2006, S. 50.

Sinne gibt es gar nicht, niemand klagt die Nachgeborenen an im Sinne einer zeitlosen Schuld. Allerdings wird der historische Rückblick auf den Nationalsozialismus in der Öffentlichkeit und in der Schule in einer Weise ritualisiert, im Sinne einer ständigen Missionierung gegen das Vergessen und Verdrängen, dass die Schüler es so empfinden. Die Amnesie der Nachkriegszeit ist längst in ihr Gegenteil umgeschlagen, eine Hypermnesie, aber ein Überschwang nicht an echtem Gedenken, also auch Nachdenken, sondern an medialer Überflutung durch historische Dokumentationen immer nach dem gleichen Strickmuster. Die 68er und ihre Nachhut, die zehn Jahre später an der Universität waren und heute wohl die meisten Lehrbuchautoren stellen, letzteres also meine Generation, sie meinen ihre Kinder stellvertretend zum *mea culpa* missionieren zu müssen, weil es ihnen bei ihren Eltern nicht gelang.[17] So entstehen hieraus Abwehrreaktionen auf Schülerseite, die oft als Abwehr gegen die Sache selbst missverstanden werden und die Intention der Missionare darin nur noch bestärken.

Diese emotionale Konstellation erklärt vieles, wie es in der soziologischen und pädagogischen Forschung auch diskutiert wird, aber nicht alles.

4. Historisierung und Fatalismus

Abwehr und Verdrängung wurden früher als Reaktion auf eine echte oder vermeintliche Kollektivschuldthese analysiert; Historisierung war ein nächster Schritt in der Bewältigung dieses Problems: nicht mehr Leugnung oder Relativierung, sondern Eingrenzung, Abgrenzung, Normalisierung. Es ist interessant, die diesbezüglichen Analysen zum Historikerstreit vor dem Hintergrund der heutigen Situation wieder zu lesen, ich denke da v.a. an den von Dan Diner herausgegebenen Band in der »Schwarzen Reihe« bei Fischer: *Ist der Nationalsozialismus Ge-*

17 Ich teile hier überwiegend die Einschätzungen, aber nicht die Schlussfolgerungen, von Dana Giesecke/Harald Welzer: *Das Menschenmögliche. Zur Renovierung der deutschen Erinnerungskultur*, Hamburg (edition Körber Stiftung), 2012. Vgl. auch Wolfgang Meseth/Matthias Proske/Frank-Olaf Radtke (Hg.): *Schule und Nationalsozialismus. Anspruch und Grenzen des Geschichtsunterrichts.* Frankfurt/New York (Campus), 2004. Eine Synthese daraus erschien online: Wolfgang Meseth /Matthias Proske: »Riskantes Lernen: Moralische Erwartungen und der Geschichtsunterricht über den Nationalsozialismus und Holocaust«, http://lernen-aus-der-geschichte.de/Lernen-und-Lehren/content/9438

schichte?[18] Die Historikerdebatte entstand ungefähr vierzig Jahre nach 1945 – kurz nach der Weizsäcker-Rede. Seither sind wieder fast drei Jahrzehnte vergangen und die Historisierung ist schon längst Realität in den Köpfen der jungen Generation. Dabei hat sich die Einstellung zur Kollektivschuldfrage durchaus gewandelt, wenn ich die Erfahrungen aus meinem Unterricht Revue passieren lasse, wo ich seit mehr als zehn Jahren gezielt die Schüler im oben erläuterten Sinne »provoziere«. Längst neigen sie dazu, für die damalige Tätergeneration eine Form von Kollektivschuld anzuerkennen, jedenfalls hinsichtlich dessen, wie Hitler und die NSDAP an die Macht kamen. Die Schüler finden sich da auch in einem gewissen Einklang mit den Schulbüchern. Dort wird dies häufig als unaufhaltsamer Prozess dargestellt, das Ermächtigungsgesetz am Schluss nur noch als Formalität. Die Schulbücher – ich generalisiere hier im Sinne einer allgemeinen Tendenz – folgen dabei auch etlichen wissenschaftlichen Standardwerken und populärwissenschaftlichen Darstellungen.[19] Sie vermitteln eine fatalistische Geschichtsdarstellung: Das Schicksal nahm sozusagen seinen Lauf... – für die einen ab 1933, für die anderen schon ab 1930, wenn nicht gar seit 1919. Daraus folgt zwangsläufig die Exkulpation aller Demokraten, die die Demokratie aufgegeben haben. Das berühmte Wort von der »Republik ohne Republikaner« weitet dies auf die ganze Weimarer Republik aus und man ist fast schon erstaunt, dass sie überhaupt zustande kam.

Warum begeisterten sich so viele für den Nationalsozialismus? Ein Schulbuch gibt Auskunft: »Die Nationalsozialistische Partei faszinierte damals jedoch viele Menschen, da sie **für die schwierigsten Probleme** jener Zeit, wie Wirtschaftskrise und damit verbundene Arbeitslosigkeit sowie für die Zerstrittenheit der Parteien und häufig wechselnde Regierungen **überzeugende Lösungen** bot.«[20] Welche »überzeugenden Lösungen« ...?

Ein anderes Schulbuch schlägt in einer Zusammenfassung zu Weimar den Bogen von der Krise am Anfang zur Krise am Ende und bescheinigt den Deutschen unter der Überschrift »Demokratie ohne Demokraten?«, dass die »antirepublikanische Gesinnung in breiten Kreisen der Bevölkerung Zustimmung« fand.[21]

18 Cf. Anm. 3.
19 Vgl. unten: »Von Hitler ›getäuscht‹, ›verführt‹ oder ›überrumpelt‹? Das Ermächtigungsgesetz im deutschen Geschichtsbewusstsein«, S. 165 ff.
20 *Geschichte kennen und verstehen* 9. Ausg., Bayern, München (Oldenbourg), 2004, S. 117. Hervorheb. im Original.
21 *Forum Geschichte* 4, Ausg. Hessen, Berlin (Cornelsen), 2004, S. 64.

Erklärt werden muss eigentlich nicht mehr, wie die NSDAP an die Macht gelangte, sondern vielmehr, warum so spät, warum es trotz dieser antirepublikanischen Stimmung in der Bevölkerung einige Jahre Demokratie in Deutschland gab.

Diese fatalistische Sicht versuche ich im Unterricht immer aufzulösen, indem ich verdeutliche, mit Ernst Bloch gesprochen, »was unterschlagen wurde [...], was in der Vergangenheit nicht reüssierte«[22], also an welchen Stellen die Geschichte hätte anders weitergehen können, und dass auch noch die Ablehnung des Ermächtigungsgesetzes eine letzte Chance zum Widerstand gewesen wäre. In der Diskussion mit den Schülern arbeite ich auch heraus, dass das Ermächtigungsgesetz keineswegs legal war, weil natürlich nicht durch die Weimarer Verfassung gedeckt, auch nicht »formal legal«, wie man überall lesen kann.[23] Es war in jedem Fall das Versagen von Menschen, keine Fatalität der Geschichte. Natürlich analysieren wir auch die Defizite der Weimarer Verfassung, die Altlasten des Kaiserreichs und des 1. Weltkriegs, die Dolchstoßlegende, Versailles usw., sowie im weiteren historischen Horizont überhaupt die Probleme der Demokratie sich in Deutschland durchzusetzen. Doch auch hier musste ich jüngst wieder feststellen, wie schwer es ist damit durchzudringen, dass Geschichte nie Schicksal ist. Noch in den diesjährigen Abiturprüfungen drang direkt oder indirekt die Vorstellung von der Unfähigkeit der Deutschen zur Demokratie durch, unfähig zur Demokratie solange, bis die (West-) Deutschen sie durch die totale Niederlage und die Reeducation der Alliierten nach 1945 eingebläut bekommen haben. Wenn die Deutschen aber vorher mehrheitlich unfähig zur Demokratie waren, waren sie *alle* schuld und damit *keiner* an dem, was darauf folgte und was daraus folgte: Wenn die Verantwortung bei der Allgemeinheit liegt, ist der Einzelne entlastet. Die Kollektivschuld – das haben die Alliierten nicht erkannt – führt dialektisch zu einer Kollektiventschuldigung.

Diese von den Schülern akzeptierte Kollektivschuld gilt zunächst nur für die politische Voraussetzung für alles weitere. Hinsichtlich der Schuldfrage zu den NS-Verbrechen kann dies dann durchaus mit der alten Formel vom Befehlsnotstand im Besonderen verbunden werden: Es gab nur wenige Verantwortliche für die Mordmaschinerie, Widerstand, ja sogar einfacher Ungehorsam war unmöglich bzw. kann man im Nachhinein moralisch nicht erwarten, nicht einmal in der Wehr-

22 Ernst Bloch: *Experimentum Mundi*, Frankfurt am Main (Suhrkamp), 1977, S. 92.
23 Vgl. Anm. 19.

machtsführung. Wie auch? Wenn man am Ende der Weimarer Republik schon keinen Widerstand erwarten konnte, wie dann später unter der vollendeten Diktatur?

So wird nicht nur in Schulbüchern auch überwiegend der *gescheiterte* Widerstand thematisiert (Weiße Rose, Stauffenberg ...) und damit auch die implizite Botschaft transportiert, dass der Widerstand zum Scheitern verurteilt war. Schindler hatte Konjunktur nach der Verfilmung, jetzt wieder weniger, der jüdische Widerstand ist ohnehin gar kein Thema. Die Darstellung der Juden als passive Opfer hat vor einigen Jahren ein Schulbuch auf die Spitze getrieben mit der Zwischenüberschrift »Warten auf die Deportation.«[24] Dieser Spaltentitel wurde im Buch genau unter der Abbildung des bekannten Gemäldes »Im Versteck« von Felix Nussbaum platziert. Dessen Botschaft, nämlich sich dem Schicksal durch Flucht und Versteck zu entziehen, wurde durch den darunter gesetzten Titel »Warten auf die Deportation« geradezu ins Gegenteil verkehrt. Inzwischen ist dieser Lapsus auch vom Verlag erkannt und für die Neuauflage korrigiert worden. Es bleibt aber, dass darin nur die Zuspitzung einer allgemeinen Tendenz zum Ausdruck kam.

Hinzu kommt, dass die Gewaltherrschaft des NS in den Köpfen der Schüler soweit verabsolutiert wird, dass sie glauben, schon seit 1933 wäre jeder, auch jeder Offizier, jeder General, der eine andere Meinung äußerte, sofort erschossen worden oder für immer ins KZ gekommen. Die Hypertrophie der Gewaltdarstellungen diesbezüglich bzw. die Thematisierung der Gewaltherrschaft in den Medien macht vollkommen unsensibel für die historische Entwicklung – und damit auch für die Entwicklung hin zur sog. »Endlösung«. So meinen die Schüler auch immer wieder, Hitlers Entscheidung zur Judenvernichtung sei von Anfang an schon klar gewesen und entsprechend wundern sie sich, dass Juden nach 1933 überhaupt noch in Deutschland blieben.

5. Freiheit und Verantwortung

Die »Fatalisierung« der Geschichte befreit von der Frage, ob diese Entwicklung hätte anders verlaufen können. Ein deterministisches Geschichtsbild, das sich, wie schon gesagt, auch in vielen historischen Darstellungen findet, befreit von der quälenden Frage: Was hätte ich damals getan? Soll man diese Frage überhaupt stellen? Zumindest wann und wie kann man unter pädagogischen Gesichtspunkten durchaus dis-

24 *Forum Geschichte* 4, op. cit., S. 108.

kutieren. Sie wird jedenfalls schnell als künstlich empfunden und oft ist sie es auch.

Ein solches Experiment unternehme ich auch alle Jahre wieder hinsichtlich der Saarabstimmung 1935, wo mehr als 90 Prozent für den Anschluss an Deutschland stimmten. Ich lasse meine Schüler eine anonyme Abstimmung über Stimmzettel machen, wie sie sich damals verhalten hätten unter strikter Vergegenwärtigung des damaligen Wissenshorizonts: Wir stellen klar, wie die politischen Verhältnisse aussahen und in welcher Situation und vor welchen Optionen die saarländischen Wähler damals standen (Beibehaltung des Status quo, staatlicher Anschluss an Frankreich oder staatlicher Anschluss an Deutschland), dass es sich dabei um eine freie demokratische Abstimmung handelte, dass Hitler-Deutschland damals mit wirtschaftlichen Erfolgen und der Reduzierung der Arbeitslosigkeit punkten konnte, dass auf der anderen Seite aber eine Rückkehr zu Deutschland für alle demokratischen Wähler im Saarland hieß Freiheit und Demokratie aufzugeben, nie mehr wählen zu dürfen – es war die letzte Wahl. In der Mittelstufe, früher die 10. Klasse bei G9, stimmten regelmäßig 60 Prozent und mehr der Klasse auch für den Anschluss an Deutschland, in der Oberstufe (früher in der 12 bei G9), waren es immerhin noch ca. 50 Prozent. Nach der anonymen Abstimmung lasse ich dann im Unterricht jene, die ihre Meinung öffentlich kundtun möchten, diese dann begründen und diskutieren. Es melden sich regelmäßig diejenigen, die den Anschluss an Deutschland gewählt haben. Alle Argumente dafür wurden einmal von einem Schüler treffend auf den Punkt gebracht in dem Satz: »Es gibt Wichtigeres als die Freiheit.«

Was an dieser Stelle stets zum Ausdruck kam, sprachlich nicht immer so genial formuliert wie in dem genannten Zitat, war natürlich keine wirkliche Zeitreise in die Vergangenheit, was auch das Problem dieser pädagogischen Methode verdeutlicht. In dieser Abstimmung und ihrer Begründung kam und kommt eine Vergegenwärtigung des Vergangenen zum Ausdruck in dem Sinne, dass jene Schüler – wohlgemerkt nicht alle, aber viele – im Sinne der genannten Aussage offenbar auch heute noch die Freiheit nicht als absolutes Gut betrachten, *ab solutus*, von allen Umständen losgelöst, über allem stehend – oder zumindest nicht darüber nachgedacht haben. »Es gibt Wichtigeres als die Freiheit« ist natürlich das Gegenteil dessen, was ich im Unterricht als Ziel verfolge, in der Oberstufe beginnend damit, dass wir über Kants Wort von der »selbstverschuldeten Unmündigkeit« und den Satz der Amerikanischen Unabhängigkeitserklärung nachdenken, der von den »unveräußerlichen Rechten« der Menschen spricht: »Unveräußerlich« ist viel mehr als »unantastbar«, unveräußerlich heißt: Ich kann sie auch nicht verkaufen, loswerden, sie hängen an mir, mein Menschenrecht ist nicht nur mein *Recht*, sondern auch meine *Pflicht*, es ist ein Teil von mir.

6. Klischees und Vorurteile als Erklärungsmodelle

Zum Schluss möchte ich noch auf das Phänomen der Klischees und Vorurteile eingehen, die immer noch existieren, weil sie vermeintlich Geschichte erklären. Eine angebliche besondere Affinität der Juden zum Geld ist das grundlegendste und allgemeinste aller Vorurteile über Juden, es lässt sich nahezu bei jeder Gelegenheit, zu jedem Thema und historisch rückblickend für jede Epoche einsetzen. Es hat sich schon so weit verselbständigt, dass es längst nicht mehr nur in bewusst antisemitischer Absicht auftaucht und mehr noch, es kann sogar in einem explizit anti-antisemitischen Erklärungszusammenhang auftreten. Der historische Vergleich von Hans-Werner Sinn im Hinblick auf ungerechtfertigte Schuldzuschreibungen für die Finanzkrise von 2008 (»1929 traf es die Juden, heute die Manager« – Tagesspiegel 27.10.2008)[25] ist ein Beispiel dafür, wie geradezu mit gegenteiliger Absicht das Vorurteil erneuert wird, nämlich dass damals »die Juden« an den Schaltstellen der Finanzwirtschaft saßen. Nur unter dieser Voraussetzung hat der Vergleich – damals die Juden, heute die Finanzmanager – einen Sinn.

Das Klischee vom »Geldjuden« geht auf das Mittelalter zurück. In der auch heute noch gängigen Vorstellung spezialisierten sich die Juden auf den Geldverleih, weil den Christen das Zinsnehmen verboten war. Das kann man überall lesen, doch es stimmt nicht. Weder waren alle Juden Geldverleiher, noch waren alle Geldverleiher Juden, es gab nämlich viele Christen in diesem Metier, unter anderem entstanden daraus die italienischen Banken, die in der zweiten Hälfte des Mittelalters und in der Renaissance so bedeutend wurden. Die Vorstellung vom gesellschaftlich respektierten Zinsverbot der Kirche ist ein *Mythos* im Sinne von Horkheimer und Adorno, die in der *Dialektik der Aufklärung* den Mythos als »falsche Klarheit«[26] definierten: Dieser Mythos erklärt scheinbar, eben falsch, warum die Juden etwas gesellschaftlich als unmoralisch Empfundenes, aber wirtschaftlich Notwendiges auf sich zogen und dadurch von der christlichen Gesellschaft gehasst wurden,

25 Siehe dazu ausüfhrlicher unten, S. 42.

26 Max Horkheimer, Theodor W. Adorno: *Dialektik der Aufklärung*, Frankfurt am Main (Suhrkamp), 1969, S. 4.

also das *soziale Motiv* im mittelalterlichen Antijudaismus bis hin zu den Pogromen. So heißt es im Brockhaus 2004:

> »Da Juden vom üblichen Berufsfeld des Handwerkers und Gewerbetreibenden ausgeschlossen waren, waren sie darauf angewiesen, ihren Lebensunterhalt durch Geldgeschäfte, vor allem durch den Geldverleih gegen Faustpfänder und Zinsen, zu bestreiten. Die hierdurch bewirkte Verschuldung *breiter Bevölkerungskreise* verschärfte die bereits bestehenden Aversionen, die sich dann von Zeit zu Zeit in furchtbaren Judenverfolgungen (Pogromen) und -vertreibungen niederschlugen; dabei dürfte sicher sein, dass innerhalb der Motive, die zu diesen Untaten führten, die *materiellen Beweggründe* der Schuldner eine ganz zentrale Rolle gespielt haben.«[27]

Von einer »Verschuldung breiter Bevölkerungskreise«, wie der Brockhaus schreibt, kann historisch überhaupt keine Rede sein. Mit den »materiellen Beweggründen« hat man nach dem Marxschen Schema von Basis und Überbau, das unabhängig von jedem Marxismus zur Grundlage soziologischer Analysen geworden ist, eine plausible, auch heute noch nachvollziehbare, weil quasi rationale Erklärung für den Hass auf die Juden. Man kann es *verstehen* – und in der Doppeldeutigkeit des Begriffes *Verstehen* liegt auch die Problematik (verstehen *warum* und verstehen, *dass* ...). Solche Erklärungsmuster sind allgemein verbreitet und finden sich natürlich auch in Schulbüchern.[28] So heißt es in einem:

> »Neben Aberglauben und religiöser Verblendung war aber oft blanke Habgier *das eigentliche Motiv*: Nicht selten nutzten die Anstifter der Morde die Gelegenheit, auf diese Weise ihre Schulden bei den jüdischen Gläubigern loszuwerden.«[29]

Die Qualifizierung der »blanken Habgier« als »eigentlichem Motiv« reicht aus, alle anderen Motive in den Hintergrund treten zu lassen.[30] Weitere Erklärungsstrategien in anti-antisemitischer Absicht führen noch deutlicher aus, dass die Juden die Geldgeschäfte nicht nur zwangsweise übernahmen, sondern auch besonders hohe Zinsen verlangen mussten, weil sie eine hohe Judensteuer an den Kaiser und später an die

27 Brockhaus 2004: »Juden: Stellung im Mittelalter«, zit. nach PC-Bibliothek 3.0. Hervorheb. von mir.

28 Vgl. unten in »Christen, Juden und das Geld. Über die Permanenz eines Vorurteils und seine Wurzeln«, S. 105 ff.

29 *Mosaik – Der Geschichte auf der Spur*, Ausg. Bayern, B7, München (Oldenbourg), 2005, S. 94. Hervorheb. von mir.

30 Vgl. unten in »Judenhass und Pogrome im Mittelalter und ihre Erklärung in heutigen Schulbüchern«, S. 77.

Fürsten oder die Städte zahlen mussten. Sie seien also Wucherer wider Willen gewesen. Christliche Geldverleiher tauchen an dieser Stelle nie auf, obwohl es sie gab und obwohl sie zu jener Zeit genauso hohe Zinsen verlangten, wie etliche Nachweise belegen.[31]

Das Dilemma des Anti-Antisemitismus hier und andernorts ist, dass er die Wertungen des Antisemitismus bekämpfen will, aber dessen Prämissen übernimmt. Hier wird das Vorurteil eins zu eins übernommen – Verschuldung der Christen = Schuld der Juden – und nur vom ursprünglichen *Vorurteil der Anklage* zum *Vorurteil der Erklärung* umfunktioniert. Das Vorurteil erklärt sich also selbst!

Die falsche Klarheit des Mythos, seine bestechend einfache Erklärung, entfaltet eine nachhaltige Wirkung durch mangelnde Kenntnis der historischen Tatsachen, durch das *Vor*-Urteil. Jeder Autor einer historischen Gesamtdarstellung, deren einzelne Aspekte er nicht alle als Experte kennen kann, fängt nur da an zu recherchieren, wo er sich unsicher fühlt. Durch die Überzeugungskraft der plausiblen Erklärung verhindert das Vorurteil geradezu, dass das durchaus vorhandene Wissen von den historischen Tatsachen in jene allgemeinen Geschichtsdarstellungen eingeht. Diese leiten ihre Autorität aber daher, dass sie vorgeblich das vereinzelte Expertenwisse synthetisieren und einem allgemeinen Publikum zugänglich machen, doch in diesem Fall geschieht das genaue Gegenteil.

Der *Sozialneid* ist auch eine Erklärungskategorie für den Antisemitismus im Kaiserreich und in der Weimarer Republik. Formulierungen wie die folgende in einem Schulbuch mögen sachlich und neutral erscheinen, über den neuen Antisemitismus des 19. Jahrhunderts heißt es dort:

> »Seine Wurzeln lagen […] in sozialen Neidgefühlen und rassistischen Vorstellungen, nach denen die Juden als minderwertig galten. Vor allem Bürgern, die sich und ihre Vorstellungen durch die wirtschaftlichen und gesellschaftlichen Umwälzungen während der Industrialisierung bedroht sahen, neigten ihm zu.«[32]

Wie für das Mittelalter das religiöse und das soziale Motiv zunächst nebeneinander stehen, letztlich aber das soziale dominiert weil rational erscheint, so auch hier Rassismus und Sozialneid. Man beachte den semantischen Unterschied zwischen beiden Begriffen: Während *Rassis-*

31 Cf. »Christen, Juden und das Geld«, vgl. Anm. 28, sowie Quellen aus dem Mittelalter zum Geldverleih auf www.juedischegeschichte.de > Epochen > Mittelalter1 und Mittelalter2

32 *Zeit für Geschichte* 3, Ausg. Baden-Württemberg, Braunschweig (Schroedel), 2006, S. 190.

mus eindeutig negativ konnotiert ist, liegt dem Sozialneid ja eine postulierte soziale Ungleichheit zugrunde, die als solche durchaus bestätigt wird: Juden waren privilegiert, daher der Neid. »Privilegien, Verfolgung, Vertreibung« war schon eine Kausalkette, die in den 90er Jahren in Schulbüchern für das Mittelalter so auftauchte.[33] Im vorliegenden Beispiel wird nun der Sozialneid im Kaiserreich durch den Abdruck eines Textes des Ober-Antisemiten Adolf Stoecker präzisiert, wo er das »Missverhältnis zwischen christlicher Arbeit und jüdischem Vermögen« und »die Willkür des großen Kapitals« (sprich: des jüdischen) geißelt.[34] Illustriert wird das noch durch eine antisemitische Karikatur gegen die neu aufkommenden Warenhäuser. Die dagegen gestellte »Mahnung zur Toleranz« von Theodor Mommsen und anderen Unterzeichnern dieses Manifests – wir befinden uns hier im sogenannten Berliner Antisemitismus-Streit 1878-1880 – kann den Text von Stoecker nicht entkräften, weil sie (die Mahnung) inhaltlich gar nicht darauf antwortet, sondern, jedenfalls in diesem Auszug, nur moralisch zur Besinnung und Ablehnung des Fanatismus aufruft. Dies ist geradezu emblematisch für das Dilemma des Anti-Antisemitismus, wie ich ihn hier nenne, den Wolfgang Fritz Haug seinerzeit einmal den »hilflosen Antifaschismus«[35] nannte und der sich auch und gerade in Schulbüchern meistens in moralischen Appellen erschöpft. Etliche Bücher beziehen den Antisemitismus direkter auf die Gründerkrise, so wie dieses:

> »Da sie [= die Juden] jahrhundertelang von vielen Berufen ausgeschlossen worden waren, hatten sie sich spezialisiert auf Handel und Bankwesen, und viele waren in Buch- und Zeitungsverlagen und in freien Berufen (Anwälte, Ärzte, Künstler) tätig. [...] Viele Menschen erlebten die so genannte ›Gründerkrise‹ als bedrohlich, verloren jegliche Hoffnung und sie – vor allem Landwirte, Handwerker und Kaufleute – suchten die Schuld dafür bei den Juden.«[36]

Die Verurteilung der antisemitischen Reaktion auf die Krise wird auch hier konterkariert durch die Bestätigung ihrer ideologischen Prämisse:

33 Vgl. unten in »›Privilegien, Verfolgung, Vertreibung...‹ Der Anti-Antisemitismus und die Macht der Vorurteile – Erfahrungen eines Lehrers, 1. Teil«, S. 45 ff.

34 *Zeit für Geschichte* 3, op. cit., S. 191.

35 Cf. Wolfgang Fritz Haug, *Vom hilflosen Antifaschismus zur Gnade der späten Geburt*, Berlin (Argument), 1987; *Der hilflose Antifaschismus* erschien erstmals 1967.

36 *Forum Geschichte* 3, Ausg. Hessen, Berlin (Cornelsen), 2003, S. 156.

Argumentierte der Antisemit damit, dass sich Juden vorwiegend in einflussreichen Positionen befunden hätten, so übernimmt die vermeintliche Erklärung des Antisemitismus eben dieses als Grund für den Antisemitismus. Nun ist die Schilderung von der überproportionalen Präsenz in den freien Berufen und auch im Bankwesen nicht per se falsch, wenn auch pauschalisierend, doch wird der damit verbundene Schuldvorwurf nicht entkräftet, der in diesem Buch ebenfalls beiliegend durch eine Quelle ausgeführt wird, hier Heinrich von Treitschkes berüchtigter Artikel »Unsere Aussichten« aus den *Preußischen Jahrbüchern* 1879: »Unbestreitbar hat des Semitentum an dem Lug und Trug, an der frechen Gier des Gründer-Unwesens einen großen Anteil«, ja selbst »in tausenden deutscher Dörfern«, schreibt er, »sitzt ein Jude, der seinen Nachbarn wuchernd ausverkauft.« Diese und als weitere Quelle des Antisemitismus auf der nächsten Seite ein Text von Heinrich Claß, dem Vorsitzenden des Alldeutschen Verbandes, stehen unwidersprochen im Lehrbuch und sollen sich quasi selbst ad absurdum führen, verbunden mit einer Aufgabe zur Empathie in die Opfer, hier eines jüdischen Kaufmanns, indem die Schüler die antisemitische Zielsetzung gedanklich realisieren, also in Wirklichkeit Empathie in die Täter vollziehen: »Überlege, welche Konsequenzen die gesellschaftliche Haltung, die in M11 und M13 [= Treitschke und Claß] zum Ausdruck kommen, für den jüdischen Kaufmann Max Stern und seine Kinder (M14) haben konnte.« Also z.B. die Juden »unter Fremdenrecht« zu stellen und Berufsverbote auszusprechen, wie in der beiliegenden Quelle gefordert.[37] Vorgeschaltet ist dieser Aufgabe, dass man sich erst noch einmal den Grund für den »Antisemitismus im Mittelstand« verdeutlicht, also den Sozialneid: »Wie erklärst du, dass der Antisemitismus gerade im Mittelstand Anhänger fand?«

Von der historischen Wirklichkeit erfährt man hier nichts: Der wirtschaftliche Aufschwung des Gründerbooms kam statistisch nachweisbar den nichtjüdischen Gewerbetreibenden mehr als den jüdischen zugute[38], während die jüdischen Bankiers genauso von der Gründerkrise getroffen wurden wie die nichtjüdischen. Wenn man jedoch dem Antisemitismus »einen antikapitalistischen und antiliberalen Akzent« zuweist, wie wiederum in einem anderen Schulbuch, für die Oberstufe

37 Vgl. die zweite antisemitische Quelle in diesem Abschnitt: »Die Juden unter Fremdenrecht«, von Heinrich Claß, 1912.

38 Cf. Marion Kaplan (Hg.): *Geschichte des jüdischen Alltags in Deutschland. Vom 17. Jahrhundert bis 1945*, München (Beck), 2003, S. 276ff., 289f.

diesmal[39], dann ist man mit dem Umkehrschluss Juden = Liberalismus = Kapitalismus mitten in der nationalsozialistischen Propaganda angelangt.

Mit dem Begriff *Sozialneid* wird also nur moralisch der *Neid* verurteilt, der dafür vermeintliche *soziale Grund* aber bestätigt. Dies ist auch das Problem des Buches von Götz Aly: *Warum die Deutschen – warum die Juden? Gleichheit, Neid und Rassenhass*. Dass der Sozialneid einen realen materiellen Grund gehabt habe, soll darin als grundlegende Erklärung des Antisemitismus in Deutschland nachgewiesen werden. Auch hier sei noch einmal betont: Natürlich war es so, dass an vielen Stellen im Zuge des Emanzipationsprozesses der Drang »Hinaus aus dem Ghetto« zu einem »Willen zum Aufstieg«[40] führte, der sich in einem überproportionalen Bildungsgrad und in einer überproportionalen Präsenz in den o.g. genannten Berufszweigen niederschlug, übrigens nicht dauerhaft, sondern mit der Zeit nachlassend. Was allerdings bezweifelt werden darf, ist die monokausale Erklärung des Antisemitismus aus dem Sozialneid. Für Aly sind die Rassentheorien und daraus abgeleiteten sozialen und politischen Vorstellungen nur Kopfgeburten aus einem Minderwertigkeitskomplex heraus, sie reagierten auf die Realität kompensatorisch durch dialektische Umkehrung: Die Juden sollten als »minderwertig« gelten, weil sie in Realität viel erfolgreicher waren. Doch auch das behauptete schon der Antisemitismus selbst, erklärte den Erfolg mit Schlauheit und machte daraus eine Bedrohung. Es ist ebenso befremdlich wie bezeichnend für den Erklärungsansatz Götz Alys, dass er sich dabei federführend auf Werner Sombart beruft, der die (pseudo-)wissenschaftliche Meistererzählung von den Juden als Erfindern des Kapitalismus schuf. Sombart sei zu jenem Zeitpunkt – Veröffentlichung seines Buches *Die Juden und das Wirtschaftsleben* 1911 – noch kein Antisemit gewesen, so Aly, weil er sich damals selbst nicht so sah, weil er sich nicht auf die existierenden Rassentheorien berufen habe, wörtlich: »Er lehnte die Annahmen ab, Juden kämen besondere Rassenmerkmale zu«, »erst später verstand sich Sombart als Antisemit.«[41] Nämlich 1934. Nicht rassenideologisch, nicht antisemi-

39 *Geschichte und Geschehen II A/B*, Stuttgart/Leipzig (Klett), 2003, S. 93. (Oberstufe)

40 Cf. Rachel Heuberger/Helga Krohn: *Hinaus aus dem Ghetto ... Juden in Frankfurt am Main 1800-1950*, Begleitbuch zur ständigen Ausstellung des Jüdischen Museums Frankfurt am Main (S. Fischer), 1988, S. 87 (Kap. VI: Juden als Staatsbürger 1864-1914).

41 Werner Sombart: *Die Juden und das Wirtschaftsleben*, Leipzig 1911. Cf.

tisch war demnach folgende Erkenntnis in einem anderen, noch früher erschienenen Buch Sombarts: »Die rastlose Energie der jüdischen Rasse, ihre nie ruhende Betriebsamkeit, sie fand nun also das natürliche Feld ihrer Betätigung in dem Streben nach Geldbesitz. [...] In dem Maße, wie in diesem [= dem Juden] die reine Geschäftsmoral zu ausschließlichen Geltung gelangt, [...], müssen, das ist klar, sich Vorteile für eine Rasse ergeben, die in besonders hohem Grade eigennütziger Gesinnung fähig ist. Hiermit hängt wohl das zusammen, was man als Skrupellosigkeit im jüdischen Wesen bezeichnet.«[42] Das zitiert Aly natürlich nicht – aber ich tue es.

Von Shylock bis Rothschild, ganz offenbar lässt uns diese Obsession nicht los. Der antisemitische Antiliberalismus geißelt aber nicht den christlichen Banker und Kapitalisten, den christlichen Liberalen, jedenfalls nicht primär, sondern nur den jüdischen, er kritisiert nicht die überproportionale Präsenz von Protestanten in jenem Sektor des Wirtschaftslebens, die es sicher gab, auch wenn Max Webers These von der protestantischen Ethik in ihrem Absolutheitsanspruch ebenfalls verfehlt ist. Dieser Sozialneid war (und ist) also kein Neid und Klassenhass gegen die Privilegierten schlechthin, sondern gegenüber »Fremden« in seiner Anschauung, und trotz – oder gerade wegen – deren vollzogener rechtlicher Gleichstellung.

Das eigentliche Problem bleibt somit der so oft schon analysierte nationale oder völkische Komplex der Deutschen. Die bis 1871 nicht existierende und im Wettlauf mit den westlichen Industrieländern zu spät gekommene Nation suchte das ganze 19. Jahrhundert über die nicht existierende politische Einheit völkisch-kulturell durch Abgrenzung zu definieren. Die Intellektuellen, wie man heute sagen würde, spielten dabei eine leider große Rolle. Der Erklärungsansatz Alys für den Antisemitismus in der Studentenschaft seit Ende der 1920er Jahre, wonach sich von der Arbeitslosigkeit bedrohte Akademiker gegen eine überproportionale Präsenz jüdischer Konkurrenten einsetzten, erklärt nicht, warum die Burschenschaften hundert Jahre früher schon antisemitisch waren, wo es nahezu keine jüdischen Studenten und jedenfalls keine Verdrängungskonkurrenz gab.

Götz Aly: *Warum die Deutschen – warum die Juden? Gleichheit, Neid und Rassenhass*, Frankfurt am Main (S. Fischer), 2011, S. 177.

42 Werner Sombart: *Die deutsche Volkswirtschaft im 19. Jahrhundert und im Anfang des 20. Jahrhunderts*, 4. Aufl. Berlin 1919, S. 114. Erstausg.: *Die deutsche Volkswirtschaft im 19. Jahrhundert*, Berlin 1903.

Fazit

Trotz aller Hypermnesie in Sachen Holocaust und Antisemitismus bleiben Probleme des historischen *Verstehens* und *Vermittelns* bestehen. Sie sind weitaus komplexer als die regelmäßig wiederkehrenden Schuldzuschreibungen an die Schule, gegenüber den Lehrern und von diesen gegenüber den Schülern. Es gibt auch einen unbewussten Antisemitismus dahingehend, dass antisemitische Vorurteile wider Willen und sogar mit konträrer Absicht perpetuiert werden.

Die historische Erfahrung des Antisemitismus und des Holocaust, die Fokussierung der Erinnerung darauf, das Bewusstsein von einem historischen Kontinuum der Verfolgung erzeugt die Vorstellung von den nie integrierten, weil nie akzeptierten Juden und führt zu Schlussfolgerungen, wie ich sie oft von Schülern gehört habe, wie sie aber auch, wie ich mir aus berufenem Munde habe sagen lassen, deutsche Lehrer beim Besuch in Yad Vashem stellen: »Warum blieben die Juden denn da, wenn sie die ganze Zeit verfolgt wurden?«

Dies hätte ich auch zum Aufhänger meines Vortrages machen können, schließe ihn aber nun damit.

Zwischen politischem Anspruch, medialer Überrepräsentanz und didaktischer Reduktion

Jüdische Geschichte und Holocaust im Unterricht[1]

1. Von der Amnesie zur »Hypermnesie«?

Nach der Verdrängung des Themas Auschwitz in der Nachkriegszeit und der wohl erzwungenen Erinnerung daran in den 1960er Jahren gibt es heute eine mediale Überrepräsentanz des historischen Rückblicks auf die Zeit des Nationalsozialismus. In Analogie zu dem, was der französische Historiker Georges Bensoussan aus innerjüdischen Debatten der 1990er Jahre zitiert[2], scheint hier das Pendel von der Amnesie der Nachkriegszeit in eine »Hypermnesie« umzuschlagen. Die mediale Überrepräsentanz zeigt sich nicht nur durch TV-Dokumentationen, sondern auch in Form zahlreicher Spielfilme zu Nationalsozialismus und Zweitem Weltkrieg, für die – bis auf wenige grandiose Ausnahmen zum Holocaust direkt wie »Schindlers Liste« oder »Der Pianist« – oft die Historie nur noch eine emotional prickelnde Kulisse ist. Die erzieherische Wirkung etlicher Filme darf daher bezweifelt werden (Beispiel: »Der Untergang«). Im Übrigen verschmelzen Dokumentation und Fiktion immer mehr zur »Doku-Fiktion«, womit wir in gewissem Sinne wieder zum Ursprung der Medialisierung zurückkehren, allerdings ohne deren moralische Wirkungsmacht. Die TV-Serie »Holocaust« vermochte damals tatsächlich eine katalytische Wirkung für die kollektive Erinnerung auszulösen, heute droht, so fürchte ich, der mahnende Aspekt und Auftrag sich im Rückblick auf das Geschehene eher in einem Fatalismus des Geschehenen aufzulösen, als dass dies zu Überlegungen führte, was daraus zu lernen sei, also, wie es dazu kommen konnte und wie es vielleicht zu verhindern gewesen wäre.

1 Vortrag auf einem Kolloquium im Hessischen Staatsarchiv Marburg, 23./24. April 2009, veröffentlicht in: Andreas Hedwig/Reinhard Neebe/Annegret Wenz-Haubfleisch (Hg.): *Die Verfolgung der Juden während der NS-Zeit. Stand und Perspektiven der Dokumentation, der Vermittlung und der Erinnerung.* Hessisches Staatsarchiv Marburg in Verbindung mit der Kommission für die Geschichte der Juden in Hessen, Marburg 2011, S. 83-91. – Unveränderter Wortlaut, Fußnoten durch Querverweise ergänzt.

2 Siehe unten, Fußnote 12.

Für den schulischen Geschichtsunterricht gibt es zusätzlich das Problem, dass dieses Thema in anderen Fächern zur Sprache kommt, lange bevor es, dem chronologischen Durchgang geschuldet, in Geschichte auf dem Lehrplan steht. Welche Schüler haben in Deutsch nicht schon ein Verfolgungsschicksal als Lektüre gehabt, schon ab Klasse 6, welche nicht vergleichsweise ausführlich schon das Judentum in Religion behandelt, in Klasse 7 oder 8, bevor es in Geschichte Thema ist?

So führt das Fach Geschichte die meisten Schüler nicht in dieses Thema hinein, sondern muss vorhandenes bruchstückhaftes Wissen ergänzen, Zusammenhänge darlegen, fehlende Erklärungen nachliefern – aber auch korrigieren, was sich an stereotypen Geschichtsbildern bereits in den Köpfen verfestigt hat und zusätzlich noch kompensieren, was sich an diesbezüglichen Defiziten und auch falschen Darstellungen in den Lehrbüchern findet, auch in Geschichtslehrbüchern: Fehlendes und Fehlerhaftes nicht hinsichtlich des Faktums der Verfolgung, sondern hinsichtlich der Gründe dafür, hinsichtlich des Phänomens Antisemitismus, seiner Ursachen und seiner Geschichte. Dafür muss man jedoch einen größeren historischen Bogen schlagen – und dies sei mir im Folgenden in aller Kürze gestattet.

2. Ausgrenzung im Bewusstsein

Wenn ich in der 10. und 12. Klasse (G9) Weimarer Republik und Nationalsozialismus durchnehme, stelle ich immer wieder fest, dass vielen Schülern nicht bewusst ist, dass die Juden bis 1933 gleichberechtigte deutsche Staatsbürger waren – obwohl das zuvor natürlich behandelt wurde. Der Antisemitismus habe sich quasi »gegen Ausländer«, jedenfalls gegen »nicht richtige Deutsche« gerichtet; ab und zu kommt das Argument: »Die Juden hatten ja noch keinen eigenen Staat.« Noch in der Verteidigung der Opfer des Antisemitismus werden somit dessen Prämissen, wie in Art. 4 des NSDAP-Programms von 1920 festgelegt,[3] unbewusst und unwillentlich übernommen. Mit dem Hinweis auf den noch fehlenden jüdischen Staat werden zudem Ursache und Wirkung verkehrt, war doch der Zionismus eine Folge des Antisemitismus,[4] so

3 »Staatsbürger kann nur sein, wer Volksgenosse ist. Volksgenosse kann nur sein, wer deutschen Blutes ist, ohne Rücksichtnahme auf Konfession. Kein Jude kann daher Volksgenosse sein.« In: Werner Hofer (Hrsg.), *Der Nationalsozialismus*, Frankfurt am Main 1957 (Fischer TB), Ndr. 1982, Dok. 14., S. 28.

4 Jedenfalls hinsichtlich der realen Auswanderung; die Motive Theodor

aber erscheint die mehr als tausendjährige jüdische Präsenz in Europa nur als vorübergehendes Provisorium.

Das Problem liegt darin, wie die Geschichte der Juden im allgemeinen Bewusstsein präsent ist und wie sie in den Lehrbüchern präsentiert wird. Die politisch-pädagogische Absicht einer Prävention vor Rassismus und Antisemitismus oder, wie Adorno 1960 formulierte, einer »Schutzimpfung« dagegen,[5] reduziert die jüdische Geschichte dermaßen auf eine Verfolgungsgeschichte, dass auch fast nur dieser Aspekt in den Köpfen hängen bleibt. Der »gelbe Fleck« des Mittelalters wird mit dem NS-Judenstern gleichgesetzt, das Ghetto von damals mit dem Ghetto von später, die Pestpogrome 1349 mit Auschwitz. Nicht nur, dass mit dieser Kontinuitätsthese die Besonderheit und Einmaligkeit des Holocaust relativiert wird, es wird auch der Eindruck erweckt, dass ein »normales« Zusammenleben zwischen der jüdischen Minderheit und ihrer christlichen Umwelt in der Geschichte nicht möglich gewesen sei. »Warum kamen sie überhaupt nach Deutschland, warum blieben sie da?« fragen meine Schüler, oft schon, wenn das Thema zum ersten Mal im Zusammenhang mit dem Kreuzzugspogrom 1096 im Lehrbuch zur Sprache kommt. Und später dann: »Warum sind die Juden denn in Europa geblieben, wenn sie dauernd verfolgt und umgebracht wurden?« Die andauernde Präsenz in feindlicher Umgebung scheinbar wider alle Vernunft, das »Warten auf die Deportation«, wie es ein Schulbuch fatal formuliert (*Forum Geschichte* 4, S. 108)[6], verführt Schüler dazu, darin auch eine Art Mitschuld der Juden gegenüber sich selbst zu erkennen – und nicht nur Schüler: Auch viele Lehrer, die Yad Vashem besuchen, habe ich mir aus berufener Quelle sagen lassen, stellen dieselben Fragen.

Die Verfolgungsthematik als Paradigma macht die seinerzeit aus der Gesellschaft Ausgegrenzten immer noch zu aus der normalen Geschichte Ausgegrenzten unseres Bewusstseins, ihre Geschichte zur Sondergeschichte, auch wenn dies unter dem Zeichen einer deutschen »mea culpa« geschieht. Die Vorstellung, dass es kein normales Zusammenleben[7] gegeben habe, weil ein solches nicht möglich gewesen sei,

Herzls waren gewiss vielschichtiger, wie in der Debatte auf der Tagung zu Recht gesagt wurde.

5 Vgl. Theodor W. Adorno: »Was bedeutet Aufarbeitung der Vergangenheit?«, in: *Gesellschaft – Staat – Erziehung. Blätter für politische Bildung und Erziehung*, H. 1, 1960, zit. nach: Ekkehard Krippendorf, siehe oben, S. 8, Fußnote 7.

6 Eine bibliographische Auflistung der Lehrbücher findet sich im Anhang.

7 Damit ist für die Zeit vor der Emanzipation natürlich kein gleichberechtig-

übernimmt jedoch gerade die These des auf die Emanzipation reagierenden Antisemitismus seit dem 19. Jahrhundert, nur mit umgekehrter Schuldzuweisung.

3. Der Platz der Juden in den Lehrbüchern

Vor 15 Jahren hat der israelische Historiker Chaim Schatzker maßgeblich von ihm mit gestaltete deutsch-israelische Schulbuchgespräche dahingehend bilanziert, dass zwar der der jüdischen Geschichte eingeräumte Platz in deutschen Schulbüchern zugenommen habe, dass aber wiederum nur weitere Verfolgungsgeschichten hinzugekommen seien.[8] In der Tat: so die Kreuzzugspogrome in den 70er und der Antisemitismus des Kaiserreichs in den 90er Jahren. Letzteres übrigens als eine Folge der Goldhagen-Debatte, wie mir scheint, die der vorher schon in Fachkreisen kritisierten These von der »deutsch-jüdischen Symbiose« nach 1871 einen öffentlichkeitswirksamen Stoß versetzt hat. Doch wird so jedes Stückchen Emanzipation, Normalität, gleichsam durch eine Diskriminierungs- und Verfolgungsgeschichte wettgemacht.

Wie sehr die Juden durch die Fokussierung auf ihre Ausgrenzung weiterhin Ausgegrenzte in unserem historischen Bewusstsein bleiben, dazu tragen Lehrbücher leider viel bei. Ich möchte daher zunächst einen kleinen Streifzug durch die diesbezüglich zentralen Abschnitte der Lehrbücher unternehmen.

Es beginnt mit der Darstellung der Juden im Mittelalter. In einigen Lehrbüchern zeigt sich das Problem schon in den Kapitelüberschriften:

- »Am Rand des Abendlandes« ordnet ein Lehrbuch »Juden, Muslime und andere Nichtchristen« ein (*Rückspiegel* 2, S. 83), illustriert mit einer mittelalterlichen Zeichnung von Fabelwesen, im Lehrbuch anachronistisch bezeichnet als »Menschenrassen«;
- »Juden – eine ungeliebte Minderheit« lautet eine Überschrift in einem Mittel- und einem Oberstufenbuch (*Geschichte und Geschehen A2*, S. 110, *Geschichte und Geschehen I A*, S. 161) und
- ein Buch für die Förderstufe 5-6 in Berlin-Brandenburg präsentiert die »Juden als Sündenböcke« in der Aufzählung nach einer Reihe von »unehrlichen Leuten« unter der Überschrift »Eine Minderheit

tes, sondern ein gewaltfreies Verhältnis gemeint, ohne Gefahr für Leib und Leben.

8 Chaim Schatzker: »Juden und Judentum in den Geschichtslehrbüchern der Bundesrepublik Deutschland«, siehe oben, S. 16, Fußnote 8.

gerät ins Abseits« (Zeitreise 5-6, Berlin-Brandenburg[9]). Dieses Buch liefert ein Beispiel dafür, wie das Thema gerade nicht bei Fünft- und Sechstklässern vorweg behandelt werden kann.

Es gibt die allgemein verbreitete Vorstellung, dass die Juden im Mittelalter im Ghetto lebten, so steht es auch mehr oder weniger klar formuliert in allen mir bekannten Schulgeschichtsbüchern, in Enzyklopädien aller Art, im Internet auf Schulwebseiten. So unklar meistens der Ghettobegriff hier ist, so klar ist die damit verbundene Vorstellung von einer strikten Abgrenzung zwischen Christen und Juden, auch durch eine besondere Kennzeichnungspflicht für Juden (der Gelbe Fleck oder Gelbe Ring). Beide jedoch, der Gelbe Fleck wie das Ghetto, wurden erst im ausgehenden Mittelalter umgesetzt.

Die überzogen dargestellte Abgrenzung wird übrigens nicht selten auch als beiderseitiger Wunsch interpretiert: So heißt es in einem Lehrbuch, dass die Rabbiner Anfang des 13. Jahrhunderts »persönliche Kontakte mit Christen« verboten (*Wir machen Geschichte* 2, S. 133), die Online-Enzyklopädie von Microsoft sieht die Errichtung der Ghettos als im Abgrenzungsinteresse beider Seiten[10] und Imanuel Geiss versteht in seiner »Geschichte im Überblick« das Ghetto auch als Schutz für die Juden.[11]

Für das Kaiserreich nach 1871 finden wir die Juden in einem Lehrbuch für die Sekundarstufe I unter der Kapitelüberschrift »Reichsfeinde« und Minderheiten« (*Zeit für Geschichte* 3, S. 222). Angesprochen sind in diesem Kapitel die Themen Kirchenkampf, Sozialistengesetze und Antisemitismus. Ergänzend vorangestellt wird in der Kapitelüberschrift die Frage »Lässt sich Integration erzwingen?« An wen richtet sich diese Frage? An die Juden oder die Antisemiten? Oder an den Leser? Da sich Integration und Zwang wohl im allgemeinen Sprachgefühl ausschließen, kann die Frage eigentlich nur rhetorisch gemeint sein und daher nur negativ beantwortet werden.

9 Den Hinweis auf dieses Buch verdanke ich Isabel Enzenbach vom Zentrum für Antisemitismusforschung der TU Berlin.

10 »Die Entstehung der frühen Ghettos ist sowohl auf die Intoleranz der Christen als auch auf den Wunsch der Juden zurückzuführen, gemeinsam und abgeschlossen zu leben«, http://de.encarta.msn.com/encyclopedia_761570014/Ghetto.html (Zugriff am 23. 12. 2008. Die Online-Enzyklopädie wurde inzwischen aufgegeben).

11 Imanuel Geiss: *Geschichte im Überblick*, Reinbek b. Hamburg (Rowohlt), [2]1995, S. 185.

Ein anderes Lehrbuch führt das Verfolgungsparadigma konsequent weiter, indem die dort erwähnte Emanzipation 1871 durch den darauf folgenden Antisemitismus faktisch wieder in Frage gestellt wird mit der Schlussfolgerung, in der wilhelminischen Zeit wurden »Juden z.B. in Schule, Universität und Armee beruflich ausgeschlossen bzw. schwer benachteiligt und als Mitglieder in Vereinen und Verbänden abgelehnt« und »zu Bürgern zweiter Klasse«. (*Das waren Zeiten 3*, S. 140). Man beachte die Generalisierungen mit der Option auf Erweiterung durch ein vorangestelltes »z.B.«!

Aber wenn schon Lehrbuchautoren vom Detail der historischen Wahrheit nichts wissen oder nichts wissen wollen, können wir da den Schülern einen Vorwurf machen?

An dieser und an anderen Stellen wird deutlich: Wer die Phasen des friedlichen Zusammenlebens zwischen Christen und Juden und v.a. die Konsequenzen der Emanzipation minimiert und die Verfolgungsgeschichte zur Regel erklärt, der relativiert auch jede konkrete Schuld am Antisemitismus.

4. Didaktische Reduktion – Fehlendes und Fehlerhaftes

Qualitative und quantitative Defizite der Lehrbücher sind natürlich eng miteinander verbunden. Ein grundlegendes Problem, in dem beides zusammenkommt, ist die didaktische Reduktion des Stoffes auf das augenscheinlich Wichtige, und das ist eben der Verfolgungsaspekt, zu Lasten des Kontexts und der Details, auf die es, wie gezeigt, durchaus ankommt.

Das Leo-Baeck-Institut hat durch seine Vertretung in Deutschland vor einigen Jahren eine »Orientierungshilfe« für die Behandlung des Themas jüdische Geschichte im Unterricht herausgegeben und darin den Schwerpunkt darauf gelegt, die ganze und nicht nur die Verfolgungsgeschichte zu behandeln. Es geht dabei nicht nur um eine Frage des »Gleichgewichts«, wenn man es so nennen will. Vielmehr besteht die Gefahr des Pendelschlags von der Amnesie der Nachkriegszeit in eine »Hypermnesie« seit den 90er Jahren darin, ein Bild »des Juden als seinem Wesen nach Opfer« zu schaffen[12].

12 »…une hypermnésie du désastre qui imposerait au monde l'image d'un Juif, ›victime par essence‹.« Georges Bensoussan: *Un nom impérissable. Israël, le sionisme et la destruction des Juifs d'Europe*, Paris (Seuil), 2008, S. 18.

Aber auch hinsichtlich der Verfolgungsgeschichte selbst kommt es darauf an, nicht nur die *Folgen* von Antisemitismus, sondern auch dessen *Ursprünge* aufzuzeigen. Was pädagogisch präventiv wirken will, muss an den Ursachen ansetzen. D.h., dass man die Vorurteile, die seine Grundlage sind, nicht nur verurteilt, sondern durch eine historische Erklärung auflösen, d. h. dem *Vorurteil* ein *Urteil*, eine historische *Beurteilung* entgegensetzen kann. Doch leider ist festzustellen, dass sowohl in der Öffentlichkeit als auch in Schulbüchern immer noch Vorurteile bestätigt werden – wenn auch unwillentlich, unwissentlich.

So haben die Lehrbücher auch mit der Erklärung des »modernen«, d. h. rassistisch begründeten Antisemitismus, ihre liebe Müh' und Not. Während die Wertungen der Rassentheorien natürlich verurteilt werden, sind sich die Lehrbücher aber offenbar darin einig, dass es sich dabei nur um eine falsche und verfälschende Interpretation wissenschaftlicher Grundlagen handle. Exemplarisch heißt es in einem Lehrbuch: Die Rassentheorie »wertete Völker nach biologischen Merkmalen und stufte die ›semitische‹ Rasse niedriger ein als die ›arische‹ Rasse.« (*Forum Geschichte 3*, S. 156). »Semitisch« und »arisch« stehen in Anführungszeichen, »Rasse« dagegen nicht. Die Lehrbücher konzedieren, dass es »biologische« oder »erbliche Merkmale« von Rassen gebe, »biologische Erkenntnisse über das Wesen des Menschen«, oder es heißt, die Antisemiten »versuchten anhand äußerer Merkmale eine jüdische Rasse zu konstruieren« *(Kursbuch Geschichte,* S. 425), was ja bedeutet, dass es zwar keine Rasse gibt, aber sehr wohl »äußerliche Merkmale« der Juden. Entsprechend wird die NS-Rassenideologie in einem Buch als »unwissenschaftliche Anwendung biologischer Erbmerkmale« definiert (*Forum Geschichte 4*, S. 81).

Vor fünf Jahren habe ich dies daher – gewiss sehr zugespitzt – auf den Punkt gebracht und bleibe auch heute noch dabei: Kein einziges der von mir konsultierten Lehrbücher *bestreitet* in diesem Zusammenhang, dass man Juden schon am Aussehen erkennen könne.[13]

13 Das heißt 2004, vgl. unten: »›Hilflose Aufklärung‹? Probleme des Anti-Antisemitismus in Schulbüchern und Unterricht – Erfahrungen eines Lehrers, 2. Teil: Der Antisemitismus des 19. und 20. Jahrhunderts«, S. 63 ff.

5. Die Transformation des Vorurteils von der Anklage zur Erklärung seiner selbst: »Die Juden und das Geld«

Kein Klischee und kein Vorurteil prägt den Blick auf die jüdische Geschichte tiefgreifender als das von der besonderen Affinität der Juden zum Geld. Einst war es ein Vorurteil der Anklage, heute ist es ein Vorurteil der vermeintlichen Erklärung. Wenn ich in der Oberstufe die jüdische Geschichte zurückverfolge bis zur Entstehung der Diaspora, so kam schon als Argument, warum die Römer überhaupt Palästina eroberten: »Weil die Juden reich sind.« Warum gab es den Antijudaismus im Mittelalter? Aus demselben Grund. Warum wollten die Nazis die Juden umbringen? Dieselbe Antwort – und da fällt es dem Lehrer schwer noch die Contenance zu bewahren. Nicht alle Schüler denken so, aber wie viele denken, was einige sagen? Ansatzpunkte für diese sozusagen »materialistische Erklärung« des Antisemitismus findet man leider auch wieder in den Schulbüchern – und nicht nur da.

Die Grundlage dafür liegt wieder im Mittelalter. Dass im Mittelalter der Geldverleih »in jüdischer Hand« war, weil es den Christen von der Kirche untersagt war Zinsen zu nehmen, ist eine allgemein verbreitete Vorstellung. Doch zahlreiche Studien belegen seit annähernd 150 Jahren, dass nicht alle Geldverleiher Juden und nicht alle Juden Geldverleiher waren[14], dennoch hat dieses Expertenwissen offenbar keine Chance ins allgemeine historische Bewusstsein zu dringen, auch nicht in das von vielen Historikern und Lehrbuchautoren.[15] Jüngst hat dies auch in Guido Knopps ZDF-History (Juden und Christen – Ein schwieriges Verhältnis, 5.4.2009) seine Bestätigung erfahren. Was nützen da all die Belege für christliche Geldverleiher im Mittelalter, die Zinspraxis der italienischen Lombarden, Berichte über die Zinsentwicklung auf den Messen in der Champagne und anderswo, über die Geschäftspraktiken italienischer Banken und der detaillierte Nachweis darüber, dass es im Venedig des Shakespeareschen Shylock nicht die Juden, sondern die Christen waren, die die höchsten Zinsen verlangten und erlangten?

14 Informationen und Bibliographie auf www.historia-interculturalis.de (> Übersicht > Jüdisch-europäische Geschichte) sowie auf www.juedische geschichte.de (> Themen > Historikertag2006).

15 Vgl. Stefan Rohrbacher: *Über das Fortwuchern von Stereotypvorstellungen in der Geschichtswissenschaft*, in: Johannes Heil/Bernd Wacker (Hrsg.): *Shylock? Zinsverbot und Geldverleih in jüdischer und christlicher Tradition*, München (Fink), 1993, S. 235-252. Michael Schmidt: *Hinter den Spiegeln. Mergels Uhr und Aarons Risiko*, in: ebd., S. 171-192.

Die Vorstellung, der mittelalterliche Geldverleih habe in »jüdischer Hand« gelegen, weil den Juden die Zinsnahme erlaubt und den Christen verboten gewesen sei, ist ein Mythos im Sinne der Definition von Horkheimer und Adorno als »falsche Klarheit« (*Dialektik der Aufklärung*), weil das Vorurteil des Wuchers von damals heute als historische Erklärung dient, wie es zum Hass auf die Juden gekommen sei, neben dem religiösen Motiv, das hier in den Hintergrund tritt: Der Geldverleih war »risikoreich«, sagt ein Oberstufenbuch, »weil Geldgeber unbeliebt sind, wenn es ans Zahlen der Zinsen und Schulden geht« (*Geschichte und Geschehen I A*, S. 169). Dasselbe Buch singt dann später ein Loblied auf die »wagemutigen italienischen Handelsherren« und auf »risikofreudige Bankiers« mit »gewinnbringenden Geschäftspraktiken« im 15. und 16. Jahrhundert (S. 197). Also: Juden waren *Geldverleiher*, Italiener *Bankiers* – schon in der Titulierung setzt sich die Diskriminierung fort. In Wirklichkeit waren die Italiener schon im Mittelalter gleichzeitig und auf die gleiche Weise wie die Juden in diesem Geschäft.

Das von der Kirche mehrfach ausgesprochene Zinsverbot war zu keiner Zeit ein ernsthaftes Hindernis für die Zinspraxis christlicher Geldverleiher oder Bankiers, denn »die Christenheit folgte den kanonischen Geboten nicht. ... Wucher war schlimmste Sünde, doch kein Verbrechen.«[16]

So hatte der Antijudaismus aber offenbar nach allgemeiner Vorstellung auch und zuvorderst einen »sozialen Grund« und letzterer rückt auch deswegen ins Blickfeld, weil er über die Epochen hinweg für den Antisemitismus des 19. und 20. Jahrhunderts als Argument taugt, zumindest ergänzend zum Rassenwahn.

Dient schon die angebliche »Verschuldung breiter Bevölkerungskreise« bei den Juden als Erklärung für die Pogrome im Mittelalter, weil »innerhalb der Motive, die zu diesen Untaten führten, die materiellen Beweggründe der Schuldner eine ganz zentrale Rolle gespielt haben« (so im *Brockhaus 2004*: »Juden: Stellung im Mittelalter«)[17] – oder, wie es ein Lehrbuch formuliert, weil angesichts »erdrückender Schulden« der »Reichtum der Juden Neid und Hass« weckte (*Anno 2*, S. 100), und

16 Johannes Fried: »Zins als Wucher. Zu den gesellschaftlichen Rahmenbedingungen der Predigt gegen den Wucherzins«, Einführung zu: Jacques Le Goff: *Wucherzins und Höllenqualen. Ökonomie und Religion im Mittelalter*, Stuttgart (Klett-Cotta), 2008, S. 143, 139. – Vgl. auch Diana Wood: *Medieval Economic Thought*, Cambridge University Press, 2002, S. 159 ff. – Ausführlicher dazu unten: »Christen, Juden und das Geld. Über die Permanenz eines Vorurteils und seine Wurzeln«, S. 105 ff.

17 Siehe oben, S. 26, Fußnote 27.

ein anderes Lehrbuch logisch nachvollzieht, dass, »wenn zahlreiche Bürger einer Stadt bei jüdischen Mitbürgern verschuldet waren«, man »mit Parolen wie ›Brunnenvergiftung‹ ... Juden erschlagen und seine Schulden tilgen« konnte (*Rückspiegel 2*, S. 92)[18] –, so wird konsequent auch der neue Antisemitismus des 19. Jahrhunderts oft als »sozialer Protest« erklärt. Entsprechend argumentiert die »sozialpsychologische« Erklärung der Judenfeindschaft in einem Oberstufenbuch mit dem »antikapitalistischen und antiliberalen Akzent« des Protests in Zeiten wirtschaftlicher Krise (*Geschichte und Geschehen II*, S. 93). Wenn aber das antijüdische Ressentiment antiliberal und antikapitalistisch motiviert war, dann braucht man im Umkehrschluss nur das »anti« zu streichen um die Juden auch in der vermeintlich wissenschaftlichen Erklärung mit dem Liberalismus und dem Kapitalismus zu identifizieren. Dass die sogenannte »Judenfrage« eine »soziale Frage« sei, ist aber ein uralter Topos des Antisemitismus.[19] So wird also auch hier das Vorurteil zur Erklärung seiner selbst.

Und wenn das Finanzwesen in die Krise gerät, wird auch heute in der öffentlichen Debatte das Vorurteil vom schuldigen »Geldjuden« reaktualisiert, allerdings nicht mehr in der direkten, rohen, anklagenden Form, sondern indirekt, in aufklärerischer Absicht zur Verteidigung instrumentalisiert: So geschehen am 27. 10. 2008 durch den Direktor des Ifo-Instituts, Hans-Werner Sinn, im Berliner Tagesspiegel (Ifo steht für »Information und Forschung«):

»In jeder Krise wird nach Schuldigen gesucht, nach Sündenböcken. Auch in der Weltwirtschaftskrise von 1929 wollte niemand an einen anonymen Systemfehler glauben. Damals hat es in Deutschland die Juden getroffen, heute sind es die Manager.« Und der niedersächsische Ministerpräsident legte hierzu nach mit seinem Hinweis auf die »Pogromstimmung« gegen die Manager.

Der Vergleich erscheint zunächst absurd und empörend und hat entsprechende Reaktionen des Zentralrats der Juden und Entschuldigungen von Sinn und Wulff bewirkt. Die Logik in Sinns Vergleich ist freilich erkennbar: So wenig wie damals Personen in führenden Positionen der Wirtschaft für die Weltwirtschaftskrise verantwortlich waren im Sinne

18 Zur damit verbundenen »Rechtfertigung« der Pogrome vgl. unten: »Judenhass und Pogrome im Mittelalter und ihre Erklärung in heutigen Schulbüchern«, S. 61 ff.

19 Moshe Zimmermann: »Die ›Judenfrage‹ als ›die soziale Frage‹«, in: Ders.: *Deutsch-jüdische Vergangenheit: Der Judenhaß als Herausforderung*, Paderborn u. a. (Schönigh), 2005, S. 289-301. (Erstveröffentl. 1998).

eines schuldhaften Verhaltens, so wenig seien sie es heute. Damit wird aber das alte antisemitische Klischee vom »Geldjuden« als solches nur bestätigt: In der Parallelisierung kommt neben der beabsichtigten Sündenbock-Parallele ja auch das dahinter stehende Vorurteil zum Tragen, nämlich in der Parallele zwischen den heute real in verantwortlichen Positionen sitzenden Managern und den damaligen vermeintlich ebenso an den Hebeln der Finanzwirtschaft sitzenden jüdischen Bankiers (im NS-Jargon: »internationales Finanzjudentum«). Das Statement von Herrn Sinn bestätigt also das Vorurteil, »die Juden« hätten damals die Finanzwelt dominiert, weswegen sie aber nur zu Unrecht für die Wirtschaftskrise verantwortlich gemacht worden seien.

6. Konsequenzen

Welche Konsequenzen ergeben sich aus all dem, was ist zu tun? Ich hoffe, es wurde deutlich, dass sich »Holocaust education« nicht auf den Holocaust beschränken kann, sondern in eine Geschichte des Antisemitismus integriert werden muss, und dass diese Geschichte wiederum in der allgemeinen Geschichte zu verankern ist.

Es reicht nicht, die *Folgen* des Antisemitismus aufzuzeigen, sondern es geht auch um seine *Ursachen*; es reicht nicht, das *Vorurteil* zu *verurteilen*, es muss durch die historische Kenntnis, durch eine kompetente *Beurteilung* der Geschichte aufgelöst werden. Dies geht nur im historischen Gesamtkontext und dies erfordert entsprechendes Wissen und seine Vermittlung. Das Wucherklischee wird niemals aufgelöst werden, wenn man das mittelalterliche Geldwesen nicht kennt; die Rassentheorien und ihre Vulgarisierungen werden nie vollständig widerlegt werden, wenn man sie nur als falsche Interpretationen wissenschaftlicher Fakten versteht und nicht deren pseudowissenschaftliches Fundament ad absurdum führt.

Das klingt so einfach wie es schwierig ist, denn wie sehr sich die Vorurteile im kollektiven historischen Bewusstsein festgesetzt haben, wurde hier ansatzweise gezeigt.

Um die entsprechende Diskussion mit Schulbuchverlagen und um Fortbildungen für Lehrer bemüht sich unter anderem der Arbeitskreis »Deutsch-jüdische Geschichte im Unterricht« des Verbandes der Geschichtslehrer Deutschlands, sowohl als Arbeitsgemeinschaft als auch einzelne seiner Mitglieder in anderen Zusammenhängen.[20] Die dies-

20 Als ein Zwischenergebnis darf folgende Publikation gelten: Rolf Ballof

bezüglichen Erfolge bisher sind begrenzt, dies muss leider konstatiert werden. Das Ganze müsste auf eine viel breitere Grundlage gestellt werden, auf der Wissenschaft und Didaktik, Autoren und Verlage zusammenkommen.

Leider kann ich mit keinem konkreteren und positiveren Ergebnis schließen, sondern nur mit diesem Appell.

Anhang

Liste der erwähnten Lehrbücher
Auf die Nennung der einzelnen Herausgeber und Autoren wurde hier verzichtet, da es nicht darum geht, sie persönlich in den Fokus zu stellen, sondern nur um den Nachweis der Zitate. Mit Ausnahme des letztgenannten handelt es sich um Geschichtslehrbücher für das Gymnasium (Ausgabe Hessen).

Anno 2, Westermann, 1995. (Sek. I)
Das waren Zeiten 3, Buchner, 2004. (Sek. I)
Forum Geschichte 3 und 4, Cornelsen, 2003/04. (Sek. I)
Geschichte und Geschehen A2, Klett, 1995. (Sek. I)
Geschichte und Geschehen Oberstufe I A, Klett, 1997/2003. (Sek. II)
Geschichte und Geschehen Oberstufe II, Klett, 2003. (Sek. II)
Kursbuch Geschichte. Cornelsen, 2000. (Sek. II)
Rückspiegel 2, Schöningh, 1995. (Sek. I)
Wir machen Geschichte 2, Diesterweg, 1996. (Sek. I)
Zeitreise 5-6, Klett, 1998/2003, Grundschule/Förderstufe Kl. 5-6, Berlin-Brandenburg.

u. a.: *Deutsch-jüdische Geschichte. Quellen zur Geschichte und Politik,* hrsg. vom Arbeitskreis Deutsch-jüdische Geschichte des Verbandes der Geschichtslehrer Deutschlands, Stuttgart/Leipzig (Klett), 2007. Weitere Informationen auch auf der Website des Arbeitskreises: www.juedische geschichte.de

»Privilegien, Verfolgung, Vertreibung«

Der Anti-Antisemitismus und die Macht der Vorurteile
Erfahrungen eines Lehrers[1], 1. Teil

> »Es hat in der neueren deutschen Geschichte eine Zeit gegeben, in der viele gern gesehen hätten, wenn Jesus ein Sachse gewesen wäre.«
>
> Einleitung des Kapitels »Juden im christlichen Abendland« in: *Rückspiegel, Bd.* 2, 1995 (Geschichtslehrwerk für die 8. Klasse)

Schulunterricht als antirassistische »Schutzimpfung« (Th. W. Adorno)

Als sich 1960 eine vom Verband Deutscher Studentenschaften organisierte Tagung erstmalig mit der »Darstellung des Judentums in der Lehrerbildung und im Schulunterricht« befasste, berief sich Ekkehard Krippendorff einleitend auf Adornos jüngste und für ihn ungewöhnlich optimistische Beurteilung der Möglichkeit von »Aufarbeitung der Vergangenheit« hinsichtlich des Antisemitismus:

> »Soweit man ihn [= den Antisemitismus] in den Subjekten bekämpfen will, sollte man nicht zu viel vom Verweis auf Fakten erwarten, die sie vielleicht nicht an sich heranlassen oder als Ausnahmen neutralisieren. Vielmehr sollte man die Argumentation auf die Subjekte wenden, zu denen man redete. Ihnen wären die Mechanismen bewusst zu machen, die in ihnen selbst das Rassevorurteil verursachen. Aufarbeitung der Vergangenheit als Aufklärung ist wesentlich solche Wendung aufs Subjekt, Verstärkung von dessen Selbstbewusstsein und damit auch von dessen Selbst. Sie sollte sich verbinden mit der Kenntnis jener unverwüstlichen Propagandatricks, die genau auf jene psychologischen Dispositionen abgestimmt sind, deren Vorhandensein in den Menschen wir unterstellen müssen. Da diese

1 Erstmals erschienen in: *Kommune* – Forum Politik · Ökonomie · Kultur, N° 5/2004 (Okt.-Nov.), S. 94-100. Zusammen mit dem 2. Teil (siehe unten) übernommen von Hagalil Online sowie zusammen in leicht veränderter Form gedruckt erschienen unter dem Titel: »Der Anti-Antisemitismus und die Macht der Vorurteile. Erfahrungen eines Lehrers«, in: *Begegnungen* – Zeitschrift für Kirche und Judentum 3/2005, S. 2-19. – Der hier abgedruckte Text wurde nochmals redaktionell überarbeitet.

> Tricks starr sind und von begrenzter Zahl, so bereitet es keine gar zu großen Schwierigkeiten, sie auszukristallisieren, bekanntzumachen und für eine Art von Schutzimpfung zu verwenden.«[2]

Als vierzig Jahre später das Düsseldorfer Attentat – meines Wissens bis heute unaufgeklärt – im Milleniumsjahr 2000 die Öffentlichkeit erschütterte, hatten seit fast drei Jahrzehnten in der Schule und in der Öffentlichkeit regelmäßige »Schutzimpfungen« im Sinne Adornos stattgefunden. Gleichwohl machte man sofort ein Aufklärungsdefizit in der Schule verantwortlich, die Auseinandersetzung um den Geschichtsunterricht kulminierte in der unglaublichen Forderung des Bremer Kultusministers und damaligen Vorsitzenden der Kultusministerkonferenz, die Lehrer sollten in ihrem Unterricht durch Hospitationen kontrolliert werden. In dieser absurden Suche nach der Verantwortung bei vermeintlichen pädagogischen Versagern kam damals aber niemand auf die Idee, einen Blick in die von den Kultusbehörden autorisierten Lehrbücher zu werfen.

Wie ist der derzeitige Stand der »Schutzimpfung« gegen Antisemitismus im Schulunterricht? Im Vorfeld der Ausstellung »Europas Juden im Mittelalter«, die ab November in Speyer zu sehen ist,[3] wollen wir nachsehen, wie denn diese Epoche, Angelpunkt der Vorurteilsbildung, im Unterricht thematisiert wird.

Impfung wogegen? Virus »Geldjuden«

Die Problematik des Umgangs mit der jüdischen Geschichte ist noch nicht damit gelöst, dass die Lehrbücher einzelne Pflichtthemen stärker berücksichtigen als früher, die sich am Leitmotiv der Verfolgung orientieren. Dahinter wird kaum greifbar, wie Juden in der christlichen Umwelt über Jahrhunderte wirklich lebten, warum sie »bei uns« lebten und wie sich ihre Situation im Laufe der Zeit veränderte. Und selbst der (im Rahmen der Möglichkeiten) aufrichtigste Versuch aufklärerischen Unterrichts sieht sich oft mit ungewollten Resultaten konfrontiert, denn der Anti-Antisemitismus scheint kontraproduktiv auch seine eigene Antithese zu bestätigen, nämlich antisemitische Klischees und Vorurteile, wie im Nachfolgenden gezeigt werden soll.

So hieß es in einer Schülerarbeit (Lernkontrolle) in Geschichte Klasse 8 (Gymnasium): »Die Kreuzritter wollten die Juden umbringen, denn

2 Theodor W. Adorno: »Was bedeutet Aufarbeitung der Vergangenheit?«, 1960, siehe oben, S. 8, Fußnote 7.

3 Die Ausstellung eröffnete im November 2004.

die Juden hatten größere Reichtümer (Geld, Land…) und mehr Rechte als die Christen. Die Kreuzritter wollten dem aber ein Ende bereiten, so kam es zur Judenverfolgung. […] Sie ermordeten kaltblütig jeden, der nicht den Christen angehörte, sie wollten sich rächen […].« Dies ist eines von vielen Beispielen, repräsentativ nicht für alle aber für viele Schülerinnen und Schüler, aus meiner eigenen Erfahrung als Geschichtslehrer. Thema war der 1. Kreuzzug, auf dessen Weg gleich zu Beginn in den rheinischen Städten auch der erste systematische Pogrom an der dort ansässigen jüdischen Bevölkerung begangen wurde. In Ergänzung des Lehrbuchs behandelte ich mit meinen Schülern die Vorgeschichte der Verfolgungen, und zwar beispielhaft die planmäßig durchgeführte Ansiedlung von jüdischen Kaufleuten in Speyer »zur Mehrung der Ehre der Stadt« durch den Stadtherrn, Bischof Rüdiger Hutzmann, im Jahre 1085. Die entsprechende Urkunde, eines der wichtigsten mittelalterlichen Dokumente, sollte den Status der jüdischen Gemeinde auch bei seinen Nachfolgern garantieren. Doch wer meint, das sperrige Thema im Unterricht auf diese Weise so einfach in den Griff zu bekommen, muss sich eines Besseren belehren lassen. Neben Resultaten wie dem oben genannten kam es dabei auch zu folgender Eintragung eines Schülers in sein Geschichte-Hausheft: »Der Bischof meint, dass er den Juden zu gute Lebensbedingungen gegeben hat.« Das kleine Wörtchen »zu« reicht, um das Ganze in sein Gegenteil zu verkehren…

Was steht aber im Lehrbuch? Es erwähnt die antijüdischen Pogrome 1096 in den rheinischen Städten, erklärt aber an dieser Stelle nicht, wie die jüdischen Gemeinden entstanden waren: »Dort gab es reiche Judengemeinden, die bisher im Frieden mit den christlichen Bürgern gelebt hatten und den Schutz der Kaiser und Bischöfe genossen. Die Kreuzfahrer dagegen sahen in den Juden die Mörder des Heilandes Jesus. Sie überfielen sie auf offener Straße und schlugen sie tot […]« (*Anno* 2, S. 35). Was hier mit der Insistenz auf den Schutz durch Kaiser und Bischöfe wohl dem Leser vermittelt werden soll, wird durch dessen im selben Atemzug erzählte Wirkungslosigkeit ad absurdum geführt, die Motive der »Beschützer« bleiben ungenannt, nicht aber die Motive der Judenfeinde, und zwar die direkten: Juden als »Mörder des Heilandes Jesus«, wie die indirekten: »reiche Judengemeinden«. Die Schülerreaktionen zeigen, dass es nicht so einfach möglich ist kontextlos von »reichen Juden« zu sprechen, ohne sofort das antisemitische Klischee zu reproduzieren.

Die winzigen jüdischen Gemeinden des frühen Mittelalters wie im Beispiel Speyers gingen vorwiegend auf seit der Karolingerzeit gezielt angeworbene Händler zurück, die dafür die »green card« des Mittelalters bekamen: das Privileg einen Fernhandel aufzubauen und dafür weitgehend nach eigenen religiösen und kulturellen Gesetzen leben zu dürfen. Doch »Privileg« steht in unserem modernen Verständnis synonym für moralisch unberechtigtes Vorrecht; wenn *Privilegien* und *Juden* ohne historische Begriffsklärung zusammentreffen, ist der Teufelskreis des Vorurteils bereits wieder geschlossen, obwohl er aufgebrochen werden sollte. So heißt fatalerweise im Oberstufenwerk *Geschichte und Geschehen* eine Randüberschrift zum Thema Juden: »Privilegien, Verfolgung, Vertreibung« (S. 169). Doch Privilegien waren nur mittelalterliche Lizenzen für alle möglichen wirtschaftlichen Betätigungen.

Das universelle Rudiment aller Kenntnisse über die jüdische Vergangenheit, das viele Schüler schon internalisiert haben, noch bevor das Thema im Geschichtsunterricht angesprochen wird, ist, dass die Juden Geldverleiher wurden, weil den Christen das Zinsnehmen verboten war. Das didaktische Rudiment fachwissenschaftlicher Erklärung lautet in unserem Buch so:

> »Im frühen Mittelalter waren sie als Fernhändler unentbehrlich. Zunehmend wurden sie jedoch von christlichen Kaufleuten aus dem Warenhandel in das Geld- und Pfandleihgeschäft abgedrängt. Oft nahmen sie sehr hohe Zinsen um ihr Risiko abzusichern und die Steuern entrichten zu können, die Könige und Fürsten zu ihrem Schutz forderten. Für viele Christen waren ihre Schulden bei den Juden erdrückend. Der Reichtum weckte Neid und Hass. [...]« (S. 100).

Man beachte auch hier die »logische« Entwicklung: Erst wurden die Christen von den Juden abhängig, dann bei ihnen verschuldet ... – schon bei der Quantifizierung »viele Christen« schlägt jedoch der Versuch der Erklärung in eine klischeehafte Konfrontation zum »Geldjuden« um.

Die notwendige didaktische Reduktion des Stoffes in Lehrbuch und Unterricht birgt immer die Gefahr der Verfälschung durch Verkürzung. Dies droht durchgängig beim Thema Wucher und Schulden; kaum ein Lehrwerk ordnet den Geldverleih durch die Juden in eine allgemeine Darstellung des Kreditwesens ein. Lediglich in dem Themenheft *Jüdisches Leben in christlicher Umwelt* wird z. B. der Historiker Ben-Sasson über die Situation nach der Vertreibung der Juden im 14. Jahrhundert zitiert:

»Tatsache war, dass die wenigen in der Stadt verbliebenen christlichen Geldverleiher, der jüdischen Konkurrenz ledig, weit schonungsloser mit ihren Schuldnern verfuhren.« (S. 46). Entsprechend geißelte 1494 Sebastian Brant in seinem *Narrenschiff* auch die christlichen

Wucherer: »Der Juden Zins war leidlich genug, / Aber sie können nicht mehr bleiben, / Die Christenjuden sie vertreiben, / Die mit dem Judenspieß selbst rennen.«[4]

Die neuere und neueste Schulbuchgeneration bemüht sich gewiss um eine hermeneutische Identifizierung mit den Juden, d. h. um ein Sich-Hinein-Versetzen in deren Lage, doch finden sich kaum die dafür notwendigen kontextuellen Erklärungen. Die vorgebrachten rationalen Argumente zur Erklärung des »Wuchers«: das Risiko, die Rarität des Geldes oder die stereotype Erklärung mit den Schutzgeldern und Steuern, die die Juden zahlen mussten..., reichen nicht aus um die Verknüpfung zwischen Zinshöhe, Verschuldung und Schuld im moralischen Urteil aufzubrechen, jeder Leser wird sofort ein Verständnis auch für die Lage der dadurch in Not geratenen Schuldner empfinden: Verschuldung der einen – Schuld der anderen, wenn auch ungewollt. Auf diese Weise entstehen dann selbst beim besten Willen zum Verständnis der jüdischen Seite bei den Schülern Formulierungen wie die oben zitierte: »[...] man wollte sich rächen.«

Eine sinnvolle Erklärung kann daher nur durch eine differenzierte Einbettung in die sozioökonomische Gesamtsituation erfolgen. Wofür wurden Kredite aufgenommen? Wir müssen uns dabei von unseren heutigen Vorstellungen lösen. Als sich die Geldwirtschaft erst wieder richtig entwickelte, handelte es sich zunächst nur um kurzfristige Anleihen: Wer durch eine Handelstransaktion Gewinnspannen von 100 Prozent und mehr erzielen konnte, konnte wohl zur Finanzierung einen Zinssatz von 33 Prozent und mehr entrichten. Der Kreditgeber war hier fast so etwas wie ein Beteiligter am Geschäft und genau diese Idee setzten die christlichen Bankiers zur Umgehung des kirchlichen Zinsverbots um. Die Beteiligungsidee entsprach der damals jüngsten Innovation im Handelwesen, die zunächst im mediterranen Fernhandel von der damals führenden Stadt Genua entwickelt wurde: Kommanditäre (von ital. *commenda*) waren als Kapitalgeber zu 25 bis 50 Prozent am Unternehmen beteiligt, wie ein überlieferter Kontrakt von 1163 für eine Handelstour von Genua ins arabische Tunis belegt, deren Gewinn zur Hälfte geteilt wurde.[5] Dieses Prinzip breitete sich zumindest auch im süddeutschen Raum aus:

4 Kap. »Wucher und Aufkauf«, cf. Sebastian Brant: *Das Narrenschiff*, übertragen von H. A. Junghans, überarbeitete Ausg. Stuttgart (Reclam), 1998. – Der »Spieß« war im Vokabular Brants eine der Metaphern der Narrheit.

5 Jacques Le Goff: *Das Hochmittelalter*, Fischer Weltgeschichte Bd. 11, Frankfurt am Main 1965, S. 50.

> »Aus gelegentlichen Personalgesellschaften mehrerer Kaufleute für bestimmte Unternehmen wurden Kapitalgesellschaften auf der Grundlage des Commenda-Vertrags (Kapitaleinlage ohne persönliche Mitarbeit), die ein reines Kapitalrenteneinkommen gewährten. [...] Das Geldgeschäft wurde von großen (Familien-)Gesellschaften wie den Fuggern monopolistisch organisiert und ermöglichte die Zusammenballung großer Vermögen, die wieder zum Erwerb genutzt wurden. Kapital und Firma wurden selbständig.«[6]

Auch von jüdischer Seite wurde diese Idee aufgegriffen, so beschloss eine jüdische »Synode« in Mainz 1220: »Man darf nur dann Geld verleihen, falls man am Geschäft des Leihenden auf Gewinn und Verlust zur Hälfte beteiligt wird.«[7] Wenn die Forderung nach 50 Prozent Beteiligung zunächst sehr hoch erscheint, so ist doch der entscheidende Punkt die entsprechende *Beteiligung am Risiko*. Freilich blieb es beim Wunsch nach solch einer »jüdischen Commenda«, denn diese Form der Integration durch Gleichberechtigung war in der christlichen Gesellschaft nicht erwünscht. Übrigens wurde und wird in strenggläubigen islamischen Ländern heute noch das Zinsgeschäft als Unternehmensbeteiligung kaschiert.[8]

Juden wurden wie Christen zu Geldverleihern dadurch, dass sie im frühen Mittelalter selbst als Kaufleute sowie als Geldwechsler auf Märkten und Messen Kapital erworben hatten. Als durch die Lockerung des Zinsverbots bzw. durch dessen Umgehung die Italiener im Finanzwesen führend wurden und dieses sich schließlich überall durchsetzte, entstand als fatale Folge auf längere Sicht das Phänomen, dass nicht kreditwürdige Kunden in den Augen christlicher Bankiers, also eher die kleinen Leute, die nicht über die Runden kamen, »zum Juden« gehen mussten und daraus ein Verschuldungs- und Verelendungsprozess mit sozialer Brisanz entstehen konnte. Im Übrigen war die Handelstätigkeit von Juden noch im 12. Jahrhundert uneingeschränkt

6 Karl Bosl: *Staat, Wirtschaft und Gesellschaft im deutschen Mittelalter*, Gebhardt Handbuch der deutschen Geschichte Bd. 7, Stuttgart (dtv), 1973, S. 213 f.

7 Friedrich Battenberg: *Das europäische Zeitalter der Juden*, Bd. I, Darmstadt (WBG) 1990, ^{2}2000, S. 114 f.

8 Das Zinsverbot geht auf die biblische Tradition zurück (5. Moses 22, 24) und galt auch innerhalb des Judentums und des Islam. Es wurde von den jeweiligen Religionsgemeinschaften zunächst im Geschäftsverkehr mit Partnern anderer Religion zugelassen und im Rahmen des Säkularisierungsprozesses dann auch innerhalb der eigenen Gemeinschaft, oft in versteckter Form. Dies gilt auch für die katholische Kirche.

und die Pfandleihe nur eine ihrer beruflichen Betätigungen. Auch nach der zunehmenden Ausgrenzung aus der Gesellschaft blieben noch andere Tätigkeiten wie die des Trödlers und Kleinhändlers auf Märkten usw., außerdem sicherten die mit Tätigkeiten außerhalb der jüdischen Gemeinde erzielten Einkommen wiederum das Einkommen für alle handwerklichen Berufe innerhalb der Gemeinde, deren Mitglieder nach Einrichtung der Ghettos übrigens zumeist in bescheidenen wenn nicht ärmlichen Verhältnissen lebten.

»Geldverleih« oder »Kreditwesen«?[9]

Juden waren also nicht nur Geldverleiher und nicht alle Geldverleiher waren Juden. Diese einfache historische Wahrheit hat es auch heute noch schwer, zur Geltung zu kommen. Eine differenzierte Betrachtung der jüdischen Lebenswelt findet sich in den Lehrwerken, wenn überhaupt, dann nur für das frühe Mittelalter; mit der Einschränkung der beruflichen Freiheiten durch Zünfte und Gilden und der schrittweisen gesellschaftlichen Ausgrenzung seit dem 12./13. Jahrhundert drängt sich schon fast von selbst die Vorstellung auf, die Juden hätten nur noch im Geldgeschäft ihre existenzielle Nische gefunden. So verfestigt sich nolens volens das Vorurteil vom »Geldjuden« als solches trotz der obligatorischen Verurteilung der antijüdischen Gewalttaten, trotz deren materialistischer Erklärung (durch das Sündenbock-Schema usw.). Als ich in einer 9. Klasse die Entstehung der Französischen Revolution behandelte, zeigte ich unter anderem eine bekannte Karikatur aus der Zeit, die die leeren Kassen des französischen Königs dadurch erklärte, dass ein Mönch (oder jedenfalls ein Kleriker) und ein Adliger Säcke voll Geld wegschleppten. Die Schüler sollten dies aus der Darstellung selbst erkennen. Während der Geistliche schnell an seiner Kutte erkannt wurde, war die erste Reaktion einer Schülerin auf die andere Figur: »Das ist ein Jude.« Das war gar nicht böse gemeint, im Gegenteil, sie wollte hier einen Aspekt von Antisemitismus in der Karikatur aufzeigen, den es dort gar nicht gab. Das aufklärerische Schuldbewusstsein des Anti-Antisemitismus reproduzierte hier ungewollt nicht nur das »normale« Klischee, sondern das Vorurteil quasi auf der Meta-Ebene als Vorstellung der Vorstellung, die die Leute vermeintlich haben mussten: Wer reich ist, weil er stiehlt, muss Jude sein.

9 Zu dieser Thematik vgl. auch ausführlicher unten: »Christen, Juden und das Geld. Über die Permanenz eines Vorurteils und seine Wurzeln«, S. 105 ff.

Vom Klischee des »Geldjuden« ist es nur ein Schritt zur Nazi-Parole vom »internationalen Finanzjudentum«. In Wirklichkeit hatte das katholische Zinsverbot ja nur anfänglich eine Bedeutung, wenn überhaupt; die Insistenz auf das Zinsverbot und die reduktive Erklärung des sozialen Antijudaismus mit der Zins- und Verschuldungsproblematik im Geschichts-, Sozialkunde oder Religions-/Ethikunterricht suggeriert zwangsläufig, das Geldwesen sei überhaupt »in jüdischer Hand« gewesen (das »Rothschild-Syndrom«). So heißt es z.B. in *Wir machen Geschichte*, wo über Seiten der Leidensweg der mittelalterlichen Juden aufgezeigt wird, über den von Friedrich II. verliehenen Status der »Kammerknechtschaft« für die Juden:

> »Da mit der Kammer das kaiserliche Schatzamt gemeint war, bedeutete dies, dass Juden als unfreie Finanzobjekte des Reiches betrachtet wurden, die vor allen Dingen hohe Steuern zahlen mussten. Um diese aufbringen zu können wurden die Juden noch mehr als früher und schließlich gänzlich zu Geldverleihern.« (S. 134)

Hier kehrt sich die »politische Korrektheit« in ihr Gegenteil um, denn im Versuch, die vorurteilsbehaftete Tätigkeit durch eine historische Erklärung aufzulösen – die Juden waren nicht freiwillig Geldverleiher, sie wurden zwangsweise dazu – wird das Vorurteil in seinem historisch falschen Kern bestätigt: alle Juden wurden »gänzlich zu Geldverleihern«. In *Weltgeschichte im Aufriss* wird der Historiker Battenberg zitiert: »Dies alles musste schließlich zu einer weiteren Vorurteilsbildung gegenüber den Juden führen: Da diese den Christen in aller Regel nur noch als Geldgeber gegenübertraten, verfestigte sich das negativ besetzte Bild der Christen von den Juden.«[10] Formulierungen wie »dies musste zu Vorurteilen führen« sind – wenn auch ungewollt – semantisch und dadurch pädagogisch fatal. Vor allem aber vollzieht sich auch der Umkehrschluss fast ganz von selbst: Wenn alle Juden Geldverleiher waren, waren dann nicht alle Geldverleiher Juden…?

Doch das Klischee des Geldjuden ist nicht deswegen ein Vorurteil, weil es zu beklagenswerten Gewalttaten führte, sondern weil es historisch falsch ist. Wie sah es zum Beispiel dort aus, woher die Rothschilds kamen, in der Frankfurter Judengasse? Zu Lebzeiten des Stammvaters Meyer Amschel Rothschild, Ende des 18. Jahrhunderts, »war die Erwerbstätigkeit der Juden auf das Wechsel- und Pfandleihgeschäft und den Kleinhandel beschränkt. Die Mehrheit war arm und lebte vom Trödelhandel, von der Pfandleihe und vom Wechselgeschäft, das

10 *Weltgeschichte im Aufriss*, S. 360, cf. Battenberg, op. cit., Bd. 1, S. 20.

insbesondere während der Messen blühte. Einzelne Familien hatten es im Geldgeschäft zu erheblichem Wohlstand gebracht«[11] – aber eben nur einzelne, wie die Rothschilds. Dass die Juden ihrer Abdrängung in Pfandleihe und Geldgeschäft nach der Privilegierung der christlichen Korporationen (Zünfte und Gilden) erfolgreich entgegenwirken und ökonomische Nischen bewahren bzw. sogar wieder erobern konnten, zeigt die vom Museum Judengasse in Frankfurt zusammengestellte Internet-Datenbank, wo sich eine Liste von 43 Berufen mit detaillierten Angaben findet (www.judengasse.de). Etliche der dort aufgelisteten Berufe belegen die fortgesetzten wirtschaftlichen Beziehungen des Ghettos zur christlichen Umwelt unabhängig von Finanzgeschäften. Für die Spätzeit des »Mittelalters« aus jüdischer Sicht (d.h. vor der Emanzipation), nämlich das 18. Jahrhundert, erwähnt dann auch *Weltgeschichte im Aufriss* »die breite pauperisierte Masse des sog. Betteljudentums (vor allem kleine Hausierer) [...], die aufgrund fehlenden Vermögens den landesherrlichen Schutz nicht bezahlen konnte und daher ständig von Ausweisung bedroht war. Sie machten um 1780 etwa 90 Prozent des deutschen Judentums aus [...].« (S. 331).

Mit der Internationalisierung und Intensivierung des Handels im Mittelalter entstand die Notwendigkeit einer modernen Geldwirtschaft, an der auch die Christen nicht vorbei konnten. So entstand der Geldverleih in größerem Stil zunächst in Norditalien, die vielleicht mit Bezug auf Mailänder Kaufleute so genannten *Lombarden* gründeten in ganz Europa Filialen ihrer Banken, sie kamen jedoch auch aus der Toskana und anderen norditalienischen Regionen. Bereits in der 2. Hälfte des 13. Jahrhunderts wurde der Florentiner Gulden zur ersten Leitwährung des Abendlandes, Venedig wurde im 14. Jahrhundert zum Tor in die Levante. Dennoch bleibt eine singuläre Verknüpfung »Juden-Geld-Abneigung« bestehen, denn sowohl inhaltlich wie sprachlich besteht in der Darstellung ein Unterschied zwischen dem negativ besetzten »Geldverleih« hinsichtlich der Juden und dem positiv besetzten »Kreditwesen« hinsichtlich der italienischen Bankiers. So heißt es in *Geschichte und Geschehen*:

> »Um bei den weiten Handelswegen lange Zahlungsfristen und Lieferungsverzögerungen zu vermeiden gingen die Kaufleute zur Vorfinanzierung, d.h. zur Verpfändung künftiger Einnahmen über. Sie räumten Kredite ein, stellten Schecks aus [...]. Neben den wagemutigen italienischen Handelsherren traten ebenso risikofreudige

11 Rachel Heuberger/Helga Krohn: *Hinaus aus dem Ghetto ...*, siehe S. 30, Fußnote 40.

> Bankiers. [...] Mit ihren Handelsverbindungen fanden gewinnbringende Geschäftspraktiken und neue Bezeichnungen im Geldwesen den Weg nach Norden über die Alpen.« (S. 197).

Dabei hatte es jedoch im 15. Jahrhundert innerhalb der Hanse einen regelrechten Kampf gegen die lombardischen Banken und den von ihnen eingeführten »Borgkauf« gegeben, was zur Schließung etlicher Bankfilialen in Norddeutschland führte, und das obwohl oder vielleicht gerade weil »der Gebrauch des Kredits [...] in der hansischen Welt seit dem 13. Jahrhundert weit verbreitet [war].«[12]

Virus »Absonderung«

Zu den klassischen antisemitischen Vorurteilen gehört auch das der gewollten Absonderung der Juden. So heißt es im *Rückspiegel*:

> »Den Menschen des Mittelalters war der Jude Jesus kein Problem, wohl aber ihre jüdischen Zeitgenossen. Das – fast – geschlossen christliche Abendland, das fremde Völker, wenn sie Christen wurden, durchaus aufnehmen konnte, hatte große Probleme mit den Juden, die ihre Andersartigkeit beibehalten wollten. [...] Besonders die Frommen unter ihnen hielten die Taufe sogar für einen Verstoß gegen das göttliche Gesetz (hebräisch Thora). Durch ihre Ablehnung der Taufe wurden sie zu einer gesellschaftlichen Minderheit.« (S. 91 f.)

Natürlich werden auch in diesem Lehrbuch, das sein Kapitel »Juden im christlichen Abendland« mit dem eingangs zitierten denkwürdigen Satz beginnt, antisemitische Vorurteile und Judenverfolgungen verurteilt. Gleichzeitig wird jedoch massiv der Eindruck vermittelt, die Juden seien an ihrer Lage selbst schuld oder zumindest mitschuldig gewesen – nicht an ihrer Verfolgung, aber an ihrem Ausgestoßensein, das dann die Verfolgungen nach sich zog. Die Relativierung der Schuld durch deren Aufteilung auf Verfolgte und Verfolger zeigt sich noch einmal am Schluss: »Die Behandlung der Juden im christlichen Abendland während des Mittelalters gehört zu den Schattenseiten Europas«, heißt es dort, aber »für das christlich geprägte Mittelalter gilt, dass das Judentum ein Fremdkörper blieb, obwohl ohne Judentum das Christentum nicht existieren würde.« (S. 93). Schon die Vokabel »Fremdkörper« ist semantisch ganz eindeutig nicht eine Anklage gegen die Christen, sondern ein Vorwurf an die Juden.

12 Philippe Dollinger: *Die Hanse*, Stuttgart (Kröner), 1976, S. 267.

Unter der Zwischenüberschrift »Die Religionen grenzen sich ab« wird in *Wir machen Geschichte* eine Gleichwertigkeit zwischen der Ausgrenzung durch die Kirche (4. Lateranisches Konzil 1215: Kennzeichnungspflicht für Juden – der gelbe Fleck kam erst später) und einer Selbstabgrenzung durch die Juden hergestellt: »Auf drei Synoden zwischen 1208 und 1223 verboten Rabbiner persönliche Kontakte mit Christen, ja selbst Anpassungen an die nicht-jüdische Haar- und Barttracht.« (S. 133) Tatsächlich gab es innerhalb der jüdischen Gemeinden und zwischen den als Autoritäten geltenden Rabbinern stets Kontroversen über den Grad der Anpassung an die Umwelt, wobei sich Traditionalisten und Pragmatiker von Anfang an gegenüber standen. Nach den ersten Verfolgungserfahrungen sowie Tendenzen zur Auflösung des inneren Zusammenhalts, die soweit gingen, dass christliche Autoritäten (Kaiser, Bischof) zur Lösung innerjüdischer Streitfälle und für persönliche Karrieren angerufen wurden (ganz abgesehen von Übertritten zum Christentum, die sowohl Christen wie Juden Kopfzerbrechen bereiteten), erhielten Rückbesinnung auf die Tradition und Abgrenzung sicherlich enormen Auftrieb. Gleichwohl ist es falsch, dies zu einem »Kontaktverbot« mit Christen hoch zu stilisieren, das zwar für die Christen letztlich möglich, für die Juden jedoch unmöglich gewesen wäre, und als Begriff schon Assoziationen zum Ghetto hervorruft. Resultate solcher Parallelisierungen sind dann nicht von ungefähr Schlussfolgerungen wie jene in einer freien Schülerrecherche in meinem Unterricht zum Thema Ghetto (8. Kl.): »Die Entstehung der frühen Ghettos ist sowohl auf die Intoleranz der Christen, als auch auf den Wunsch der Juden zurückzuführen, gemeinsam und abgeschlossen zu leben.« Dass dies als wörtliches Zitat von der entsprechenden Seite von www.shoa.de übernommen wurde, macht es leider auch nicht besser …

Worum ging es aber den in Mainz 1220 versammelten Rabbinern? »Einmütig haben wir verordnet und unterzeichnet, es gehe kein Jude in nichtjüdischen Gewändern, er trage keine durchlöcherten Schnürärmel, er habe auch keine fremde Haartracht und schere nicht den Bart.« Eine äußerliche Abgrenzung, die gewiss an die Bestimmungen des 4. Lateranischen Konzils erinnert, doch dort endet auch schon die Parallele. Weitere Bestimmungen betreffen vielmehr den Umgang mit den Christen, nicht dessen Verbot, so legte die zweite jüdische Mainzer Synode von 1223 größten Wert auf Redlichkeit, indem sie z. B. »verordnete, daß sich Juden keinerlei Unehrlichkeit gegen Christen und keine Münzfälschung zu Schulden kommen lassen sollten.«[13] Außerdem wurde

13 Heinrich Graetz: *Geschichte der Juden* (1875), Digitale Bibliothek, Bd. 44, Bd. 7, S. 22/DB, S. 3183.

bei Finanzgeschäften die oben genannte Risikobeteiligung nach dem Commenda-Prinzip zur Richtlinie gemacht (ohne realisiert werden zu können). Zum Thema Abgrenzung von den Christen lässt sich zusammenfassend feststellen: Alles in allem »ging man so weit, dass man die Kontaktmöglichkeiten einzelner mit Christen auf das Notwendige beschränkte«[14], dies stellte aber kein Kontaktverbot dar, wie es zur gleichen Zeit der katholischen Kirche vorschwebte, freilich ebenfalls ohne Chancen auf Realisierung.

Schuld und Kompensation: »...Juden und Christen: Miteinander leben«

Das Grundproblem der Behandlung jüdischer Geschichte im Unterricht ist das Verfolgungsparadigma. Trotz der Pogrome des ersten Kreuzzugs muss man jedoch zwischen einer Periode sporadischer Verfolgungen bis zur Mitte des 13. Jahrhunderts und einer anschließenden Periode massiver systematischer Verfolgungen unterscheiden, auf die erst als dritte Phase die Bildung der Ghettos im eigentlichen Sinne erfolgte:[15] Die 1460-62 errichtete Frankfurter Judengasse[16] kann als das erste Ghetto in Deutschland gelten, das heißt als ummauerter und nachts sowie an christlichen Feiertagen durch Tore verschlossener Bezirk außerhalb oder am Rande der Stadt, und auch als erstes Ghetto überhaupt, denn es entstand noch etliche Zeit vor dem später namensgebenden Viertel *Ghetto nuovo* in Venedig (1516).

Da jedoch im schuldbewussten Rückblick das Mittelalter seit dem 1. Kreuzzug 1096 in seiner Ganzheit vom Verfolgungsaspekt verdunkelt wird, gibt es Versuche, diesen christlich-europäischen »Sündenfall« durch die Konstruktion eines »goldenen Zeitalters der Juden« in der vorangehenden Ära des frühen Mittelalters zu kompensieren. In *Wir machen Geschichte* und *Forum Geschichte* wird dazu als Quelle ein persischer Bericht von 850 über die »Radaniten« genannten jüdischen

14 Battenberg, op. cit., S. 115.

15 Für diese Klarstellung zur Periodisierung danke ich Martin Liepach vom Jüdischen Museum Frankfurt am Main, siehe auch: Michael Toch: *Die Juden im mittelalterlichen Reich*, München (Oldenbourg), 1998.

16 Zur Entstehungs- und Ausgrabungsgeschichte der Frankfurter Judengasse cf. Egon Wamers und Markus Grossbach: *Die Judengasse in Frankfurt am Main*, herausgegeben im Auftrag des Magistrats [...] vom Museum für Vor- und Frühgeschichte der Stadt Frankfurt am Main, Stuttgart (Thorbecke), 2000.

Fernhändler gebracht, die einen Handelsverkehr zwischen Europa, Byzanz und Orient unterhielten; darin heißt es bezüglich der Waren, die sie von Westen nach Osten lieferten: »Sie bringen aus dem Abendland Eunuchen, Sklavinnen, Knaben, Seide, Pelzwerk und Schwerter.« (S. 126 bzw. S. 93). In einem ebenfalls abgedruckten Text des Bischofs Agobard von Lyon (826) heißt es ergänzend dazu: »Wir haben den Christen gepredigt, sie sollten den Juden keine christlichen Sklaven verkaufen.« (*Wir machen Geschichte*, S. 126). Im Oberstufenwerk *Grundriss der Geschichte 1*, das freilich bereits einer jetzt auszumusternden Generation von Lehrbüchern angehört (verfasst 1989), heißt es ähnlich über das frühe Mittelalter: »Die Fernhändler im nördlichen Teil Europas waren freilich in der Regel keine Einheimischen, sondern die in diesem Gewerbe schon seit der Spätantike tätigen Juden. Im Austausch gegen Luxusgüter der Muslime trieben sie mit Zentraleuropa einen blühenden Handel mit Sklaven meist slawischer Herkunft.« (S. 139).

Man kann sich vorstellen, welche Wirkung die Auflistung dieser Waren (Eunuchen, Sklav(inn)en, Knaben!) beim Leser, zumal bei Schülern, hervorrufen muss, und es ist daher kein Zufall, dass die antisemitische Propaganda, z. B. im Internet, auch diese Quelle in ihrem Sinne instrumentalisiert. Dabei geht es zunächst einmal um die Frage nach dem Wahrheitsgehalt: dass die Radaniten im 9. Jahrhundert Seide *vom Abendland ins Morgenland* brachten, darf füglich bezweifelt werden, was damit auch einen Schatten auf die Quelle als solche wirft.[17] Mehr noch geht es aber um den Kontext: Was hieß im Mittelalter Sklaverei? Was für Sklaven gab es und was für einen Sklavenhandel überhaupt? Wird dies nur im Zusammenhang mit dem »goldenen Zeitalter der Juden im Abendland« (so die Überschrift im Buch) zur Sprache gebracht, schließt sich schnell der Zirkel zurück vom Urteil zum Vorurteil. Verbunden mit dem Thema der späteren Verfolgungen entsteht der Eindruck, dass die Juden durch einen aus heutiger Sicht unmoralischen Fernhandel reich wurden um sich dann, wenn auch gezwungenermaßen, auf den Beruf des »Schacherers« und »Wucherers«zu spezialisieren. Statt das Verfolgungsthema zu entlasten, wie es wohl die Absicht der Autoren war, um zu zeigen, dass es auch eine Zeit der »Normalität« gegeben habe, wird das Verfolgungsparadigma erst richtig abgerundet, denn auch in der antisemitischen Lesart war die Verfolgung nur die Reaktion darauf, dass es den Juden gut – »zu gut« – ging aufgrund moralisch verwerflicher Tätigkeit.

17 Es handelt sich dabei offensichtlich um eine später erfolgte Kontamination der ursprünglichen Quelle, siehe dazu ausführlicher auf www.historia-interculturalis.de > Jüdische Geschichte 2.

In allen Büchern werden Quellentexte antijüdischer Maßnahmen der Kirche vorgelegt, wenn es sich auch oft auf das berühmte Konzil von 1215 reduziert. Die Rolle der Kirche in den antijüdischen Verfolgungen wird ansonsten jedoch minimiert, da der Antijudaismus, wie gezeigt, allgemein aus den sozialen Konflikten heraus und die Pogrome als spontane Aktionen des Pöbels erklärt werden, wenn auch das religiöse Motiv wie z.B. in den Kreuzzügen Erwähnung findet. Jedoch stehen sich »Christen und Juden« gegenüber, die Kirche als Institution bleibt im Hintergrund. Das »materialistische« Erklärungsmuster linker Provenienz schafft es sogar noch das durch und durch religiöse Motiv auf den Aspekt der Ausraubung der Juden zurückzuführen:

> »Furchtbar wirkte sich der christliche Kreuzzugseifer für die jüdischen Gemeinden aus. Kreuzfahrer überfielen die Juden in Speyer, Worms, Mainz und Köln. Diese Fanatiker unterstellten den Juden die Schuld am Tod Jesu. So glaubten sie sich im Recht, sich an Ort und Stelle an den angeblichen Feinden des Christentums rächen zu können. Vor allem aber konnten sie mit dem geraubten Besitz ihre Fahrt zum Heiligen Grab finanzieren.« (*Geschichte und Geschehen A* 2, S.140)

Die Vokabel »vor allem« setzt den Akzent ...[18]

Unabhängig von einzelnen Verfolgungen ging jedoch spätestens seit dem 13. Jahrhundert eine antijüdische Dauerpropaganda von der Kirche aus – wenn auch einzelne Päpste und Bischöfe dem entgegenarbeiteten –, weswegen diese mehr ins Zentrum gerückt werden müsste, die katholische für das ganze Mittelalter, die lutheranische jedoch auch für die Folgezeit. An ikonographischen Quellen mangelt es dabei nicht, es gibt zahlreiche allegorische Darstellungen von *Ecclesia* und *Synagoga*, z.B. am Straßburger Münster oder am Bamberger Dom. Die beiden Frauengestalten repräsentieren als Ecclesia die Kirche als gekrönte Herrscherin, die Synagoge mit verbundenen Augen jedoch als die Leugnerin des Evangeliums. Doch gibt es noch weitaus drastischere Verbildlichungen der Verurteilung des Judentums in und an Kirchen, etwa die Darstellung von »Judensauen« im 15. Jahrhundert, die den Bogen von der religiösen Verurteilung zum volkstümlichen Hass schlugen.

So wirkt der Versuch an mancher Stelle, noch ein Miteinander in das Gegeneinander hineinzulesen bzw. ein gutes Beispiel dem schlechten dichotomisch gegenüberzustellen, oft krampfhaft »politisch korrekt«:

18 Vgl. ausführlicher unten: »Judenhass und Pogrome im Mittelalter und ihre Erklärung in heutigen Schulbüchern«, S. 77ff.

»Muslime, Juden und Christen: Miteinander leben« heißt so eine Kapitelüberschrift in *Forum Geschichte* 2 (S. 90 ff.), idealisiert aber dort das Zusammenleben ausgehend vom muslimischen Spanien. Vor allem geht die Darstellung einer quasi total durch die Religionen geprägten gesellschaftlichen Realität – im Guten wie im Schlechten – an der historischen Wahrheit vorbei, das gesellschaftliche Mit- oder Gegeneinanderleben muss dort bilanziert werden, wo es stattfand, nämlich in der sozialen Realität des mittelalterlichen Stadtlebens und nicht nur als Ausfluss der religiösen Vorschrift.[19] So versucht zum Beispiel die pädagogische Schriftenreiche des Jüdischen Museums Frankfurt anhand von Quellen nahe zu bringen, wie trotz der periodischen Konflikte, Ausweisungen und sogar Massaker Juden und Christen tatsächlich »miteinander« lebten, und zwar oft genug gegen die Mahnungen der Autoritäten, vor allem der Kirche.

Kurze Bilanz des Anti-Antisemitismus

Bei aller Berücksichtigung der Schwierigkeiten, dieses Thema im Unterricht und in den Lehrbüchern adäquat zu behandeln, wie ich es ja auch selbst erlebe, und des dabei herrschenden Zwangs zur didaktischen Reduktion besteht wohl das entscheidende Defizit in einer mangelhaften Kenntnis der Fakten, auf die es gerade und im Gegensatz zu Adornos eingangs zitierter Analyse sehr wohl ankommt: Im Wunsch nach Verurteilung der Vorurteile meinen wir irrtümlicherweise die Geschichte durch diesen Vektor hindurch ausreichend zu kennen. Hierin liegt das Grundproblem dessen, was das Leo Baeck Institut in seiner 2003 veröffentlichten Orientierungshilfe für Lehrplan und Schulbucharbeit ebenfalls kritisiert:

> »Die deutsch-jüdische Geschichte wird im Schulbereich nach wie vor zumeist defizitär, einseitig und dadurch auch verzerrend behandelt. [...] Noch immer stehen bei der Berücksichtigung in Lehrplänen und Schulbüchern sowie im Unterricht – von Ausnahmen abgesehen – der Antisemitismus, die Verfolgungsgeschichte und

19 Für das muslimische Spanien gilt eine historische Zweiteilung von relativer Toleranz und Intoleranz (ungefähr vor und nach 1100), meistens wird nur die erste Hälfte betrachtet. Für das christliche Europa ist dies sogar ähnlich. Für beide Religionen – Islam und Christentum – gilt jedoch, dass die gesellschaftliche Realität faktisch nie eins zu eins die religiöse Vorschrift widergespiegelt hat.

> der Holocaust einseitig im Vordergrund. Zwar ist fortdauerndes Erinnern an die Judenverfolgung und den Zivilisationsbruch des Holocaust im Unterricht unverzichtbar, doch eine weitgehende Reduzierung der deutsch-jüdischen Geschichte auf diese Dimension ist didaktisch verfehlt. Sie lässt Juden vorzugsweise als Objekte und Opfer deutscher Geschichte erscheinen, nicht jedoch als Träger einer eigenen Kultur und als Mitgestalter der modernen Welt.«[20]

Die Aufarbeitung der jüdischen Geschichte ist bei uns durch die Abarbeitung an der deutschen Schuld geprägt und daher perspektivisch auf den Verfolgungsaspekt verengt. Das Problem des Anti-Antisemitismus ist er selbst, sein »search and destroy« des Antisemitismus. Bei allen Unterschieden dominiert die ethisch-moralische Verurteilung der Gewalttaten als Darstellungs- bzw. Lernziel, was natürlich richtig aber nicht nur unzureichend ist, sondern auch, wie gezeigt, oft mit kontraproduktiven Effekten der Perpetuierung von Vorurteilen einhergeht. Das heißt, es werden *Vorurteile* zwar *verurteilt* aber kaum durch *Urteile* im Sinne einer adäquaten historischen *Beurteilung* ersetzt. Schon die durch das Schuldbewusstsein produzierte Idee einer ungebrochenen Kontinuität der Geschichte vom Mittelalter zum 20. Jahrhundert ist problematisch, weil sie letztlich die Kehrseite dessen ist, was die Nazis auch behauptet haben (»der ewige Jude«). So stehen z.B. in den Arbeitsblättern für einen fächerübergreifenden Unterricht *Juden in Deutschland* Quellen aus allen Epochen chronologisch ungeordnet bzw. gewollt anachronistisch nebeneinander, als solche durchaus aussagekräftig, aber dadurch den Eindruck erweckend, es habe eine Dauerverfolgung vom Mittelalter bis zur NS-Zeit gegeben, dem der Appell zum Miteinander und Zusammenleben als moralischer Imperativ gegenüber gestellt wird. Dabei verliert sich zwangsläufig auch die Besonderheit des »modernen« rassenideologisch begründeten »Exterminismus« (um hier den Begriff von Goldhagen aufzugreifen), wenn er dem religiös begründeten Antijudaismus des Mittelalters an die Seite gestellt wird, zumal zwischen beiden ja eine längere Phase der staatsbürgerlichen Integration lag.

20 *Deutsch-jüdische Geschichte im Unterricht. Orientierungshilfe für Lehrplan- und Schulbucharbeit sowie Lehrerbildung Lehrerfortbildung*, herausgegeben vom Leo Baeck Institut/Kommission für die Verbreitung deutsch-jüdischer Geschichte, präsidiert von Georg Heuberger, Direktor des Jüdischen Museums Frankfurt am Main, S. V. – 2011 erschien eine ergänzte und überarbeitete Neuausgabe, Download über das Pädagogische Zentrum des Fritz Bauer Instituts und des Jüdischen Museums Frankfurt: www.pz-ffm.de.

Anhang

Verzeichnis der besprochenen Lehrbücher (Ausgabe Hessen):
(Auf die Nennung der einzelnen Autoren wurde hier verzichtet)
Anno 2, Westermann, 1995
Forum Geschichte 2, Cornelsen, 2002
Geschichte und Geschehen (Mittelstufe) A 2, Klett, 2002
Geschichte und Geschehen Oberstufe A 1, Klett, ^{2}2003
Geschichtliche Weltkunde 2, Diesterweg, 1981
Juden in Deutschland, 34 Arbeitsblätter für den fächerübergreifenden Unterricht Sek. I, Klett, 1995.
Jüdisches Leben in christlicher Umwelt, Cornelsen, 1997
Rückspiegel 2, Schöningh, 1995
*Weltgeschichte im Aufriss 1 (*Oberstufe), Diesterweg, 1999.
Wir machen Geschichte 2, Diesterweg, 1997

Literatur zum Thema (zusätzlich zu den in den Fußnoten genannten Titeln):
Barbara Beuys: *Heimat und Hölle. Jüdisches Leben in Europa durch zwei Jahrtausende*, Reinbek bei Hamburg (Rowohlt), 1996.
Rudolf Hirsch/Rosemarie Schuder: *Der gelbe Fleck. Wurzeln und Wirkungen des Judenhasses in der deutschen Geschichte*, Köln (PapyRossa) 1999.
Marion Kaplan (Hg.): *Geschichte des jüdischen Alltags in Deutschland. Vom 17. Jahrhundert bis 1945*, München (Beck) 2003.
Pädagogische Schriftenreihe des Jüdischen Museums Frankfurt am Main, siehe auch: www.juedischesmuseum.de und www.judengasse.de

»Hilflose Aufklärung«?

Probleme des Anti-Antisemitismus in Schulbüchern und Unterricht. Erfahrungen eines Lehrers, 2. Teil: Der Antisemitismus des 19. und 20. Jahrhunderts[1]

Wolfgang Fritz Haugs Wort vom »hilflosen Antifaschismus«[2] scheint sich immer wieder neu zu bestätigen. Doch damals, vor vier Jahrzehnten, nahm die Haugsche Auswertung einer von den Tübinger Studierenden erzwungenen Ringvorlesung zum Thema »Wissenschaft und Nationalsozialismus« eine Professorengeneration unter die Lupe, die bereits unter dem Nationalsozialismus ihre Karriere gemacht oder zumindest begonnen hatte. Heute geht es um die Nachhut jener Studentenbewegten, um die ein Jahrzehnt jüngere Generation, die von den 68ern beeinflusst wurde und heute als LehrerInnen und LehrbuchautorInnen für die nachfolgenden Generationen endlich die Interpretationsmacht über die Vergangenheit errungen hat.

Der Düsseldorfer Anschlag Ende Juli 2000 – wohl als solcher unaufgeklärt und heute fast schon wieder vergessen – löste eine neue Diskussion über Rechtsextremismus in Deutschland aus, die in einer Welle der Kritik an Lehrern und Schulen gipfelte. In diesem Tenor präsentierte denn auch die *taz* das Projekt einer (kurz darauf erschienenen) CD-ROM zum Holocaust für den Schulunterricht.[3] Unter dem Titel »Hilflose Aufklärer« hieß es dort: »›Holocaust Education‹ soll Deutschlands Schüler immun machen gegen ›antidemokratische Tendenzen‹ jeder Art. Viele Lehrer fühlen sich von diesem Anspruch überfordert – jetzt hilft

1 Erstmals erschienen in: *Kommune* – Forum Politik · Ökonomie · Kultur, N°6/2004 (Dez.-Jan.), S. 86-92. Zusammen mit dem 1. Teil (siehe oben) übernommen von Hagalil Online sowie zusammen in leicht veränderter Form gedruckt erschienen unter dem Titel: »Der Anti-Antisemitismus und die Macht der Vorurteile. Erfahrungen eines Lehrers«, in: Begegnungen – Zeitschrift für Kirche und Judentum 3/2005, S. 2-19. – Der hier abgedruckte Text wurde nochmals redaktionell überarbeitet.

2 Cf. Wolfgang Fritz Haug: *Vom hilflosen Antifaschismus zur Gnade der späten Geburt*, Berlin (Argument), 1987; *Der hilflose Antifaschismus* erschien erstmals 1967.

3 *Erinnerung für Gegenwart und Zukunft. Überlebende des Holocaust berichten*, Survivors of the Shoah Visual History, CD-ROM (Cornelsen), 2000.

ihnen Steven Spielbergs Shoah Foundation mit einer CD-ROM auf die Sprünge.« Die CD-ROM soll »vor allem jenen Lehrern helfen, die sich an das Thema bisher nicht herantrauten. ›Sie lässt sich auch in den schlechtesten Frontalunterricht einbauen‹, sagt Projektleiter Heyl.«[4] So drängt sich gar der Gedanke auf, die Lehrer möchten beim Einsatz dieser CD-ROM (sinnvollerweise) überflüssig werden, aber da musste selbst der pädagogische Leiter (diese Funktion hatte Heyl) überzogene Hoffnungen in die »immunisierende Wirkung« des Projekts herunterschrauben: »Es ist ziemlich kurzschlüssig zu erwarten, dass Jugendliche durch die Behandlung des Themas Holocaust weniger rechtsextremistisch werden.«

Hilflose Aufklärer? Ein wahres Lehrstück: So beugt man rechtzeitig dem Vorwurf vor, den man selbst zuvor den Lehrern gemacht hat, nämlich durch ihren Unterricht nicht genügend »gegen antidemokratische Tendenzen zu immunisieren«. Die Vokabel nimmt (wohl unwissentlich) die Ideee von der »Schutzimpfung« auf, die Adorno 1960 als Aufgabe aufklärerischen Unterrichts formulierte.[5]

Die Bestandsaufnahme der Prävention gegen Rechtsradikalismus in der *taz* kritisierte jedoch auch und vor allem die zu späte Behandlung des Themas Holocaust im Unterricht (in Geschichte in G9 frühestens in der 9., meistens erst in der 10. Klasse) sowie den geringen Stellenwert im Rahmen der Gesamtthematik Nationalsozialismus. Die quantitative Analyse einer Reihe von Lehrbüchern ergibt folgendes Bild (siehe Tabelle).

Mit Abstand am besten bei den Mittelstufenwerken schneidet *Zeit für Geschichte* 4 ab mit 19 von 58 Seiten zu Judenverfolgung und -vernichtung. Nun lässt sich die Frage nach dem Stellenwert des Holocaust innerhalb des Themas Nationalsozialismus natürlich nicht nur »quantitativ« beantworten: Wenn eine Unterrichtsreihe zielgerichtet dort einmündet, dann können auch ein paar Seiten eine große Rolle spielen, doch muss die Dimension des Holocaust im Lehrbuch schon auch »optisch« zum Ausdruck kommen. Im Allgemeinen läuft es doch wohl darauf hinaus, dass von Lehrerseite her erheblich ergänzt werden muss. Wenn die Politiker also von den LehrerInnen eine bessere und intensivere Behandlung dieses Themas im Unterricht fordern, so fordern sie von ihnen weit mehr als von den Schulbuchverlagen, deren Lehrwerke ja mit ihrem offiziellen Placet herauskommen.

4 Ralph Bollmann: »Hilflose Aufklärer«, in: *die tageszeitung,* 4./5.11.2000, tazmag 1-2.
5 Siehe dazu oben, S. 45.

Übersicht: Nationalsozialismus, Antisemitismus und Holocaust in Geschichtslehrbüchern
Zahl der Buchseiten (circa)

Lehrbuch	**A**	**B**	**C**
Rückspiegel 4 (1996)	80	2	6
Geschichtsbuch 4 (1996)	43	4	4
Wir machen Geschichte 4 (1997)	70	3,5	1,5
Anno 4 (1998)	60	2	4
Zeit für Geschichte 4 (2002)	58	9	10
Forum Geschichte 4 (2004)	50	5	5
Buchners Kolleg Geschichte (Oberstufe) (1993)	98	11	5
Kursbuch Geschichte (Oberstufe) (2000)	88	9	8
Geschichte und Geschehen II Oberstufe A/B (2003)	48	8	2

A: Nationalsozialismus insgesamt, davon:
B: Rassismus/Antisemitismus ohne Holocaust
C: Holocaust

Unabhängig davon ist jedoch zu fragen, ob der Fokus auf die Folgen des Antisemitismus auch über dessen Ursachen und Entstehung aufklärt und damit gegen Fremdenfeindlichkeit und antidemokratische Tendenzen allgemein »immunisiert«. Wie wenig »immun« gegen Vorurteile die Schüler bleiben, die bereits über den Holocaust informiert und subjektiv gegen alle Fremdenfeindlichkeit eingestellt sind, erfahre ich praktisch jedes Jahr von Neuem anschaulich im 12er Kurs Geschichte bei der Analyse des Programms der NSDAP von 1920. Ausgehend vom Begriff »Nationalsozialismus« sollen die Schüler den im Parteiprogramm enthaltenen Katalog von Forderungen unter die Rubriken »national (istisch)« und »sozial (istisch)« einordnen – also z.B. die Forderung nach Aufhebung des Versailler Vertrages als »national (istisch)« – und die nicht in diese beiden Kategorien passenden Programmpunkte unter einer dritten Kategorie sammeln, wo sich dann nach meiner Vorstellung Rassismus und Antisemitismus als das Besondere in Abgrenzung zum »normalen« Nationalismus wiederfinden sollten. Nach vorheriger Klärung der Begriffe »national«/»nationalistisch« als nach außen gerichtet ordnen die Schüler den Programmpunkt zum völkischen Staatsbürgerrecht, wonach Deutscher nur sein könne, »wer deutschen Blutes ist«, fast immer einhellig der Rubrik »national (istisch)« zu, obwohl – oder eigentlich müsste ich sagen: weil – klar ist, dass dieser Punkt explizit gegen die Juden gerichtet war. Begründet wird die Ansicht, dies gehöre in die Rubrik »national (istisch)«, damit, dass es sich ja quasi gegen Ausländer gerichtet habe. Ein Schüler meinte einmal sogar: »Die Juden hatten damals ja noch keinen Staat.« (Dieses Argument kam auch schon in der 10. Klasse). Erst nach geraumer Weile erkennen sie dann mit Bestürzung, dass sie in ihrer kritischen Analyse des NSDAP-Programms diesem bereits auf den Leim gegangen sind, denn die Juden waren ja deutsche Staatsbürger, die Schüler hatten also selbst in ihrer Kritik des Antisemitismus dessen Prämisse, dass ein Jude kein Deutscher sein könne, unbewusst übernommen. An diesem Beispiel zeigen sich schulische Defizite, die freilich viel tiefer liegen als die in der banalen Anschuldigung an die Lehrer, sie würden das Thema Nationalsozialismus im Unterricht nicht ausreichend behandeln. Immer wieder taucht ja auch in öffentlichen Diskussionen – unter anderem in einem spontanen Beitrag aus dem Publikum im »Stadtgespräch« vom 1.11.2000 im Hessen Fernsehen – die Formulierung auf, dass die Juden keine »echten Deutschen« seien. Gegen diesen tief verwurzelten Ihr/Wir-Gegensatz hilft eben die Verurteilung der Verbrechen alleine nicht.

»Sozialneid«, »materielle Beweggründe«, »sozialer Protest«? Probleme materialistischer Erklärungstheorien

Wie, wann und wo fing es an? Über Stellenwert und Besonderheit des Antisemitismus des 19. Jahrhunderts zwischen Mittelalter und Holocaust herrscht eher Unklarheit, viele Lehrbuchautoren tun sich schwer damit. Ein Beispiel: In *Zeit für Geschichte 3* wird eine Quelle gegen den Antisemitismus (Unterschriftenaktion namhafter Persönlichkeiten 1880 als Reaktion auf Treitschkes »Die Juden sind unser Unglück!«) zitiert: »Wie eine ansteckende Seuche droht die Wiederbelebung eines alten Wahns die Verhältnisse zu vergiften [...]«, während es im darstellenden Teil des Buches selbst über die Dimension des Antisemitismus in jener Zeit heißt: »Jedoch blieben diese antisemitischen Strömungen bis 1914 eher Randerscheinungen.« (S. 222 f.). Noch fragwürdiger ist jedoch die über das Buchkapitel (das Kirchenkampf, Sozialistengesetze und Antisemitismus vereint) gestellte Überschrift: »Lässt sich Integration erzwingen? ›Reichsfeinde‹ und Minderheiten«. Gegen wen diese

Frage zielt, bleibt unklar, doch selbst wenn sie sich im Falle der »Minderheiten«-Frage gegen die Antisemiten richtete, wäre die Botschaft die, dass eine Integration gesellschaftlich hätte »erzwungen« werden müssen (= nicht vollziehbar war) und die Juden somit im buchstäblichen Sinne »zwangsläufig« ein Fremdkörper blieben – eine These, die sich ungewollt mit der Ansicht der Antisemiten selbst deckt. Wie eng die Argumentationsmuster des Antisemitismus und seiner Antithese hier bei einander liegen, ja sich vielleicht sogar überlappen, wird deutlich, wenn man sich klar macht, dass der Antisemitismus des Kaiserreichs ja erst seit relativ kurzer Zeit stärker ins historische Blickfeld gerückt ist. Die Verengung des Schuld-Blicks auf Hitler hatte lange Zeit die »Legende von der deutsch-jüdischen Symbiose vor 1933«[6] aufgebaut, die in den 1990er Jahren, vielleicht als ein Effekt der Goldhagen-Debatte, demystifiziert wurde. Dabei besteht natürlich die Gefahr, von einem Extrem ins andere zu rutschen und nun eine scheinbar nicht vollzogene weil nicht vollziehbare Integration zu bilanzieren. Was heißt aber Integration genau? Zwar gab es nach 1871 zweifellos dauerhafte antijüdische Ressentiments auf breiter Ebene, aber auf der anderen Seite sehr wohl eine sozial-ökonomische Integration der jüdischen Bevölkerung nach ihrer rechtlichen Gleichstellung und von ihrer Seite aus mehrheitlich einen ausgeprägten Assimilationswillen.

Die Gefahr der Reproduktion antisemitischer Klischees lauert schon, wenn man nach »sozialen Gründen« für den Antisemitismus des Kaiserreichs sucht, so im Zusammenhang mit der »Gründerkrise« nach 1873: »Kurz nach der Reichsgründung erlangten die deutschen Juden 1871 die vollständige rechtliche Gleichstellung mit den übrigen Staatsbürgern. Zu diesem Zeitpunkt bildeten sie etwa ein Prozent der Gesamtbevölkerung. Da sie jahrhundertelang von vielen Berufen ausgeschlossen worden waren, hatten sie [= *die* Juden! W. G.] sich spezialisiert auf Handel und Bankwesen, und viele waren in Buch- und Zeitungsverlagen und in freien Berufen (Anwälte, Ärzte, Künstler) tätig. […] Viele Menschen erlebten die so genannte ›Gründerkrise‹ als bedrohlich, verloren jegliche Hoffnung und sie – vor allem Landwirte, Handwerker und Kaufleute – suchten die Schuld dafür bei den Juden.« (*Forum Geschichte* 3, S. 156).

Die Verurteilung der antisemitischen Reaktion wird auch hier konterkariert durch die Bestätigung ihrer ideologischen Prämisse: Argumentierte der Antisemit damit, dass sich Juden vorwiegend in einflussreichen

6 Cf. das entsprechende Kapitel in: Wolfgang Benz: *Bilder vom Juden: Studien zum alltäglichen Antisemitismus*, München (Beck), 2001.

Positionen befunden hätten, so übernimmt die vermeintliche Erklärung des Antisemitismus eben dieses als Grund für den Antisemitismus.

Nun waren deutsche Juden nach ihrer Emanzipation in bestimmten Bereichen des gesellschaftlichen und wirtschaftlichen Lebens tatsächlich überproportional vertreten: in den gebildeten Schichten, als Selbständige, in den freien Berufen und in Frankfurt am Main regelrecht dominant im Bereich der Privatbanken. Das »Hinaus aus dem Ghetto« führte zu einem energischen »Willen zum Aufstieg«[7]. Dass dieses Phänomen durch die vorangegangene Geschichte erklärbar ist, darauf weisen zwar einige Lehrbücher hin, doch droht hier das Mittelalter-Klischee der in den Geldverleih abgedrängten Juden sich in einem Rothschild-Syndrom fortzusetzen. Tatsächlich vollzogen zunächst die meisten im Handel tätigen Juden nach der Emanzipation nur eine Konversion des alten Trödelgeschäfts zur Niederlassung in Form eines Tante-Emma-Ladens, aus dem aufgrund der wirtschaftlichen Entwicklung größere Handelsunternehmen hervorgehen konnten, so auch die neuen Warenhäuser. Der Aufschwung kam allgemein den nicht-jüdischen Händlern übrigens weit mehr zugute (Verdoppelung der Zahl der dort Tätigen im letzten Quartal des 19. Jahrhundert, dagegen nur leichter Anstieg der Zahl jüdischer Händler); was auffiel, war aber die Konzentration jüdischer Händler in einigen Bereichen, so auch im Viehhandel.[8]

Das Problem der Lehrbücher ist grundsätzlich, dass, wie schon hinsichtlich des Mittelalters, »die Juden« faktisch nur in Verbindung mit deren Verfolgung thematisiert werden und diese wiederum mit »Privilegien« und Bevorteilungen aller Art verknüpft ist, denn das suggeriert ja die Überrepräsentation in bestimmten Berufszweigen. Das »Problem« der überproportionalen jüdischen Präsenz in bestimmten Bereichen würde dann zumindest relativiert, wenn die Juden nicht nur auf der »Negativseite« der deutschen bzw. europäischen Geschichte auftauchten, sondern entsprechend auf der »Positivseite« die notwendige Würdigung erführen aufgrund ihres Beitrages zum wirtschaftlich-industriellen Aufschwung, zur Kultur, zur Wissenschaft … – zur »Mehrung der Ehre des Landes«, wie man in Anlehnung an die Begründung des Speyerer Bischofs für die Ansiedlung jüdischer Händler im 11. Jahrhundert sagen könnte, wenn also kurz gesagt klar würde, dass Deutschland (bis 1933) im Positiven all das, was es wurde, auch und wesentlich durch den Beitrag Deutscher jüdischen Glaubens wurde.

7 Cf. Rachel Heuberger/Helga Krohn: *Hinaus aus dem Ghetto …*, siehe S. 30, Fußnote 40.

8 Marion Kaplan (Hrsg.): *Geschichte des jüdischen Alltags in Deutschland. Vom 17. Jahrhundert bis 1945*, München (Beck), 2003, 276ff., 289f.

Die Sozialneid-These übernimmt auch für das 19. Jahrhundert das Privilegien-Paradigma des Mittelalters in einer materialistischen Interpretation, die zum *common sense* geworden ist, und nach der alles Kulturelle auf eine materielle Ursache zurückführbar ist, die hier im Geld besteht. So wird im Standard-Nachschlagewerk, nämlich dem neuesten Brockhaus, hinsichtlich der jüdischen Geldverleiher im Mittelalter gar von der »Verschuldung breiter [!] Bevölkerungskreise« gesprochen, diese »verschärfte die bereits bestehenden Aversionen, die sich dann von Zeit zu Zeit in furchtbaren Judenverfolgungen (Pogromen) und -vertreibungen niederschlugen; dabei dürfte sicher sein, dass innerhalb der Motive, die zu diesen Untaten führten, die materiellen Beweggründe der Schuldner eine ganz zentrale Rolle gespielt haben.«[9] Da man sich ganz auf diese materialistische Erklärung kapriziert, müssen die durch »breite Bevölkerungskreise« begangenen Pogrome durch eine entsprechend massive Verschuldung bei den Juden erklärt werden … – jenseits aller historischen Wahrheit. Eine entsprechende Erklärung für die nach Ende der napoleonischen Emanzipationsära neu ausbrechenden antisemitischen Aktionen in Deutschland liefert der Brockhaus in einer Mischung aus materiellem Motiv und Sündenbock-Syndrom: »Als Bewegung gegen die rechtliche Gleichstellung der Juden und gefördert von gesellschaftlichen Krisen, kam es 1819 zu pogromartigen Ausschreitungen. Die ›Hep-Hep-Verfolgungen‹ begannen in Würzburg und strahlten über ganz Deutschland bis nach Dänemark aus. Sie zeigten zugleich, dass Judenfeindschaft eine Form von sozialem Protest war, bei dem Aggressionen verschoben und gegen Juden gerichtet wurden.«[10] Das eigentliche Ziel sei das ganze Jahrhundert über nämlich der Liberalismus gewesen. Ähnlich im Oberstufenbuch *Geschichte und Geschehen II*: »Sozialpsychologisch erklären lässt sich die damalige Judenfeindschaft als eine Reaktion auf die wirtschaftlichen und gesellschaftlichen Krisenerscheinungen der Zeit (…), dabei hatte sie vielfach gleichzeitig einen antikapitalistischen und antiliberalen Akzent.« (S. 93).

Antisemitisch, antiliberal, antikapitalistisch …? Natürlich gab es diese »sozialpsychologischen Akzente«, sind sie aber die Erklärung? Ungewollt reproduziert auch hier der Anti-Antisemitismus Erklärungsmuster des Antisemitismus selbst, denn es wird ja wiederum eine Identifizierung der Juden mit dem Kapital und seiner politischen Weltanschauung,

9 PC-Bibliothek 3.0 (2004), Eintrag: »Juden. Stellung im Mittelalter«, ausführlicher zitiert oben, S. 26.

10 PC-Bibliothek 3.0 (2004), Eintrag: Antisemitismus: Ein Deutungsversuch.

dem Liberalismus suggeriert. Indem das Phänomen Antisemitismus auf einen anderen Grund, einen anderen Konflikt zurückgeführt wird, bleibt es als solches letztlich schemenhaft. So wie der Sündenbock sozialpsychologisch den Hass stellvertretend auf sich zieht, so zieht auch die Sündenbocktheorie die Erklärung vom Kern des Problems auf Begleiterscheinungen und Nebenaspekte ab.

Wie schon hinsichtlich des Mittelalters die anderen »Aversionsmotive« (Religion) zwar erwähnt, aber dann wieder relativiert werden, so bleibt die Rassentheorie des 19. Jahrhunderts meistens unerklärt und im Schatten anderer Motive:

> Die »Wurzeln des neuzeitlichen Antisemismus« lagen »in sozialen Neidgefühlen und rassistischen Vorstellungen, nach denen die Juden als minderwertig galten.« (*Zeit für Geschichte* 3, S. 222). – »Neu war hieran, [...] dass jetzt Theorien über die angebliche Unterschiedlichkeit der Rassen Anklang fanden. Es wurde behauptet, dass Juden von Natur aus betrügerisch, raffgierig und ohne Moral seien. Pseudowissenschaftliche Abhandlungen versuchten diese Behauptungen zu belegen. Bei diesem Antisemitismus spielte auch Neid auf den Wohlstand einiger Juden und die Angst vor dem eigenen wirtschaftlichen Abstieg eine Rolle.« (*Wir machen Geschichte* 3, S. 215).

Was war aber nun an dem inhaltlich Beschriebenen »neu« im Vergleich zum Mittelalter? Die aufgelisteten Vorurteile bedurften keiner neuen Rassentheorie, sie existierten weit früher schon; verurteilt werden die Vorurteile, die »Unterschiedlichkeit der Rassen« wird mit der Vokabel »angeblich« negiert, die »Rassen« als solche bleiben unhinterfragt und übrigens auch ohne Anführungszeichen, ein diffuses »von Natur aus« soll den Inhalt der Rassentheorie umschreiben.

»Scheinbar naturwissenschaftlich genau« Probleme mit dem Rassismus

Der Unterschied zwischen dem »modernen« Antisemitismus auf der Grundlage einer »wissenschaftlich« ausgearbeiteten Rassentheorie und dem mittelalterlichen Antijudaismus kann dem Schüler aus den meisten Lehrbüchern, selbst den neuesten, kaum klar werden. Das Oberstufenwerk *Kursbuch Geschichte* definiert den Antisemitismus im Kaiserreich politisch als Bestandteil des »rechtskonservativen Reichsnationalismus«, begründet aber das Neue am Antisemitismus nur lapidar: »Anders als die ältere, religiös, wirtschaftlich oder kulturell begründete Judenfeindschaft wurde die neue Judenfreindschaft ›rassisch‹ abgeleitet.« (S. 337). Eine ausführlichere Erklärung wird immerhin im Kapitel zum Nationalsozialismus nachgeholt, doch wird dort die »pseudowissenschaftliche« Begründung des Rassismus als falsche Interpretation wissenschaftlicher Erkenntnisse verstanden; »biologische und erbliche Merkmale«, »biologische Erkenntnisse über das Wesen des Menschen« bleiben als solche scheinbar wertneutral, Sozialdarwinismus und »Rassenhygiene« konnten sich »auf die Naturwissenschaften berufen« und standen dem »christlichen oder humanistischen bzw. bürgerlichen Gleichheitspostulat« quasi nur auf der moralischen Ebene gegenüber. Immerhin heißt es zum Antisemitismus, dass dessen Anhänger »versuchten anhand äußerer Merkmale eine jüdische Rasse zu konstruieren« (S. 425), womit zwar die »äußeren Merkmale« fragwürdig bleiben, aber zumindest eine Ablehnung des Rassenbegriffs als solchem in diesem Zusammenhang auftaucht, was man in etlichen anderen Lehrbüchern vergeblich sucht.

So unternimmt das Mittelstufenwerk *Forum Geschichte 3* eine bemerkenswerte Sensibilisierung auf den Rassismus hinsichtlich der Afrikaner im Zusammenhang mit dem Kolonialismus, doch der Rassenbegriff des Antisemitismus bleibt demgegenüber vage, letztlich unverständlich, wenn nicht missverständlich: »Die so genannte Rassentheorie, die den Anspruch von Wissenschaftlichkeit erhob, jedoch durch keinerlei wissenschaftliche Erkenntnisse begründet werden konnte, wurde immer populärer. Sie wertete Völker nach biologischen Merkmalen und stufte die ›semitische‹ Rasse niedriger ein als die ›arische‹ Rasse.« (S. 156). »Semitisch« und »arisch« stehen in Anführungszeichen, »Rasse« dagegen nicht: Um welche »biologischen Merkmale« der Semiten geht es denn?

Man kann gegen den Rassismus nicht argumentieren, ohne ihn ausreichend zu *erklären*, und das geht eben nicht in fünf Zeilen. Er ist als Pseudo-Wissenschaft in der zweiten Hälfte des 19. Jahrhunderts weder in obskuren Zeitschriften ideologischer Spinner entstanden – der stereotype Hinweis z.B. auf die Zeitschrift *Ostara*, die Lektüre des jungen Hitler –, noch am Stammtisch der Kleinbürger, sondern an den europäischen Universitäten, auch, aber nicht nur, durch eine entsprechende Umsetzung der Lehre Darwins. Zunächst entstand der »moderne« Rassismus ideologisch als Reaktion auf die Durchsetzung des Menschenrechtsprinzips (Abschaffung der Sklaverei) und der »moderne« Antisemitismus als Gegenbewegung zur Judenemanzipation, er war quasi deren »Nachtseite«, bis hin zu Vernichtungsfantasien lange vor den Nazis.[11] Das religiöse Paradigma war jedoch im Zeitalter der Säkula-

11 Cf. Rainer Erb/Werner Bergmann: *Die Nachtseite der Judenemanzipa-*

risierung überholt, die Menschenrechte wurden mit der Natur des Menschen begründet, so musste die Antithese ihnen diese Berufung auf die Natur streitig machen.

Die moderne Anthropologie als universitäre Disziplin ist in ihrem Kern als »Rassenkunde« entstanden. So formulierte Paul Broca, Gründer der wichtigsten Institutionen der französischen Anthropologie zwischen 1859 (Société d'anthropologie) und 1875 (Ecole anthropologique de Paris), bereits 1861 deren fundamentale Erkenntnis: »Im Schnitt ist die Gehirnmasse größer beim Erwachsenen als beim Greis, größer beim Manne als bei der Frau, größer bei den herausragenden Menschen als bei den mittelmäßigen, größer bei den höherwertigen Rassen als bei den minderwertigen.«[12] Die Anthropologie entwickelte im Folgenden jene biometrischen Vermessungsrichtlinien (z.B. die Schädelvermessung), die mit der postulierten Korrelation von bestimmten Indices (z.B. »Schädelindex«, »Gesichtswinkel«) und »Rassentypen« zunächst innerhalb Europas (daher die Begriffe »nordisch«, »ostisch« ...), dann auch auf die ganze Weltpopulation bezogen, vermeintlich einen klaren Zusammenhang zwischen Phänotyp (Aussehen), geistigen und charakterlichen Dispositionen des Einzelnen und historisch-kulturellen Leistungen der ethno-rassischen Gruppe bewiesen. Eine *Summa* der rassentheoretischen Anthropologie gab genau zur Jahrhundertwende Joseph Deniker, Leiter der Bibliothèque Nationale in Paris, heraus. Zuvor hatte der auch heute noch hoch geschätzte weil komplett verkannte Ernest Renan im Anschluss an Gobineau als erster prinzipiell »Arier« und »Semiten« gegeneinander gestellt und eine Vision vom Untergang der Letzteren entwickelt, unklar war er sich nur darüber, ob dies einerseits durch Assimilation (seine frühere Position) oder andererseits durch ein »natürliches« oder gar bewusst herbeigeführtes »Verschwinden« des »Minderwertigen« geschehen würde (seine spätere Position). Entscheidend war für Renan der Sieg Preußens über das »dekadente« Frankreich 1870/71, hiervon inspiriert prophezeite er gar die zukünftige Weltherrschaft einer Herrenrasse durch Deutschland.[13] Die deut-

tion. Der Widerstand gegen die Integration der Juden in Deutschland, Berlin (Metropol/Friedrich Veitl Verlag), 1989, Kap. V: Vernichtung und Entmenschlichung.

12 Paul Broca im Jahre 1861, zit. nach: Claude Liauzu: *Race et civilisation. L'autre dans la culture occidentale. Anthologie critique*, Paris (Syros/Alternatives), 1992, S.95. Übers. W. Geiger.

13 Vgl. die entsprechenden Passagen in: Tzvetan Todorov: *Nous et les autres. La réflexion française sur la diversité humaine*, Paris (Seuil), 1989, dazu auch meine längere Untersuchung »Ernest Renan und der Ursprung des

sche »Rassenkunde« eilte der französischen und auch britischen nach und überholte sie wohl in der öffentlichen Wirkung bereits zur Zeit der Weimarer Republik.

Deswegen kann man auch mit anti-antisemitischer Intention die pseudowissenschaftlichen Grundlagen des Rassismus nicht einfach nur verurteilen und das Phänomen Rassismus nicht nur als Irrsinn abtun, der es vermochte vom Rande der Gesellschaft her in deren Mitte vorzudringen (die Virus/Immunisierungs-Metaphorik spielte nach 1945 eine große Rolle bei der verdrängenden Erklärung innerhalb der deutschen Schulddebatte). Vielmehr hatte es die »Rassenkunde« inklusive sozialdarwinistischer und eugenischer Visionen (»Rassenhygiene«[14]) nach dem 1. Weltkrieg zu Publikationen mit für damalige Verhältnisse Massenauflagen gebracht, so etwa die Bücher des allgemein »Rassen-Günther« genannten Freiburger Professors Hans F. K. Günther. In jener Zeit, 1926, als die Weimarer Republik auf ihrem Höhepunkt und die Nazis auf ihrem Tiefpunkt waren, entschied sich die preußische Studentenschaft, von Kultusminister Becker wegen Statusfragen zu ihrem Selbstverständnis befragt, in einer Urabstimmung mit großer Mehrheit für »Rassenmerkmale« als Kriterium für die Mitgliedschaft (also für den Ausschluss jüdischer Studenten).[15] Doch damit war sich die Studentenschaft letztlich der Tradition der seit Anfang an antisemitischen Burschenschaften nur treu geblieben …

modernen Rassismus« in: Wolfgang Geiger, *Geschichte und Weltbild. Plädoyer für eine interkulturelle Hermeneutik*, Frankfurt am Main (Verlag Humanities Online), 2002, S. 307-333.

14 Cf. Peter Weingart/Jürgen Kroll/Kurt Bayertz: *Rasse, Blut und Gene. Geschichte der Eugenik und Rassenhygiene in Deutschland*, Frankfurt am Main (Suhrkamp), 1988.

15 Cf. Dietrich Wetzel: »Voraussetzungen und Schlussfolgerungen«, Vorwort zu: *Erziehungswesen und Judentum. Die Darstellung des Judentums in der Lehrerbildung und im Schulunterricht,* hrsg. vom Verband Deutscher Studentenschaften (VDS), zusammengestellt von Ekkehart Krippendorff in Zusammenarbeit mit Dieter Bielenstein, München (Ner-Tamid), 1960, S. 10. – Vgl.: »Eine Urabstimmung bestätigte die DSt-Führung in ihrer Haltung: mit überwältigenden Mehrheiten (zwischen 70 und 90 Prozent) verzichteten die preußischen Studenten auf eine verfasste Interessenvertretung und stimmten für die Zusammenarbeit mit Studentenvertretungen, die JüdInnen aus ihren Reihen ausschlossen.« www.fsz-online.org (Info zu: »Das war ein Vorspiel nur …« – Tagung zum siebzigsten Jahrestag der NS-Bücherverbrennungen vom 30. 5. 2003).

Noch einmal: Was ist und was war also wissenschaftlich und was unwissenschaftlich? In *Forum Geschichte 4* wird hinsichtlich der NS-Ideologie der Rassenbegriff als »unwissenschaftliche Anwendung biologischer Erbmerkmale« definiert (S. 81). Was wären denn aber die »biologischen Erbmerkmale« von Juden in »wissenschaftlicher Anwendung«? Auch der in diesem Sinne weitaus differenziertere Ansatz im *Geschichtsbuch 3*, das immerhin einen nachvollziehbaren Zusammenhang zwischen dem Antisemitismus des 19. und des 20. Jahrhunderts herstellt, tut sich schwer mit der »neuen Rassenlehre«: »Geradezu naturwissenschaftlich genau wollte sie aufgrund biologischer Merkmale Wertungen einführen für geschichtlich verschieden entwickelte Völker und Menschen. [...] Die Rassenlehre untermauerte scheinbar wissenschaftlich alle Vorurteile gegenüber den Juden.« (S. 198). Auch hier: Was war hinsichtlich der Juden »geradezu naturwissenschaftlich genau«, was »scheinbar wissenschaftlich«, was waren die »biologischen Merkmale« ...? Gegenüber dieser Unklarheit nützt es wenig, die Integration der Juden in Deutschland anschließend damit zu begründen und zu verteidigen, »die jüdische Minderheit« sei »in demselben deutschen Staat geboren und erzogen worden wie die christliche Mehrheit«, den darin liegt gar kein Widerspruch zum antisemitischen Rassismus.

»Lässt sich Integration erzwingen?« – Ein Fazit

»Die Juden hatten ja noch keinen Staat.« Diese Schülerreaktion, gut gemeint, verkehrt unwillentlich Ursache und Wirkung, waren doch Auswanderung nach Palästina und dann Staatsgründung *Folgen* des Antisemitismus, so aber erscheint im Rückblick die jüdische Präsenz in Europa nur als lange Vorgeschichte der Rückkehr in die alte Heimat – eine gewiss auch in israelischen Kreisen geteilte Ansicht, doch unsere Perspektive ist eine andere, und in dieser erscheint die Frage »Lässt sich Integration erzwingen?« fast wie die Kapitulation des Anti-Antisemitismus vor seinem Gegenstand. Die Juden bleiben ein »Fremdkörper« im Geschichtsbild, wie es in praktisch allen Lehrbüchern auf mehr oder weniger deutliche Weise zum Ausdruck kommt, allen Verurteilungen des Antisemitismus und allen Plädoyers für die Integration zum Trotz. Kein einziges der von mir konsultierten Geschichtslehrbücher bestreitet, dass man Juden schon am Aussehen erkennen könne, da man ihnen »biologische«, »äußerliche« usw. Merkmale zuspricht; selbst der Begriff Rasse wird als solcher von den meisten gar nicht hinterfragt, selten in Anführungszeichen gesetzt, das Adjektiv rassisch geht manchem Kritikern des Antisemitismus ebenso leicht von der Feder wie den Antisemiten selbst.

Und die Erklärungen? Die »Sündenbockphilosophie« nach Kühnls klassischer Definition – »Der Antisemitismus erweist sich somit als eine Ideologie, die die vorhandenen Aggressionen auf ein Objekt lenkt, das mit den Ursachen der Aggressionen nicht mehr zu tun hat als beliebige andere Objekte«[16] – erklärt zwar sozialpsychologische Mechanismen der Wirkung von Antisemitismus, nicht aber seine Entstehung, denn wenn alle Objekte beliebig waren, warum traf es dann die Juden? Fast könnte man daraus schlussfolgern, der Antisemitismus sei ein Zufallsprodukt. Die materialistische Erklärung mit den Privilegien, dann mit der Zins-Nische im Mittelalter und schließlich mit der überproportionalen Repräsentation im Finanz- und Handelssektor seit der Emanzipation – nicht eine logische Konsequenz? – macht die Sündenbocktheorie scheinbar griffiger, weniger aleatorisch, dreht aber den antisemitischen Vorwurf in seine eigene Erklärung um. Wenn es in Wirklichkeit aber gegen Kapitalismus, Liberalismus usw. ging, warum dann stellvertretend gegen die Juden?

Der Antisemitismus muss als Phänomen sui generis begriffen und vermittelt werden, in dem sich vieles projizierte seit dem Neuen Testament, das aber auf diese Projektionen nicht reduzierbar ist. Desgleichen sind im weiteren Sinne Fremdenfeindlichkeit und Rassismus nicht nur Ausdrucksformen von sozialen Problemen, auch wenn sie von dort her ihre Impulse bekommen, und im übrigen ja auch nicht auf den Antisemitismus beschränkt.

Von besonderer Bedeutung über den Antisemitismus hinaus ist jedoch der Rassismus mit wissenschaftlichem Fundament[17], weil hier Falsch und Richtig als zwei Seiten einer Medaille erscheinen. Wer »immunisieren« will, also verhindern, dass pseudowissenschaftlich begründete Vorurteile wieder überzeugen, muss entschieden deutlicher erklären, worin der Unterschied zwischen wissenschaftlich und unwissenschaftlich besteht, zumal gerade über die moderne Forschung erneut alte Muster eines Gen-Determinismus in neuem Gewande wiederkehren und neue anthropologische und ethnologische Gen-Pool-Forschungen entstehen. Und nicht zuletzt ist die Eugenik heute noch ein Vektor, über den das »Virus« auch in die Köpfe an sich »geimpfter« Schüler dringt.

16 Reinhard Kühnl: *Formen bürgerlicher Herrschaft: Liberalismus – Faschismus*, Reinbek bei Hamburg (Rowohlt), 1971, S. 94.

17 »Wissenschaftlich« in dem Sinne, wie sich die Wissenschaft damals selbst verstand, nicht im heutigen Sinne.

So ergab sich einmal eine Diskussion in einer 10. Klasse bei mir über Vererblichkeit anlässlich des NS-»Gesetzes zur Verhütung erbkranken Nachwuchses«. Am Beispiel des Alkoholismus (eine der in dem Nazi-Gesetz aufgeführten Krankheiten), den die Schüler mit Berufung auf ihren Biologieunterricht für erblich hielten, zeigte sich, wie schwer das Zusammenspiel von Veranlagung und Umwelteinflüssen offenbar zu verstehen ist. Wenn die Veranlagung 50 Prozent beträgt, so entscheiden doch die anderen 50 Prozent darüber, ob die Veranlagung zur Wirkung kommt, stellen also faktisch 100 Prozent des Entscheidungsspielraumes dar, es gibt somit keine Determinierung. Die Scheu der Lehrbuchautoren vor der Wissenschaft ist eine Scheu vor der Kritik der Wissenschaft (dabei auch stets der Versuch, Darwin vor dem Sozialdarwinismus in Schutz zu nehmen – schon ein Thema für sich ...) und liegt in einer ungebrochenen Tradition des Szientismus. Dem Prozess der »Verwissenschaftlichung als Delegitimierung von Werten«[18] sind wir auch heute noch nicht entronnen, und auf deterministische Vorstellungen kann man in letzter Instanz nur philosophisch mit der alten Frage nach der Willensfreiheit begegnen.

Anhang

Konsultierte Lehrbücher:
Anno Bd. 3 & 4, Westermann, 1996f.
Rückspiegel Geschichte Bd. 3 & 4, Schöningh, 1996f.
Wir machen Geschichte Bd. 3 & 4, Diesterweg, 1996f.
Geschichtsbuch Bd. 3 & 4, Neue Ausgabe, Cornelsen, 1995f.
Zeit für Geschichte Bd. 3 & 4, Schroedel, 2002f.
Forum Geschichte Bd. 3 & 4 (Ausg. Hessen), Cornelsen, 2003f.
Von der Französischen Revolution bis zum Nationalsozialismus, Buchners Kolleg Geschichte, Bamberg, 1992.
Geschichte und Geschehen II Oberstufe A/B, Klett, 2003.
Kursbuch Geschichte. Von der Antike bis zur Gegenwart, Cornelsen, 2000. (Oberstufe)
Bei allen Büchern handelt es sich um die Ausgaben für Hessen.

18 Cf. Peter Weingart, »Eugenik – Eine angewandte Wissenschaft. Utopien der Menschenzüchtung zwischen Wissenschaftsentwicklung und Politik«, in: Peter Lundgreen (Hg.), *Wissenschaft im Dritten Reich*, Frankfurt am Main (Suhrkamp), 1985, S. 314.

Judenhass und Pogrome im Mittelalter und ihre Erklärung in heutigen Schulbüchern[1]

Mit einem Nachtrag: Der Straßburger Pogrom von 1349 im historischen Kontext

1. Historischer Rückblick: Schulbücher und Schulbuchgespräche

Eine Analyse von Schulbüchern im Hinblick auf das genannte Thema reiht sich zwangsläufig in eine bereits längere und kontinuierliche Geschichte der Schulbuchkritik seit nahezu fünfzig Jahren hinsichtlich des Stellenwerts und der Art und Weise der Behandlung jüdischer Geschichte im Unterricht ein. Das *Internationale Schulbuchinstitut* – später nach seinem Gründer Georg-Eckert-Institut benannt – brachte 1963 dazu eine erste Analyse von Schullehrbüchern heraus.[2] Die Bilanz war einfach: Juden tauchten praktisch nur im Zusammenhang mit Nationalsozialismus und Auschwitz auf. Daraus resultierte die Forderung nach »kontinuierlicher Beschreibung der Wendepunkte jüdischer Geschichte und ihrer kausalen Zusammenhänge«, so Chaim Schatzker, der die deutsch-israelischen Schulbuchgespräche jahrzehntelang maßgeblich mitgeprägt hatte, im Rückblick 1994.[3] Ein 1975 an der *Universität Duisburg* durchgeführtes Forschungsprojekt stellte als Ergebnis zur Diskussion, die jüdische Geschichte nicht mehr nur unter dem poli-

1 Vortrag im Rahmen der Ringvorlesung der Fachschaft Geschichte der Friedrich-Schiller-Universität Jena am 19.6.2012, cf. www.uni-jena.de > Fakultäten > Philosophische Fakultät > Institute/Bereiche > Historisches Institut > FSR > Vorträge. Dort auch eine Zusammenfassung meines Vortrags. Der Vortrag mit Powerpoint-Präsentation wurde für die vorliegende Publikation verschriftet.

2 Hinzuzufügen wäre hier noch, dass der Verband deutscher Studentenschaften bereits 1960 aus eigener Initiative eine Untersuchung herausgab: *Erziehungswesen und Judentum. Die Darstellung des Judentums in der Lehrerbildung und im Schulunterricht*, hg. vom Verband Deutscher Studentenschaften (VDS), zusammengestellt von Ekkehart Krippendorff in Zusammenarbeit mit Dieter Bielenstein, München (Ner-Tamid), 1960. Siehe dazu auch oben, S. 45.

3 Chaim Schatzker: »Juden und Judentum in den Geschichtslehrbüchern der Bundesrepublik Deutschland«, siehe oben, S. 16, Fußnote 8.

tisch-moralischen Aspekt (Auschwitz als Mahnung) zu betrachten, sondern unabhängig davon »als sachnotwendiges Element historischer Bildung überhaupt, erforderlich zur Ermöglichung einer Einsicht in das Werden der westlichen Kultur und der deutschen Geistes- und Kulturgeschichte.»[4] Eine weitere Analyse Chaim Schatzkers für die *Bundeszentrale für politische Bildung* von 1981[5] und die *deutsch-israelischen Schulbuchempfehlungen* von 1985[6] kamen zu dem Schluss, dass, wo es eine Ausweitung des Themas jüdische Geschichte über den Nationalsozialismus hinaus gab, wiederum nur neue Verfolgungsgeschichten hinzugekommen sind: »Erwähnung von Juden nur im Zusammenhang von Verfolgungen und Vertreibungen, einseitige Bewertung ihrer Berufsstruktur und Kreditgeschäfte, Darstellung der Juden lediglich als Objekt und nicht als handelndes Subjekt aus innerjüdischer Perspektive…« Daraus folgte die Forderung nach »*kontinuierlicher* Darstellung und nicht lediglich auf *Krisenzeiten* und *Katastrophen* bezogen.«[7] Fast zwanzig Jahre später kam die *Kommission zur Verbreitung der deutsch-jüdischen Geschichte im Unterricht* des *Leo Baeck Instituts* zur nach wie vor gleichen Schlussfolgerung: »Noch immer stehen […] der Antisemitismus, die Verfolgungsgeschichte und der Holocaust einseitig im Vordergrund […], Juden vorzugsweise als Objekte und Opfer der deutschen Geschichte, nicht jedoch als Träger einer eigenen Kultur und als Mitgestalter der modernen Welt. Juden werden primär aus dem Blickwinkel ihrer Umwelt dargestellt, während jüdische Selbstaussagen selten zu finden sind.« Dies wurde 2003 in der *Orientierungshilfe für Lehrplan- und Schulbucharbeit* bilanziert, die deswegen auch detaillierte Empfehlungen für den Unterricht gab und 2011 in einer überarbeiteten Fassung neu erschienen ist.[8] Weitere Analysen seit der Mitte

4 Zit nach Schatzker, op. cit., S. 37f.

5 Cf. Chaim Schatzker: *Die Juden in den deutschen Geschichtsbüchern. Schulbuchanalyse zur Darstellung der Juden, des Judentums und des Staates Israel*, Schriftenreihe der Bundezentrale für politische Bildung, Bonn 1981.

6 *Deutsch-israelische Schulbuchempfehlungen.* Zur Darstellung der jüdischen Geschichte sowie der Geschichte und Geographie Israels in Schulbüchern der Bundesrepublik Deutschland – Zur Darstellung der deutschen Geschichte und der Geographie der Bundesrepublik Deutschland in israelischen Schulbüchern, Studien zur internationalen Schulbuchforschung. Schriftenreihe des Georg-Eckert-Instituts, hg. von Ernst Hinrichs, Bd. 45, Braunschweig 1985.

7 Schatzker, op. cit., S. 41, vgl. *Deutsch-israelische Schulbuchempfehlungen,* op cit.

der 90er Jahre ergänzten und verfeinerten die vorausgegangenen Untersuchungen anhand der jeweils neuesten Schulbuchgeneration.[9]

Betrachtet man die Thematisierung jüdischer Geschichte in den Schulgeschichtsbüchern[10] seit den 90er Jahren zunächst nach den Überschriften von Kapiteln oder Abschnitten, so fällt auf, dass es nur wenig Veränderung gab. Von vornherein werden die Juden als »ungeliebte Minderheit«[11] oder »ausgegrenzte Minderheit«[12] präsentiert, »Juden – Menschen ohne Bürgerrecht«, Teil der »Randgruppen der städtischen Gesellschaft« oder »Am Rand des Abendlandes - Juden, Muslime und andere Nichtchristen« oder unter dem Titel »Juden – Spitzer Hut und Gelber Fleck«.[13] In einem Buch für die Übergangsstufe 5-6, also in einem pädagogisch besonders schwierigen Kontext, tauchen »Juden als Sündenböcke« auf in der Aufzählung nach einer Reihe von »unehr-

8 *Deutsch-jüdische Geschichte im Unterricht. Orientierungshilfe für Lehrplan- und Schulbucharbeit sowie Lehrerbildung, Lehrerfortbildung*, siehe oben, S. 60, Fußnote 20. Download der Neufassung von 2011 über das Pädagogische Zentrum des Fritz Bauer Instituts und des Jüdischen Museums Frankfurt: www.pz-ffm.de

9 Vgl. Thomas Lange (Hg.): *Judentum und jüdische Geschichte im Schulunterricht nach 1945*, siehe oben, S. 16, Fußnote 8, darin auch der Beitrag von Schatzker; Wolfgang Marienfeld: *Die Geschichte des Judentums in deutschen Schulbüchern*, Theorie und Praxis Band 72, Fachbereich Erziehungswissenschaften Universität Hannover, Hannover 2000; Wolfgang Geiger: »Der Anti-Antisemitismus und die Macht der Vorurteile. Erfahrungen eines Lehrers«, 2004/2005, siehe oben, S. 45 ff. und 63 ff.

10 Wenn nicht anders angegeben, handelt es sich im Folgenden um Geschichtsbücher für die gymnasiale Mittelstufe. Die Angabe der Regionalausgabe dient dem Nachweis des Zitats im Text, in den meisten Fällen sind die Abschnitte zur jüdischen Geschichte jedoch in den verschiedenen Ausgaben identisch.

11 *Geschichte und Geschehen A2*, Hessen, Stuttgart(Leipzig (Klett), 1995, S.110 [Mittelstufe], sowie *GuG I A*, 1998/2003, S.161 [Oberstufe].

12 *Zeiten und Menschen* 2, Baden-Württemberg, Braunschweig u.a.o. (Schroedel), 2005, S. 116.

13 In der Reihenfolge: 1. *GSW Realschule*, Klett; 2. *Geschichte für Gymnasien*, Oldenbourg; 3. *Rückspiegel*, Schöningh; 4. *Wege durch die Geschichte*, Cornelsen/Hirschgraben. Alle Titel außer 3. zit. aus dem Corpus in: Wolfgang Marienfeld: *Die Geschichte des Judentums in deutschen Schulbüchern*, Theorie und Praxis Band 72, Fachbereich Erziehungswissenschaften Universität Hannover, Hannover 2000; 3: *Rückspiegel* 2, Hessen, Paderborn (Schöningh), 1995, S. 83.

lichen Leuten« in der mittelalterlichen Stadt unter der Überschrift »Eine Minderheit gerät ins Abseits«.[14] Neutrale oder sogar positive Titel wie folgende sind selten: »Juden – die andere Religion in der Nähe«, »Muslime, Juden und Christen: Miteinander leben« (allerdings v.a. bezogen auf Spanien)[15] und bezeugen auch nicht grundsätzlich eine andere Herangehensweise an das Thema.

Auch die Generation der Lehrwerke seit 2001 unterscheidet sich nicht grundsätzlich von dieser Bilanz der vorherigen Bücher: Die Juden sind nach wie vor »Randgruppen in der Stadt«, stehen »am Rande der Gesellschaft« in einer Aufzählung: »Unehrenhafte Berufe – Juden im städtischen Alltag – Ausgrenzung aus dem städtischen Leben«, es geht um den »Alltag einer ausgegrenzten Minderheit«.[16] Eine positive Überschrift wie »Juden – mehr als eine Minderheit»[17] ist absolut minoritär, es überwiegen der zitierte Randgruppen-Topos oder die Überschriften sind neutral gehalten (»Juden in der mittelalterlichen Stadt« usw.). Bei Klett gibt es eine gewisse Tradition, die historische Entwicklung in der Überschrift darzustellen: »Juden im Mittelalter: willkommen, geduldet, verfolgt»[18], freilich mit negativem Ausgang, früher gab es bei demselben Verlag analog den Dreischritt: »Privilegien – Verfolgung – Vertreibung«[19], der mit dem ersten Begriff den Grund und damit unbewusst die rechtfertigende Erklärung für die beiden nachfolgenden Konsequenzen postuliert.[20]

2. Jüdische Geschichte im historischen Kontinuum

Die durch die kritisierte Fokussierung auf die Verfolgungsgeschichte bewirkte Vorstellung von einem historischen Kontinuum der Verfolgung

14 *Zeitreise 5-6*, Übergangsstufe, Berlin-Brandenburg, Stuttgart/Leipzig (Klett), 2003, S. 154.
15 *Wir machen Geschichte* 2, Hessen, Frankfurt am Main (Diesterweg), 1996, S. 126, *Forum Geschichte* 2, Hessen, S. 90.
16 *Die Reise in die Vergangenheit* 2, Sachsen-Anhalt/Thüringen, Braunschweig (Westermann), 2006, S. 46; *Zeit für Geschichte* 2, Braunschweig (Schroedel), 2005, S. 82; *Zeiten und Menschen* 2, op. cit., S. 116.
17 *Forum Geschichte* 7, Niedersachsen, Berlin (Cornelsen), 2005, S. 148
18 *Geschichte und Geschehen* 2, Hessen, Stuttgart/Leipzig (Klett), 2004, S. 84.
19 *Geschichte und Geschehen*, Oberstufe A 1, Stuttgart/Leipzig (Klett), 1997, [2]2003, S. 169.
20 Ausführlicher dazu oben, S. 48, und unten, S. 109.

vom Kreuzzugspogrom 1096 bis zum Holocaust ist der zutiefst mental verankerten Struktur eines *mea culpa* geschuldet, das sich als Mahnung von Auschwitz seit den 70er Jahren ins kollektive deutsche Bewusstsein eingeprägt hat. Diese verengte Perspektive des »Nie wieder!« aus der jüngeren Vergangenheit findet in der ferneren Vergangenheit immer wieder die Bestätigung »Damals schon!«. Damit wird aber ungewollt letztlich die Besonderheit und Einzigartigkeit des Holocaust, obwohl Brennpunkt dieser Perspektive, relativiert. Nicht selten fragen Schüler deswegen: »Warum sind die Juden denn hier geblieben, wenn sie dauernd verfolgt wurden?« Und es wird auch Lehrer geben, die sich diese Frage stellen. Damit wird aber bereits unbewusst eine Mitschuld der Juden an ihrer Situation angedacht.[21]

Konkret zeigt sich die Perspektive der Verfolgungskontinuität in Parallelisierungen des Gelben Flecks im Mittelalter mit den NS-Judenstern, wie es mindestens in einem Fall durch die bildliche Gegenüberstellung erfolgt und erweitert wird durch die suggestive Parallelisierung der mittelalterlichen Pogrome, v.a. die Verbrennung von Juden wie im Pestpogrom 1349 in Straßburg, mit Auschwitz.[22] Die bildlichen Darstellungen der Judenverbrennungen gehen immerhin zurück gegenüber früheren Schulbuchgenerationen, wo das bekannte Bild aus Schedels Weltchronik quasi Standard war. Häufiger finden sich dagegen Parallelisierungen in den Arbeitsaufträgen, die damit dem stets geforderten Aktualitätsbezug auf problematische Weise nachkommen: »Was weißt du über Judenverfolgungen der jüngeren Vergangenheit? Diskutiere Gemeinsamkeiten und Unterschiede zu den Pogromen des Mittelalters.«[23] Dies ist schon insofern absurd, als die Schüler zu diesem Zeitpunkt ja die spätere Geschichte noch gar nicht im Geschichtsunterricht behandelt haben.

21 Ausführlicher dazu oben, S. 34f.

22 In: *Zeitlupe A1*, Hessen, Hannover (Schroedel), 2003, S. 103 (Hauptschule). Bildlegende: »Jüdinnen mit Judenring (16. Jahrhundert) und mit Judenstern in der Zeit des Nationalsozialismus.«

23 *Mosaik – Der Geschichte auf der Spur B7*, Bayern, München (Oldenbourg), 2005, S. 95. Dazu gibt es eine Abbildung mit der Bildlegende: »Judenverbrennung wegen vermeintlicher Brunnenvergiftung. (Aus einer Handschrift, 14. Jahrhundert)«

3. Kreuzzugspogrom 1096

a) Religiöses Motiv

Je nach Konzeption thematisieren die Lehrbücher den Kreuzzugspogrom 1096 getrennt (im Rahmen der Kreuzzugsgeschichte) oder zusammen mit den Pestpogromen 1348/49 (in einem Abschnitt über die Juden im Mittelalter). Für den Kreuzzugspogrom gibt es eindeutig ein religiöses Motiv, wobei dieses in den Geschichtslehrbüchern nicht wirklich erklärt wird: Auf dem Weg zur Befreiung des Heiligen Landes von der muslimischen Herrschaft wandte man sich zuerst gegen die »›Irrgläubigen‹ im eigenen Land«[24], man gab ihnen »die Schuld am Tod Jesu«.[25]

b) Fremdheit, Andersartigkeit?

Hinzu kommen dann noch weitere Aspekte von Fremdheit und »Andersartigkeit« an Kleidung, Sprache und Gebräuche, also ganz unabhängig vom konkreten Motiv des Pogroms. Dadurch, dass die Juden »die Taufe ablehnten«[26] und ihrer »Religion treu blieben«[27] entsteht der Eindruck, dass sie für den Hass gegen sie mitverantwortlich waren. Singulär bleibt freilich die Darstellung der Fremdartigkeit im *Rückspiegel*:

> »Es hat in der neueren deutschen Geschichte eine Zeit gegeben, in der viele gern gesehen hätten, wenn Jesus ein Sachse gewesen wäre. Den Menschen des Mittelalter war der Jude Jesus kein Problem, wohl aber ihre jüdischen Zeitgenossen. Das – fast – geschlossen christliche Abendland, das fremde Völker, wenn sie Christen wurden, durchaus aufnehmen konnte, hatte große Probleme mit den Juden, die ihre Andersartigkeit beibehalten wollten. [...] Besonders die Frommen unter ihnen hielten die Taufe sogar für einen Verstoß gegen das göttliche Gesetz (hebräisch Thora). Durch die Ablehnung der Taufe wurden sie zu einer gesellschaftlichen Minderheit.«[28]

24 *Das waren Zeiten* 2, Bayern, Bamberg (Buchner), 2005, S. 57.

25 *Entdecken und Verstehen* 5-6, Brandenburg, Stuttgart/Leipzig (Klett), 2004, S. 272.

26 *Rückspiegel* 2, op. cit., S. 91.

27 *Geschichte und Geschehen* 2, Sachsen, Stuttgart/Leipzig (Klett), 2005, S. 169.

28 *Rückspiegel* 2, op. cit., S. 91 f.

Selten wird allerdings der christliche Vorwurf – hier überlagert durch einen modernen soziologischen: man möge sich doch zum eigenen Besten an die Mehrheitsgesellschaft anpassen – so unverblümt reproduziert. Etwas subtiler taucht dies und der damit verbundene Vorwurf, die Juden seien an ihrer Situation auch selbst zumindest mitschuldig gewesen, jedoch auch in etlichen anderen Schulbüchern auf. So diese Erklärung für die immer wiederkehrenden »gewalttätigen Übergriffe« gegen die Juden: »Die meisten Juden traten nicht zum Christentum über, sondern blieben ihrer Religion treu. Wegen ihrer andersartigen Tracht und religiösen Gebräuche wurden sie von der christlichen Bevölkerung schon seit dem frühen Mittelalter mit Misstrauen betrachtet.«[29] »Als Menschen mit einer fremden Religion, die in ihren Gottesdiensten überdies Hebräisch, eine fremde Sprache, sprachen, wurden die Juden von ihren Mitbürgern häufig beargwöhnt.«[30]

Solche Fremdheitsphantasien sind retrospektive Konstruktionen moderner Kulturkonflikte, keine historische Erklärung. Der christliche Durchschnittsmensch von damals konnte die schriftliche Grundlage seiner eigenen Religion – *Die Schrift*, *Das Buch* schlechthin – weder lesen noch verstehen, wenn er denn lesen gekonnt hätte, da sie in der Fremdsprache Latein verfasst war. Welchen besonderen Fremdheitsaspekt mochte da die liturgische Sprache Hebräisch dargestellt haben, von der man ohnehin wenig mitbekam? Natürlich gab es Fremdheit von beiden Seiten, religiös und kulturell, dennoch ist es umgekehrt geradezu erstaunlich, wie wenig dies bis zum 14. Jahrhundert, der Epoche der Pogrome[31], im Alltag an Abgrenzung und Feindseligkeiten bewirkte. Gewalttaten waren bis dahin die Ausnahme, nicht die Regel, in der damals schon vierhundertjährigen Geschichte der Juden im Reich.

Noch nach den Pestpogromen um 1349 wurden die aufs Land geflüchteten Überlebenden in einigen, zugegeben wenigen, Städten nach oft recht kurzer Zeit wieder zur Niederlassung akzeptiert, so in Frankfurt am alten Platz der jüdischen Gemeinde direkt an die Südseite der Bartholomäuskirche, später Kaiserdom genannt, angrenzend. Mitte des 15. Jahrhunderts häuften sich dann die Beschwerden über die Juden, sie würden die christlichen Kirchgänger stören, könnten ihnen beim

29 *Geschichte und Geschehen* 2, ebd.

30 *Zeit für Geschichte* 2, Baden-Württemberg, Braunschweig (Schroedel), 2005, S. 82.

31 Zu nennen wäre hier außer den Pestpogromen noch zuvor die sogenannte Armleder-Bewegung (benannt nach ihrem Anführer), die in Süddeutschland Pogrome provozierten. Zu diesem Kontext des 14. Jahrhunderts siehe auch den Nachtrag zum vorliegenden Text.

Gottesdienst zusehen und würden sich über sie lustig machen, andernorts beklagte man das »Judengeschrei« am Sabbat usw., kurzum: die Nachbarschaft sei unerträglich. Daraufhin wurde dann 1460 die Ausweisung der Juden (es handelte sich damals gerade um zwölf Familien, die geringste Zahl seit langem gegenüber der Situation vor 1349) in das zu errichtende Ghetto am Stadtrand, die Judengasse, beschlossen. Das Frankfurter Ghetto war übrigens das erste seiner Art, noch mehr als fünf Jahrzehnte vor dem dann namensgebenden Viertel in Venedig. Im Nachhinein gesehen wäre es viel logischer gewesen, wenn man die neu zugelassenen Juden nach dem Pestpogrom gleich abgesondert von den Christen angesiedelt hätte, aber so war es nicht, die Fremdheit war zu jenem Zeitpunkt offenbar noch nicht groß genug – oder die Reue über die Tat von 1349 zu groß. Tatsächlich musste der Kardinal Nikolaus von Kues in den 50er Jahren des 14.Jahrhunderts eine Art Propagandatour durch Deutschland und Italien unternehmen um zu größerer Distanz zu den Juden aufzurufen, damit sich diese Idee, nach anfänglich mäßigem Erfolg, langsam in den Stadträten durchsetzte.

Dies erfordert eine eigene Untersuchung. An dieser Stelle sei deswegen nur festgehalten für den vorliegenden Zusammenhang:

Die religiöse und kulturelle Fremdheit hatte abgesehen von den gewiss beklagenswerten, konjunkturell auftretenden besonderen Verfolgungen und Pogromen bis 1349 und für einige Städte noch darüber hinaus bis zum 15. Jahrhundert keine grundsätzliche Konsequenz der Ablehnung von Juden in der städtischen Nachbarschaft. Es wird erst eine daraus, wenn man die Pogrome zu Konsequenzen lang anhaltender und struktureller Konfrontation erklärt, was sie nicht waren, wozu sie aber in der Folge sicher beitrugen, also eher nach der umgekehrten Logik von Ursache und Wirkung. Die Konsequenz der Pogrome und Vertreibungen des 14. Jahrhunderts war ja übrigens auch die Verlagerung des Judentums von der Stadt auf das Land, ein Prozess, der schon vorher begonnen hatte, aber jetzt entscheidend verstärkt wurde. Keine strukturelle Aversion aus Fremdheit hat aber dieses räumlich viel engere Zusammenleben zwischen Christen und Juden auf dem Land und in den Kleinstädten ohne Ghetto verhindert oder im genannten Sinne grundsätzlich beeinträchtigt.

Für die Ghettoisierung seit 1460 in Deutschland und Italien (Venedig 1516) scheint immerhin erklärbar, warum die Intoleranz seitens der Kirche und in den Städten seitens der Bürgerschaft oder ihrer Vertretung, des Stadtrats, im 15. Jahrhundert zunahm. Wie beim ersten Kreuzzugspogrom auch gab es hier einen äußeren Anlass zum Kampf gegen die Ungläubigen: die Eroberung Konstantinopels durch die Türken, gegen die Nikolaus von Kues ja auch einen Kreuzzug auf die Beine stellen wollte, allerdings vergeblich. So blieb es beim Kampf gegen die Ungläubigen in der Nachbarschaft. Dann gab es allerdings auch ein inneres Motiv, das viel länger ins 16. Jahrhundert hinein wirken sollte: die Krise der katholischen Kirche, Spaltungstendenzen, die spätestens seit der Verbrennung von Jan Hus 1415 manifest geworden waren und hundert Jahre später durch die Reformation Luthers ihre Vollendung fanden. In dieser Situation der massiven Infragestellung sank die Intoleranz gegenüber den bisher tolerierten Juden – übrigens aus religiösen Gründen toleriert.[32] Es ist auch kein Zufall, dass genau in jener Zeit die Hexenverfolgungen aufkamen als Reaktion auf eine andere vermeintliche Infragestellung der Glaubensgewissheiten. Genauso wie das Ghetto werden ja auch die Hexenverfolgungen gerne ins Mittelalter verlegt, dabei sind beide Erscheinungen des ausgehenden Mittelalters bzw. der Renaissance.

c) Reichtum?

Ab und zu für den Kreuzzugspogrom, aber durchgängig für den Pestpogrom taucht auch noch ein anderes Motiv auf. Denn »dort gab es reiche Judengemeinden«[33], »in Wirklichkeit waren sie auf den Besitz der Juden aus«[34], »Misstrauen und Neid« kamen so zusammen[35], »die blanke Habgier war das eigentliche Motiv«[36], womit die religiösen und kulturellen xenophoben Motive relativiert und in die Kategorie »vorgeschoben« oder »oberflächlich« verbannt werden. Im Brückenschlag von 1096 zu 1348/49 werden oft die verschiedenen Motive miteinander in Beziehung gesetzt:

1. Das *religiöse Motiv:* »Christusmord«[a] (an dieser Stelle nie erklärt), »Kampf gegen die Ungläubigen im eigenen Land«[b]; 2. Die *Ritualmordlegende:* »Juden wurde vorgeworfen, Kinder für rituelle Zwecke getötet zu haben«[c], »es wurde auch behauptet, die Juden würden geweihte Hostien entehren oder gar das Blut ermordeter christlicher Kinder bei ihren religiösen Feiern verwenden«[d]; 3. Die *Sündenbocktheorie:* »Auch später dienten die Juden in großen Notzeiten [...] als ›Sündenbock‹«[e],

32 Die Juden waren sozusagen der lebendige Beweis für die Wahrheit der Prophezeiungen des Alten Testaments im Hinblick auf den Messias Jesus, auch wenn sie ihn selbst nicht anerkannten.

33 *Anno* 2, Hessen, Braunschweig (Westermann), 1995, S. 35.

34 *Zeitreise* 1, Sachsen, Stuttgart/Leipzig (Klett), 2008, S. 38. (Realschule)

35 *Geschichte und Geschehen* 2, 2005, op. cit., S. 169.

36 *Mosaik*, 2005, op. cit., S. 94.

in direkter oder indirekter Verbindung mit der *Brunnenvergifterlegende:* »…wurde den Juden nachgesagt, sie hätten Brunnen und Quellen vergiftet«[f], »als man ihnen vielerorts die Schuld an der europäischen Pestepidemie anlastete«[g]; 4. Sowie das *materielle Motiv,* als Ursache oder Folge: So »schlugen […] in Plünderungen, Folter und Mord um«[h], »nicht selten nutzten die Christen solche Verfolgungswellen, um sich am Besitz der Juden zu bereichern«[i], »es waren allerdings nicht nur religiöse Gründe, die zur Zerstörung vieler jüdischer Gemeinden führten, sondern auch *wirtschaftliche* und *politische.*»[j] (Hervorheb. von mir).[37] Diese letztgenannten werden dann allerdings nicht weiter ausgeführt und somit der Phantasie des Lesers überlassen: »wirtschaftliche« kann man sich in diesem Kontext herleiten, »politische« muss zwangsläufig unklar bleiben, suggeriert aber eine »höhere Legitimation« von Seiten des Lehrbuchautors.

5. Pestpogrome 1348 ff.: Sündenbocktheorie und soziales Motiv

Die Verweise auf die Sündenbocktheorie bleiben in sämtlichen Büchern ohne weitere Erläuterung, offenbar wird erwartet, dass jeder (auch jeder Schüler) unter dem Sündenbockmotiv etwas Präzises versteht – aber was? Dass die Beschuldigungen haltlos waren und die Gewalttaten ohne Grund? Die Sündenbocktheorie ist schon als solche problematisch[38], doch geben die Bücher ja durchaus Gründe für Hass und Pogrome an, und zwar nicht wenige, wie wir sehen, wobei sich das materielle oder soziale Motiv letzten Endes als das entscheidende entpuppt. Exemplarisch wird dies im Brockhaus 2004 zusammengefasst:

> »Da Juden vom üblichen Berufsfeld des Handwerkers und Gewerbetreibenden ausgeschlossen waren, waren sie darauf angewiesen, ihren Lebensunterhalt durch Geldgeschäfte, vor allem durch den Geldverleih gegen Faustpfänder und Zinsen, zu bestreiten. Die hierdurch bewirkte Verschuldung breiter Bevölkerungskreise verschärfte die bereits bestehenden Aversionen, die sich dann von Zeit zu Zeit in furchtbaren Judenverfolgungen (Pogromen) und -vertreibungen

37 Zitate a, c, f, j: *Forum Geschichte* 7, Niedersachsen, Berlin (Cornelsen), 2005, S. 149; b, g, i: *Entdecken und Verstehen 5-6*, Berlin/Brandenburg, op. cit., 2004, S. 247; d, e, h: *Geschichte und Geschehen* 2, op. cit., S. 169.

38 Siehe oben, S. 70.

> niederschlugen; dabei dürfte sicher sein, dass innerhalb der Motive, die zu diesen Untaten führten, *die materiellen Beweggründe* der Schuldner *eine ganz zentrale Rolle* gespielt haben.«[39]

Dies findet sich tendenziell in allen Schulbüchern wieder, in ähnlicher Form, oft weniger ausformuliert: Der Pogrom ermöglichte christlichen Schuldnern »ihre Schulden bei jüdischen Gläubigern loswerden«[40]. Beliebt ist als historischer Beleg eine Quelle über den Pestpogrom in Straßburg, wo die Befreiung von den Schulden schon damals im Nachhinein als das Motiv für die Ermordung der Juden genannt wurde: »Wer von ihnen geliehen hatte, musste höhere Zinsen zahlen. (…) Darum wurden sie verhasst bei vielen. […] Was man den Juden schuldig war, das war alles erledigt, und es wurden alle Schuldbriefe, die diese hatten, zurückgegeben.«[41] In der Version in einem anderen Buch endet die Quelle: »Das Bargeld der Juden nahm der Rat und verteilte es unter das Handwerk. Das war auch das ›Gift‹, das die Juden tötete.«[42] Dazu gibt es den Arbeitsauftrag: »Sucht aus der Quelle den wahren und den vorgeschobenen Grund für die Verfolgung der Juden heraus.« Der umfassendere politische Kontext des Straßburger Pogroms, ein Aufstand gegen die Stadtregierung, wird nicht vermittelt, was sicher auch schwierig wäre; mit der Fokussierung auf die didaktisch so reduzierte Quelle wird jedoch nur eine Interpretation für den »wahren Grund« zugelassen. Wir kommen darauf weiter unten detaillierter zu sprechen.

Die vom Brockhaus und anderen außerschulischen Referenzwerken (z. B. im *Duden Schülerlexikon Online*[43], einer Ansammlung sämtlicher Klischees) suggerierte Vorstellung von der »Verschuldung breiter Bevölkerungskreise« ist reine Phantasie, weil historisch nicht nachweisbar. Auf der Webseite von *Arte* zur jüdischen Geschichte im Mittelalter heißt es gar: »Gleichzeitig wurde den Christen das Zinsnehmen untersagt, so dass das Geldgeschäft bald erzwungenermaßen zu einem Gewerbe der

39 Brockhaus 2004: »Juden: Stellung im Mittelalter«, zit. nach PC-Bibliothek 3.0, Hervorheb. von mir.

40 *Mosaik B 7*, Bayern, 2005, S. 94.

41 *Geschichte und Geschehen* 2, Hessen, Stuttgart/Leipzig (Klett), 2007, S. 203.

42 *Entdecken und Verstehen 1*, Niedersachsen, Berlin (Cornelsen), 2004, S. 206. (Realschule). Beide wörtlich nicht identischen Texte werden als »Chronik der Stadt Straßburg« bzw. als »Aus einer Straßburger Chronik« ausgewiesen.

43 http://artikel.schuelerlexikon.de/Geschichte/Judenverfolgung_im_Mittelalter_Judenhut_und_gelber_Fleck.htm

Juden wurde. Damit wurden sie – ohnehin schon religiös und sozial isoliert – noch stärker in *die Rolle des Sündenbocks und Ausbeuters des Volks* gedrängt.«[44] Nach dieser affirmativen Formulierung waren die Juden also (zwangsweise) nicht nur Sündenböcke, sondern auch »Ausbeuter des Volks«. Nun kann man entsprechend der Sündenbocktheorie in die Rolle des Sündenbocks gedrängt werden, aber nicht in die Rolle des »Ausbeuters des Volks«, da dies eine entsprechende reale Aktivität voraussetzt. So wird schon hier in der Formulierung – unwissentlich, darf man vermuten – das Vorurteil nicht etwa widerlegt, sondern bestätigt. Gemeint war wohl etwas wie: »Man beschuldigte sie Ausbeuter des Volks zu sein«, die Formulierung offenbart aber die Macht des Unterbewussten, das den Beschuldigungen etwas Reales als Erklärung abgewinnen will.

6. Verschuldung und Schuld

Dem zugrunde liegt die allgemein verbreitete Vorstellung vom kirchlichen Zinsverbot für die Christen, der Einschränkung der beruflichen Möglichkeiten für die Juden (Zunftmonopol für das Handwerk bzw. Verbot des Grundbesitzes) und die daraus folgende Logik: »Also bleibt ihnen nur das Zinsgeschäft, und dieses macht sie wieder bei den Christen verhasst.« Dieser Beleg durch eine historische Quelle, nämlich des Geistlichen Peter Abaelardus (Pierre Abélard, 1079-1142), untermauert natürlich die Erklärung, zumal es Mitgefühl mit den Juden und keine Anklage ausdrückt: »Unter alle Nationen verstreut [...], werden die Juden mit schweren Steuern bedrückt. [... Sie] müssen den Schutz der christlichen Fürsten erkaufen, die in Wahrheit ihren Tod wünschen, um den Nachlass an sich zu reißen.«[45] An anderer Stelle wird immerhin dargelegt, dass das Zunftverbot nicht nur Geldverleiher und damit reiche Juden zur Folge hatte: »Viele Juden lebten daher an der Armutsgrenze.« Aber »einige wichen auf das Geldverleihen aus, wobei sie wegen des beträchtlichen Risikos (z.B. Bankrott eines Händlers) hohe Zinsen nehmen mussten. Dies erregte den Neid der Mitbürger und trug ihnen den Ruf als ›jüdische Wucherer‹ ein.«[46] Also obwohl hier sehr

44 http://www.arte.tv/de/Die-Welt-verstehen/Mittelalter/TV-Programm/2422256.html – Hervorheb. von mir.

45 *Geschichte kennen und verstehen* 7, Bayern, München (Oldenbourg), 2002, S. 64 f.

46 *Geschichte und Geschehen* 2, Sachsen, Stuttgart/Leipzig (Klett), 2004, S. 169.

richtig darauf hingewiesen wurde, dass der Geldverleih zum Beruf einer Minderheit wurde, erklärt dies dennoch den Hass auf alle Juden.

Tatsächlich gab es in der gesellschaftlichen Realität des Mittelalters ebenso christliche Geldverleiher wie jüdische, das kirchliche Zinsverbot wurde in der Praxis nie respektiert – wenn es denn überhaupt ein Zins-*verbot* im Wortsinne gab, denn das diesbezüglich immer wieder zitierte 4. Lateranische Konzil 1215 spricht nur von einer »Einschränkung« der Christen beim Zinsnehmen. Auch wird das Zinsnehmen der Juden nicht grundsätzlich kritisiert, sondern nur »schwere und unangemessene Wucherzinsen«[47] und es erfolgt in diesem Konzilsbeschluss übrigens auch keine Aufforderung zur strikten Trennung von den Juden, wie immer wieder behauptet. Das Zinsverbot ist in jedem Fall ein Mythos im Sinne einer »falschen Klarheit«[48], weil es scheinbar den Hass auf die Juden nachvollziehbar, rational erklärt. Wie die Zinspraxis in christlichen Kreisen aussah, darüber gibt es ausreichende Quellen[49], wenn auch die christlichen Geldverleiher ihre Wucherpraxis meist kaschierten.

7. Mythos Zinsverbot und Wuchervorwurf Das Vorurteil als Erklärung der Geschichte[50]

Zum Zeitpunkt, als das 4. Vatikanische Konzil angeblich den Christen die Zinsnahme verbot und realiter nur beschränken wollte, galten in Italien Zinssätze von 20 Prozent und mehr, auch von ganz offizieller Seite wie z.B. dem Dogen von Venedig, Pietro Zani.[51] In derselben Epoche, 1221, verzeichnete die Schuldenliste der Gräfin Johanna von Flandern Kredite von fünf Geldgebern, darunter einem jüdischen und vier christlichen, wobei jeweils die geliehene und die zurückzuzahlende Summe notiert waren, aus deren Differenz der Zins ersichtlicht wird, lediglich die Laufzeit ist nicht vermerkt und damit der Zinssatz nicht zu berechnen. Anders am Ende des 13. Jahrhunderts, als der französische

47 Zum Wortlaut hier: http://www.juedischegeschichte.de/html/mittelalter1.html

48 Siehe oben, S. 25, Fußnote 26.

49 Einige davon hier: http://www.juedischegeschichte.de/html/mittelalter2.html; kleine Bibliographie zum Thema hier: http://www.juedischegeschichte.de/html/historikertag_2006.html

50 Ausführlicher zu diesem Thema siehe unten: »Christen, Juden und das Geld«, S. 105 ff.

51 Cf. Peter Spufford, *Handel, Macht und Reichtum. Kaufleute im Mittelalter*, Darmstadt (WBG), 2004, S. 33 f.

König eine Untersuchung über die Zinspraktiken der italienischen Bankiers in Südfrankreich in Auftrag gab, woraus eine illustre Liste mit genauen Angaben der Zinssätze entstand. Diese konnten bis zu 50 Prozent jährlich gehen[52], weswegen in Frankreich dann 1311 eine erlaubte Zinshöhe von 20 Prozent festgesetzt wurde und nur die Überschreitung als Wucher galt. Wenn auch die Quellenlage in Deutschland etwas schwieriger zu sein scheint, so sind mehr oder weniger verheimlichte Zinspraktiken christlicher Geschäftsleute auch dort nachweisbar. Nichtsdestotrotz hat sich das Vorurteil vom jüdischen Monopol auf den Geldverleih durch das Verbot für die Christen so verfestigt, dass dies nicht nur immer wieder in Autorentexten auftaucht, sondern auch künstlerische Abbildungen von christlichen Bankiers fälschlich als die von jüdischen Geldverleihern oder Geldwechslern interpretiert werden, auch wenn die auf den Gemälden Abgebildeten keines der sonst immer hervorgehobenen stigmatisierenden Zeichnen tragen.[53]

Obwohl die Realität des Geldverleihs und der frühen Finanzwirtschaft im Mittelalter nicht nur im Hinblick auf die Wucherthematik und das Vorurteil über die Juden, sondern auch in allgemeinen wirtschaftsgeschichtlichen Untersuchungen bereits in vielen Publikationen seit über 150 Jahren dokumentiert und das Wissen darüber immer umfangreicher wird, bleibt dieses Expertenwissen bei allgemeinen Überblicksdarstellungen über die mittelalterliche Geschichte und von daher auch in Schulbüchern außen vor. Die Macht des Vorurteils führt dazu, dass es gar nicht erkannt wird, weil es als selbstverständlich erscheint. Das Vorurteil liefert aber so eine Erklärung für sich selbst – die Juden wurden gehasst, weil sie Wucher betrieben –, wenn auch die *Anklage* von damals in eine moralische *Verteidigung* umgemünzt wird mittels der *Erklärung*, die Juden konnten nicht anders handeln. Die historische *Wahrheit* bleibt dabei jedoch auf der Strecke, das Vorurteil in der Sache und somit auch ein Nachgeschmack des ursprünglichen Vorwurfs bestehen.

Von allen in den Lehrbüchern angegebenen Motiven bleibt das Wuchermotiv das bestechendste. Das Verhältnis der christlichen Mehrheitsgesellschaft zur jüdischen Minderheit im Mittelalter ist jedoch zu komplex, um es auf einige griffige Formeln reduzieren zu können. Die

52 Cf. Félix Bourquelot, *Etudes sur les foires de Champagne…*, t.2, 1865, Reprint Brionne (Le Portulan) o.J. (ca. 1970), S. 126, und 120.

53 Der Vortrag nahm hier noch einige Elemente aus »Christen, Juden und das Geld« auf, siehe nachfolgendes Kapitel, weswegen dies an dieser Stelle gekürzt wurde.

Pogrome waren nicht das unausweichliche Resultat eines seit langem schwelenden Konflikts oder gar die »logische« Folge einer dauerhaften unversöhnlichen Konfrontation, wie es zwischen den Zeilen in den Lehrbüchern anklingt. Sie entstanden spontan in einer Krisensituation, waren nicht von langer Hand systematisch geplant, wenn auch die Verfolgungen sich epidemisch über Jahre hinweg ausbreiten und Vorbilder Schule machen konnten.[54] Toleranz und Intoleranz gegenüber den Juden, mit denen man jahrhundertelang Tür an Tür lebte (das Ghetto entstand erst im späten Mittelalter, erstmals 1462 in Frankfurt), wechselten konjunkturell in die eine oder andere Richtung. Es ist erstaunlich, dass wenige Jahre nach dem Pestpogrom wieder Juden in Frankfurt im alten Judenviertel direkt am »Kaiserdom« (Bartholomäuskirche) aufgenommen wurden, wie oben ausgeführt, genauso wie in Straßburg, dort allerdings nur für kurze Zeit.

Insofern stellt sich die Frage nach der Triftigkeit eines Erklärungsmusters, das verschiedene Motive in eine Hierarchie der Wertigkeit setzt und zwischen oberflächlichen Anschuldigungen und wahren, tieferliegenden Gründen unterscheidet. Hinter diesem Schema, dass mehr oder weniger dem in die allgemeine Soziologie übergegangenen Marxschen Modell von Basis und Überbau folgt, soll Irrationales rational erklärt werden. Dies ist gewiss ein Grundproblem in der Analyse des Antisemitismus und speziell von Pogromen und dann natürlich v.a. des Holocaust. Wie diese verschiedenen Motive im historischen Kontext zu einander stehen, soll daher nachfolgend am Beispiel des Straßburger Pogroms näher untersucht werden.

Nachtrag: Der Straßburger Pogrom von 1349 im historischen Kontext[55]

Der Straßburger Pestpogrom vom Valentinstag (14.2.) 1349 wird paradigmatisch für die Erklärung der Pogrome aus dem Hass auf die Juden wegen Geldverleih und Wucherzinsen herangezogen, das »Pestmotiv«, also die Brunnenvergiftungslegende tritt dabei in den Hintergrund bzw. erscheint nur als Oberfläche einer in Wirklichkeit anderen Ursache. Dabei wird der Kontext des Straßburger Pogroms außer Acht gelassen und

54 Siehe unten zur »Armleder-Bewegung«.

55 Dieser Nachtrag beschäftigt sich ausführlicher mit dem in der Diskussion nach dem Vortrag angesprochenen Beispiel des Straßburger Pogroms, als dies dort möglich war.

damit auch der historische Vorgang didaktisch in einer problematischen Weise reduziert, wie hier gezeigt werden soll. Dabei tritt natürlich auch eine epistemologische Problematik zu Tage, die die pädagogische Vermittlung zwar nicht lösen aber ansprechen kann und v.a. im Vorfeld der wissenschaftlichen und didaktischen Vorbereitung dieses Themas für das Lehrbuch berücksichtigen müsste: Welchen Aussagewert haben solche Quellen wie die auszugsweise oben zitierte?[56] Die Aura des Authentischen, die die Quelle umgibt, suggeriert einen Wahrheitsgehalt, den historische Quellen nicht per se haben können und schon gar keine aus dem Mittelalter. Auf der anderen Seite sind sie aber das A und O für einen modernen Geschichtsunterricht und Grundlage der historischen Forschung schlechthin. Umso mehr ist hier eine kritische Didaktik in der Konzeption von Lehrbüchern und Unterricht gefordert sowie eine kritische wissenschaftliche Haltung beim Verfassen von Geschichtsbüchern allgemein. Tatsächlich wird auch in allgemeinen Überblickswerken der Straßburger Pogrom oft nach dem beschriebenen einfachen Erklärungsmodell abgehandelt. Selbst in dem verdienstvollen Buch von Nachum T. Gidal, *Die Juden in Deutschland von der Römerzeit bis zur Weimarer Republik*, werden zwar die Pestpogrome in den allgemeinen Verfolgungskontext mit den Schauermärchen vom Ritualmord, Hostienfrevel usw. sowie aktuell in den Kontext der Pestproblematik in medizinischer Hinsicht sowie mit der Brunnenvergiftungslegende eingeordnet, doch auch hier wird die besagte Quelle zur Schuldentilgung mittels Ermordung der Straßburger Juden exemplarisch zitiert mit dem Hinweis: »Dies berichtet Jakob Twinger von Könighoven in seiner Chronik. Ähnliches geschah in mehr als zweihundert Dörfern und Städten.«[57]

Die Pestpogrome sind zunächst in einen größeren Kontext sich radikalisierender Judenfeindschaft im Spätmittelalter, genauer seit dem ausgehenden 13. Jahrhundert, einzuordnen.[58] Ein Jahrzehnt vor dem Pestpogrom, 1336-38, richtete die sog. Armlederbewegung, benannt nach ihrem Anführer »König Armleder«, einem verarmten Ritter und »Desperado«[59], der schon im ersten Jahr des Aufstands hingerichtet

56 Siehe oben, S. 87.

57 Nachum T. Gidal: *Die Juden in Deutschland von der Römerzeit bis zur Weimarer Republik*, Gütesloh (Bertelsmann) 1988, Köln (Könemann), 1997, S. 51.

58 Zur wissenschaftlichen Diskussion vgl. den Überblick über den Forschungsstand in Michael Toch: *Die Juden im mittelalterlichen Reich*, München (Oldenbourg), ^{2}2003, S. 110, 113-120. (Enzyklopädie deutscher Geschichte, Bd. 44)

wurde, von Franken bis zum Elsass hinein Massaker an zahlreichen Judengemeinden süddeutscher Kleinstädte an. Der Hintergrund dafür, dass die Bewegung sich wie ein Lauffeuer verselbstständigte und ausbreitete und auch nach dem Tod ihres Begründers weiterging, darf wohl in einer komplexen »Mischung von religiösen und sozialen Motiven« gesehen werden. Die Bewegung wurde von einer eher ländlichen denn städtischen Schicht von fanatisierten Bauern und Handwerkern getragen. Die Kreuzzugsideologie zeigte sich in dem Motto »Rache für den Kreuzestod Christi« der elsässischen und niederösterreichischen Aufständischen in Verbindung mit den seit längerem zirkulierenden Legenden von Hostienschändung usw. Ein Colmarer Chronist nennt aber auch damals schon die Pfandleihe als Motiv, »›daz man in [ihnen den Aufständischen] solte ir Pfant widergeben one Wucher und one ir Hauptgut.‹«[60] Die Chronisten, hält Arno Herzig fest, waren sich in ihrer Beurteilung jedoch nicht einig und schwankten zwischen diesen beiden, dem religiösen und dem sozialen Motiv.

Das 14. Jahrhundert war in mehrfacher Hinsicht eine Krisenzeit: Auf der staatlich-politischen Ebene durch die Zersplitterung der Territorien (Erbteilung) und die Schwäche des Kaisertums seit dem Ende der Staufer bis zur Verfestigung der habsburgischen Macht im 15. Jahrhundert, weswegen in der Goldenen Bulle 1356 das Prinzip der Kurfürstenwahl und der Unteilbarkeit der Kurfürstentümer festgelegt wurde; auf der kirchlich-religiösen Ebene durch die innere Krise der Kirche: Exil des Papstes in Avignon, politische Kämpfe und Intrigen, Verweltlichung der Kirche, Entstehung theologischer Kritik mit populärem Fundament (Franziskaner und Minoriten, »Armutsstreit«); im wirtschaftlich-sozialen Bereich durch die Agrarkrise, bedingt durch eine Klimaverschlechterung, die bereits 1315-17 zu einer Hungersnot führte und weitere Konsequenzen nach sich zog. Insgesamt »darf man als sicher ansehen, dass zwischen 1313 und 1348 eine ganze Serie von Hungersnöten und Seuchen das demographische und biologische Potential Europas unterminiert hatte.«[61] Räuberunwesen und Raubrittertum (»aristokratisches Banditentum«[62]) waren die Folgen einer sozialen Verschlechterung

59 Armo Herzig: *Jüdische Geschichte in Deutschland. Von den Anfängen bis zur Gegenwart*, München (Beck), 1997, S. 45.

60 Herzig, op. cit., S. 46. – »Hauptgut« = das geliehene Kapital. Gemeint ist wohl die Rückgabe des Pfandes ohne Gegenleistung.

61 Ruggiero Romano/Alberto Tenenti: *Die Grundlegung der modernen Welt. Spätmittelalter, Renaissance, Reformation*, Frankfurt am Main (Fischer Weltgeschichte Bd. 12), 1967, S. 12 f., Digitale Bibliothek, S. 8365.

62 A. a. O., S. 46 / S. 8430.

unterschiedlicher Schichten der Bevölkerung von den Bauern bis zum niedrigen Adel.

Bezeichnenderweise sah sich Kaiser Ludwig der Bayer genötigt, zweifellos auf Bitten seiner Untertanen, gerade zwei Jahre vor dem Beginn der Armlederbewegung einen besonderen Landfrieden am Rhein zu verkünden, dort »sollen alle unrechten Zölle zu Land und zu Wasser aufgehoben werden [...], alle Landfriedensteilnehmer, Kaufleute und guten Leute, Geistliche wie Weltliche, Christen wie Juden, sollen vor Raub, Brand, Gefangennahme und Gewalt geschützt werden.«[63] Angesichts der fehlenden Staatsmacht half solch ein Landfriede wenig zur direkten Verhinderung der Straftaten, die Vereidigung der beteiligten Städte und die Androhung strafrechtlicher Verfolgung für alle, die den Friedensbrechern Hilfe und Unterschlupf gewährten, wie in der Urkunde ausgeführt, taten jedoch ein Mögliches. Dies konnte trotzdem nicht die massive Zusammenrottung von angeblich 1500 Armleder-Aufständischen im Elsass verhindern, die zu einer regelrechten militärischen Macht wurden und Straßburg belagerten mit der Forderung die Juden herauszugeben. Zahlreiche jüdische Gemeinden in kleineren Orten fielen dem Pogrom zum Opfer. Die Städte und die Kirche verteidigten sich und ihre Juden gegen die Aufständischen und konnten sie schließlich militärisch neutralisieren, obwohl sie nicht wirklich besiegen. In direkten Konflikt mit Kirche und weltliche Autoritäten gerieten die Aufständischen jedoch wohl nicht nur wegen deren Beschützung der Juden, sondern auch aus prinzipiellen Gründen. Der Kampf um politische Partizipation, v.a. in den Städten, und soziale Revolten aus Not und Verzweiflung, eher auf dem Lande, wie sie dann seit Ende des 14. in Frankreich und Deutschland ausbrechen sollten, kündigten sich hier schon an.

In der Stadt Straßburg selbst wuchsen die Konflikte zwischen patrizischem Stadtregiment[64] und den von der Mitsprache ausgeschlossenen Handwerkern und Händlern, die sich in Zünften organisiert und dadurch an Selbstbewusstsein gewonnen hatten. 1322 wurde, offenbar ohne vorausgehenden Konflikt und vermutlich zur Vermeidung desselben, das Stadtrecht zugunsten einer stärkeren Mitsprache der Zünfte durch ihre Vertretung, die Schöffen und den »Amman« oder »Ammeister« (»Amptmeister«), verändert. Zugleich begann die Begrenzung der Rechte der Juden und man muss dies wohl ursächlich miteinander

63 Regesta imperii, 109 (Ludwig), 1334, November 30, München, http://regesten. regesta-imperii.de/anzeige.php?pk=50538&bandanzeige=

64 Die alten Patrizier gehörten dem niedrigen Adel (Ritter, Grundherren) an.

verknüpfen. Den Juden wurde »eygen und erbe« verboten, damit ist Grundbesitz gemeint, und das sollte wohl heißen, dass der weitere Erwerb von Grundbesitz inner- und außerhalb der Stadt verboten wurde.[65] Damit sollte ganz offensichtlich eine Vergrößerung der Gemeinde verhindert werden, die mindestens seit 1241, nach der ältesten erhaltenen Aufzeichnung der Reichssteuern, von ihrer Steuerleistung her die größte im Reich war[66], so wie auch Straßburg mit ca. 30.000 Einwohnern schon im 13. Jahrhundert[67] die zweitgrößte Stadt im Reich war (nach Köln). 1330 stellte Kaiser Ludwig den Straßburger Juden einen neuen Schutzbrief aus, zum Zwecke der Eintreibung der Judensteuer, und sprach ihnen darin Schutz für ihr »Hauptgut« (Kapital) sowie explizit für den »wuocher« (die Zinsen) aus.[68]

Der Geldhandel war damals schon seit längerer Zeit immer wieder zum Streitpunkt geworden. In seiner Geschichte der Straßburger Juden verfällt Alfred Glaser in den durchaus typischen, weil auch heute noch sehr oft anzutreffenden Widerspruch, die Einengung der beruflichen Tätigkeiten der Juden auf den Geldhandel zu beklagen und sogar mit der Verdrängung aus faktisch allen anderen Handelssparten zu erklären, allerdings hier ohne die sonst so akribischen Quellennachweise zu liefern,[69] während er ganz im Gegensatz dazu dann fortfährt: Das kanonische Zinsverbot hat »in Wirklichkeit weder die Geistlichen, noch die Adligen und Fürsten, die Bürger und Stadtverwaltungen davon abgehalten, Geld gegen Pfänder auf Zinsen auszuleihen, wie es sich aus den immer wieder von neuem wiederholten Klagen der Konzilien des 13. und 14. Jahrhunderts gegen geistlichen und weltlichen Wucher ergibt.«[70] Außerdem hatten sich seit dem 13. Jahrhundert »italienische Kapitalisten«, Lombarden und Kawerschen[71], »zu dauerndem Aufenthalte in den deutschen Städten niedergelassen, wo ihre Betätigung auf dem Gebiete des Geldhandels eine bedeutende war.«[72] Und zu Recht fügt Glaser hinzu: »Ihre rechtliche und wirtschaftliche Stellung kommt der der Juden sehr nahe, besonders hinsichtlich der Schutzgelder, wel-

65 Cf. A[lfred] Glaser: *Geschichte der Juden in Straßburg*, Bd. 1, Straßburg (Imprimerie française), 1924, S. 49.

66 Cf. a. a. O., S. 53.

67 Cf. Emil von Borries: *Geschichte der Stadt Straßburg*, Straßburg, 1909, S. 59.

68 Cf. a. a. O., S. 56.

69 Cf. a. a. O., S. 28-33.

70 A. a. O., S. 33.

71 Zu den Lombarden und Kawerschen (Cauvercini) siehe unten, S. 111.

72 Glaser, S. 33f.

che sie jährlich zahlen mussten, und der Dauer Ihrer Aufenthalte in den Städten, [...] In den Gesetzen und Urkunden werden sie häufig mit den Juden zusammen genannt.«[73] Für das Elsass bedeutete dies zum Beispiel, dass sich die regionalen Herrschaften auf einem »gemeinen Tag« in Rufach 1331 darauf einigten, dass jemand, der seine Stadt oder sein Dorf verließ, für deren oder dessen Schulden »an Juden, Gawerschen oder christenen lueten« nicht mehr haftbar gemacht werden könne.[74] Eine in ihrer Aussage über den Sachverhalt (Verschuldung ganzer Dörfer und Städte, wenn auch nur in der Eventualität) und in ihrer Konsequenz (sozusagen die Umkehrung von »Stadtluft macht frei«) dramatische Entscheidung. Es wird dadurch aber auch klar, dass die Juden keinesfalls die einzigen Geldverleiher waren, nimmt man den Satz aus dem Beschluss genau, gab es sogar drei Kategorien: Juden, Kawerschen und »christene lueten«, christliche Leute, wobei das die Kawerschen ja auch schon waren. Glaser fügt auch noch aus anderen Quellen die extra Kategorie der Geldwechsler hinzu und ganz offensichtlich handelte es sich dabei um eine Unterscheidung innerhalb der Christen zwischen den Fremden (Kawerschen) und den Einheimischen. Dies entspricht auch den jüngsten Untersuchungen von Jacques Heers, der unter Auswertung zahlreicher lokalgeschichtlicher Studien und Archive hinsichtlich Italiens und Frankreichs sowie Teilen des Reichsgebietes (Niederlande) eine fast unglaubliche Zahl von Tausenden von Wechslern und Geldverleihern namentlich oder zumindest numerisch archiviert nennen kann, wobei die wandernden Geldwechsler aus Italien und Frankreich mit den jeweils örtlich Ansässigen konkurrierten.[75]

Neben »herausragenden jüdischen Finanziers« wie Vivelin dem Roten, der dem englischen König Eduard III. 1338 bei der Finanzierung seines Krieges gegen Frankreich helfen musste, nachdem die Unterstützung durch die florentinischen Bankhäuser Bardi und Peruzzi nicht ausreichte[76], gab es in Straßburg auch christliche Bankiers. 1995 bemängelte Gert Mentgen die Defizite in der Erforschung von Straßburg als »Finanzplatz im südwestdeutschen Reichsgebiet«, woran sich seither wohl nichts Wesentliches geändert hat, »erinnert sei nur an die hochkarätigen

73 A.a.O., S. 34.

74 Ebd.

75 Cf. Jacques Heers: *La naissance du capitalisme au Moyen Age. Changeurs, usuriers et grands financiers*, Paris (Perrin), 2012.

76 Gerd Mentgen: »Herausragende jüdische Finanziers im mittelalterlichen Straßburg«, in: Friedhelm Burgard/Alfred Haverkamp/Franz Irsigler/Winfried Reichert (Hg.): *Hochfinanz im Westen des Reiches 1150–1500*, Trier (Verlag Trierer Historische Forschungen), 1996, S. 79f.

Geldhandels- und sonstigen Geschäfte von Angehörigen mächtiger Straßburger Patrizierfamilien wie zum Beispiel von Mülnheim, Bock, Merswin, Manße oder Pfaffenlap, auf die zuletzt Mario Alioth aufmerksam gemacht hat.«[77] Trotz spärlicher Quellenlage meint Alioth: »Es ist mit großer Sicherheit anzunehmen, dass ein beträchtlicher, wenn nicht gar der überwiegende Teil des Einkommens der nichtadligen Patrizierfamilien aus dem Wechsel- und Bankgeschäft stammt.«[78] Christen und Juden verliehen nebeneinander größere Kredite nach außerhalb, bei Kleinkrediten scheinen die Juden führend gewesen zu sein, während die christlichen Händler Formen des Kredits unmittelbar mit Handelsgeschäften verknüpften (Stundung der Zahlung, Wechselbriefe, Anlage von Depots, auf die beliehen werden konnte usw.).[79] Und »gemeinsam mit christlichen Gläubigern treten Juden 1312 in einem Schuldenverzeichnis des Markgrafen von Baden in Straßburg auf.«[80] Bis zu den ersten Anzeichen des Pestpogroms war Rulman Merswin ein reicher Kaufmann und Bankier, als er 1347 durch einen *raptus mysticus* sein Geschäft an seinen Bruder Johans weitergab und sein Leben fortan einer religiösen Laiengemeinschaft der »Gottesfreunde« widmete. Über die Aktivitäten des Bruders sind wir dagegen recht gut informiert: »Merswins Methoden waren die eines geschäftsmäßigen Bankiers«, er wurde zum »Hausbankier des Bischofs« und übernahm schließlich Geschäfte »für die päpstliche Kammer«.[81]

1332 gab es einen Zunftaufstand gegen die Patrizier, wie er für viele Städte im Mittelalter typisch ist. Ausgelöst durch einen Streit zwischen zwei adligen Patrizierfamilien, den Zorn und Müllenheim (Mülnheim), setzten die Zünfte eine Verfassungsreform zu ihren Gunsten durch, die ihnen eine Mehrheit im Stadtrat sicherte und den Amman (eigtl. Amptmann) oder Ammeister, ursprünglich ihr Vertreter, zum eigentlichen Bürgermeister neben den patrizischen Stettmeistern machte. Die beiden

77 A.a.O., S. 75, mit Verweis auf Martin Alioth, *Gruppen an der Macht. Zünfte und Patriziat in Straßburg im 14. und 15. Jahrhundert. Untersuchungen zu Verfassung, Wirtschaftsgefüge und Sozialstruktur*, Bd. 1, Basel/Frankfurt am Main (Helbing & Lichtenhahn), 1988, S. 45, 92, 113-115 (Basler Beiträge zur Geschichtswissenschaft, Bd. 156), siehe nachfolgend.

78 Martin Alioth, S. 110f.

79 Beschreibung der überlieferten Depotkredite bei Alioth. S. 113, die Handelstätigkeiten S. 232ff. – Generell zu den Formen des Kredits vgl. auch unten, S. 132f.

80 Alioth, op. cit., S. 112.

81 A.a.O., S. 114f.

bislang herrschaftlich regierenden Patrizierfamilien wurden entmachtet. Doch auch die neue Macht der Zünfte lag wiederum in den Händen angesehenerer und reicherer Zünfte, nämlich der Tucher- und Weberzunft, sozusagen der bürgerlichen Schicht unter den Zünften.[82] Von der Macht verdrängt wurden die Edlen, von der Macht ferngehalten die unteren Handwerkerschichten, die zum größten Teil noch gar nicht autonom zunftmäßig organisiert waren.[83] »Der Rat von 1332 war [...] von Handesinteressen dominiert. Auch auf der Constoflerbank[84] saßen nicht mehr Vertreter von Grundherrschaft und Naturalrenten, sondern Bankiers und Kaufleute.«[85]

Nach dem Armlederaufstand ließen sich die Stadt Straßburg und der Kaiser ihren Schutz für die Juden zusätzlich bezahlen.[86] 1343-45 gab es neue Unruhen, die neue Maßnahmen, eine »Landesrettung« unter der Ägide des Bischofs von Straßburg erforderlich machten: »Alle Reisenden, Geistliche oder Laien, Christen oder Juden, waren unter seinen Schutz gestellt.«[87] Nach seiner Inthronisierung 1347 ließ auch Kaiser Karl IV. sich einen neuen Schutzbrief bezahlen, der, wie man weiß, nichts nützen sollte, da Karl seine Schutzjuden verriet und nach den ersten Pogromen, wie dem in Straßburg, sogar (zumindest für Frankfurt und Nürnberg) im Vorfeld Straffreiheit für die Täter weiterer Progrome zusicherte:

> »Sollte es geschehen, was Gott verhüten möge, dass die Juden zu Tode kommen oder vertrieben oder erschlagen werden oder auswandern, aus welchen Gründen auch immer, so sollen weder wir noch unsere Nachfolger im Reich [...] gegenüber unseren und des Reiches Bürgern und der Stadt zu Frankfurt oder ihren Nachkommen, samt und sonders, jemals irgendeinen Anspruch erheben noch sie deshalb verdächtigen oder eine Forderung an sie stellen. Vielmehr sollen unsere und des Reiches Bürger in Frankfurt oder ihre Nachkommen den Besitz der genannten Juden an sich nehmen, ihr

82 Cf. Gustav Schmoller: *Die Strassburger Tucher- und Weberzunft. Urkunden und Darstellung nebst Regesten und Glossar. Ein Beitrag zur Geschichte der deutschen Weberei und des deutschen Gewerberechts*, Strassburg, 1879, S. 396f.

83 Vgl. Alioth, S. 282ff. Die soziale Struktur und ihre Übersetzung und politische Befugnis im Rat war äußerst komplex.

84 Die Constofler waren Richter, was auch eine allgemeinere politische Funktion beinhaltete, andernorts Schöffen genannt.

85 Alioth, S. 286.

86 Cf. Glaser, S. 63-66.

87 A. a. O., S. 67.

> Eigentum, ihr Erbe, liegende, fahrende oder schwimmende Güter, wo immer sie sie auch finden [...], bis sie ihr Geld, nämlich 15.200 Pfund Heller an guter Währung, für die wir ihnen die Juden und ihren Besitz verpfändet und versetzt haben, eingefordert und eingenommen haben«.[88]

Dies liest sich wie eine Anleitung zum Mord und Raub an denjenigen, für die die Stadt dem Kaiser einen Kredit geben musste, denn darum handelte es sich nämlich bei der Verpfändung: Es war die Zahlung einer Geldsumme, die man anschließend durch eine Einnahmequelle als Pfand wiedererlangen sollte (plus Zinsen...). In diesem Fall gab es eine Anleitung dazu, wie man diese Rückzahlung beschleunigen konnte. Ob dies auf längere Sicht ökonomisch sinnvoll war, ist eine andere Frage.

Für Straßburg gab es das noch nicht, trotzdem kann man fragen, ob sich die Schwäche des Kaisers nicht schon im Vorfeld in diesen Sinne herumgesprochen hat.

Straßburg wurde in den Jahren vor 1349 durch mehrere Unglücke heftig getroffen, 1343 durch einen Brand, der 50 Häuser zerstörte, gefolgt von einer Überschwemmung im selben Jahr, Missernten und einer »Hungersnot, die ihren Höhepunkt 1349 erreichte, als der schwarze Tod täglich 80-90 Menschen, im Ganzen angeblich ein Drittel der Bevölkerung, dahinraffte.«[89] Somit befand sich schon vor dem Eintreffen der Pest die Straßburger Bevölkerung in einer sehr schwierigen Lage, weswegen die Nachrichten von der Pest aus dem Süden umso mehr eine panikartige Reaktion bewirkten.

Alfred Glaser legt eindrücklich dar, wie sich mit dem Bekanntwerden der vom Süden Europas kommenden Pest der Wahn von einer mörderischen Verschwörung der Juden gegen die Christen mittels Brunnenvergiftung breit machte. Nach einem Bericht »sei das Gift aus giftigen Pflanzen, Menschenblut, Urin und einer Hostie bereitet und dann in einem Beutel in den Brunnen geworfen worden.«[90] Hierin wird die Verbindung zu den früheren Gräuelmärchen deutlich, es entstand hier eigentlich nichts Neues, die Katastrophe der Pest und die Angst vor

88 »Karl IV. verpfändet der Stadt Frankfurt die dortigen Juden, 25. Juni 1349«, in: Julius H. Schoeps/Hiltrud Wallenborn (Hg.): *Juden in Europa. Ihre Geschichte in Quellen, Bd. 1: Von den Anfängen bis zum späten Mittelalter*, Darmstadt (WBG), 2001, S. 128 f.

89 Gustav Schmoller: *Strassburg zur Zeit der Zunftkämpfe und die Reform seiner Verfassung und Vewaltung im 15. Jahrhundert.* Rede gehalten zur Feier des Stifungsfestes der Universität Strassburg am 1. Mai 1875, Straßburg 1875, S. 31.

90 A. a. O., S. 72.

ihr potenzierten es nur zum Wahn, die Juden würden jetzt versuchen, »sämtliche Christen aller Länder mit einem Male zu vernichten.«[91] Alles, was der Rat der Stadt gegen diese Gerüchte unternahm, konnte der massiven Gegenpropaganda aus dem Süden nicht widerstehen, wo von Juden unter Folter (!) die Brunnenvergiftung angeblich gestanden und Straßburger Juden als Mitwisser »eines Complots im Lande« denunziert wurden[92], Konvertiten gegen ihre ehemaligen Glaubensbrüder aussagten, während wieder andere – ein Vorgriff auf die spätere Inquisition – erklärten, »dass die Juden sich nur aus drei Gründen taufen lassen: um Geld zu erhalten, um die Christenheit zu verderben und um ihr Leben zu fristen.«[93]

Von den zahlreichen Quellen, die Albert Glaser für die dem Pogrom vorausgehende Phase der Unruhen zum Teil ausführlich zitiert, darunter aus der Korrespondenz zwischen den Städten von Basel bis Köln, gibt es keine einzige, die eine andere Anklage als die genannte Verschwörungstheorie gegen die Juden vorbringt. Die Stadträte selbst sind meistens besonnen und stellen sich vor ihre Juden, der Rat von Köln schreibt, »dass er selbst die Juden in Köln, die er solcher Taten unfähig fände, gegen die ungerechten Anklagen in Schutz nähme; denn er sei überzeugt, dass die Pest nicht anders denn als eine Strafe Gottes zu betrachten sei. Die Judenschlächterei würde leicht auch politische Revolutionen im Gefolge haben.«[94] Wie wahr!

Dass die Pest eine Strafe Gottes für ein sündiges Leben sei, war eine weit verbreitete Vorstellung und äußerte sich in der Geißlerbewegung, die, inspiriert von mönchischen Exerzitien aus dem 13. Jahrhundert, die Selbstauspeitschung (Flagellation) als Buße und Exempel in der Öffentlichkeit exerzierte. In diesem Klima der Suche nach einer Erklärung der Pest im Sinne einer Strafe für Schuld (Sünde) konnte sich die Gewalt gegenüber sich selbst leicht in Gewalt gegenüber einem anderen wenden, der hier tatsächlich im ursprünglich biblischen Sinne als Sündenbock herhielt. So wurde z. B. der Pestpogrom an den Frankfurter Juden von in die Stadt gekommenen Geißlern ausgelöst und die nach Straßburg einströmenden Geißler sollen sogar ein Lied über den Wucher gesungen haben.[95] Doch dieses Wucherlied richtete sich nicht gegen die Juden sondern ganz offensichtlich gegen christliche Wucherer.[96]

91 Ebd.
92 A. a. O., S. 75.
93 A. a. O., S. 76.
94 A. a. O., S. 82 f.
95 Schmoller, *Strassburg zur Zeit der Zunftkämpfe*, op. cit., S. 23 mit Bezug auf die Chronik von Closener.

Angesichts der Nachrichten und der antijüdischen Stimmung beriefen der Straßburger Bischof und Vertreter des Stadtrats die Städte Basel, Freiburg und die benachbarten elsässischen Städte zu einer Beratschlagung nach Benfeld am 8.2.1349. Dort ergab sich eine Mehrheit, gegen die Vertreter des Straßburger Rats, aber mit Zustimmung des Bischofs, dass die Juden aus den Städten vertrieben werden sollten. Die Spitze des Straßburger Rats, die beiden Stettmeister und der Amman, blieben bei ihrem Schutz für die Juden. Da kam es am Tag darauf zum Aufstand der Handwerker gegen den Stadtrat, ein Aufstand, der jedoch offenbar nicht ganz so spontan und nicht nur »der Juden wegen«[97] angezettelt wurde, sondern auch von den beiden 1332 von der Macht verstoßenen edlen Patrizierfamilien. Sie verbündeten sich mit den unteren Handwerkerschichten, den Gerbern und Metzgern, zu einer »Koalition der zu kurz Gekommenen«[98] gegen die regierenden Kaufleute. Die beiden patrizischen Stettmeister beugten sich der vor dem Münster versammelten Menge, nur der Amman Peter Swarber hielt an Recht und Ordnung fest. Auf das Verlangen, »er möchte doch den Handwerkern auch etwas von dem Gelde zukommen lassen, das die Juden hätten steuern müssen«[99], wollte er einige der Anführer einsperren lassen, doch diese entzogen sich der Verhaftung und »hinterbrachten das Vorgefallene eiligst der Zunft der Gerber und Metzger, welche den Juden Geld schuldeten und durch die Vertilgung derselben sich auf bequeme Weise von ihren Gläubigern und Schulden zu befreien hofften.«[100]

So die klassische Interpretation. Einen Nachweis über die Verschuldung der genannten Gruppen gibt es nicht, Alioth vermutet eher die Konkurrenz der Metzger als Motiv[101], was mit dem Geldverleih dann

96 Cf. *Die Chroniken der oberrheinischen Städte. Straßburg*, Leipzig, 1870: Die Chroniken der Stadt Straßburg, Bd. 1, I. Fritsche (Friedrich) Closeners Chronik 1362, S. 110f. (Die Chroniken der deutschen Städte vom 14. bis ins 16. Jahrhundert, Bd. 8, hg. von der Historischen Commission bei der Königlichen Akademie der Wissenschaften in Bayern).

97 *Die Chroniken ...*, op. cit., Bd. 2, Leipzig 1871, II. Chronik des Jacob Twinger von Königshofen 1400 (1415), S. 760. (Die Chroniken der deutschen Städte ..., Bd. 9).

98 Cf. Alioth, S. 287ff.

99 Glaser, op. cit., S. 88, interpretiert das als Vorwurf der Bestechung Swarbers durch die Juden, doch es könnten auch wörtlich nur die Steuern gemeint gewesen sein; möglicherweise wurden die aber auch als institutionelle Bestechung des Stadtrats zugunsten der Juden verstanden.

100 A.a.O., 89.

101 Alioth, S. 286.

gar nichts zu tun hätte. War die »Vertilgung«, die Ermordung der Juden, zu diesem Zeitpunkt schon beschlossene Sache? Glaser folgt darin der Darstellung in der 1362 erschienenen Chronik von Friedrich Closener (ca. 1315-1390/96), der damals Kleriker am Dom war und als unmittelbarer Zeitzeuge gelten kann – aber auch als ein unparteiischer? Closener erklärt die Judenfeindschaft zunächst damit, dass der Rat den Juden in ihren Schutzbriefen zugestanden habe, ein Jude dürfte mehr Zins verlangen, als es ein Christ dürfte: »er müst es swerlicher hon verbeßert, wan hetters eim kristen getan« (verbessert = entschädigt, zurückbezahlt), die Juden »wurdent also hochtragendes muetes [...] darumbe wurdent sü verhaßet von meneglichen.« Vor diesem Hintergrund kam dann 1349 der Vorwurf der Brunnenvergiftung, »des murmelte das volk gemeinliche und sprochent, man solt sü verburnen. des wolt der rot nüt duen [...]«[102]

Der Rat wurde gestürzt, die Judengasse gestürmt und die Juden vor der Stadt verbrannt mit Ausnahme derjenigen, die sich taufen ließen, so nach Closener. Dies erinnert stark an das Szenario der Kreuzzugspogrome. Anschließend erklärt Closener, dass, wie immer wieder zitiert, man sich dadurch von den Schuldbriefen befreite und die Pfänder zurückholte und dass der (neue) Rat darüber hinaus ihr Gut unter die Leute verteilte – »daz was ouch die vergift, die die Juden dote«, kommentiert Closener am Ende.[103] Damit führt er am Ende das Mordmotiv auf die Geldfrage zurück. Auch der Besitz des alten Ammeisters wurde übrigens geteilt, »als ob er dot were«[104], nämlich zur Hälfte an seine Kinder, zur anderen Hälfte an die Aufständischen. Jakob Twinger von Königshofen (1346-1420), zu jung um 1349 Zeitzeuge gewesen zu sein, berichtet in seiner Chronik, dass bereits die Vorbilder der Judenverbrennungen von Basel und Freiburg entsprechend die Straßburger Aufständischen beeinflusst hätten.[105] Als Anklage taucht hier zunächst nur die Brunnenvergiftung auf. Am Ende, nach dem Pogrom, zieht er als Bilanz jedoch eine ähnliche Interpretation wie Closener mit dem Geldmotiv als dem entscheidenden: »wan werent sü arm gewesen und werent in die landesherren nüt schuldig gewesen, so werent sü nüt gebrant worden.«[106]

Die Subjektivität oder Objektivität eines Chronisten in der Beurteilung solcher Vorgänge ist schwer zu ermessen, zumal bei dieser Thematik. Der Bericht von Closener scheint der einzige Zeitzeugenbericht

102 Chronik ..., Closener, op. cit., S. 127.
103 A.a.O., S. 130.
104 Alioth, S. 130.
105 Chronik ..., Twinger von Königshofen, op. cit., S. 760.
106 A.a.O., S. 764.

zu sein, Jakob Twinger von Königshofen (1346-1420) war zu jung dafür. Seine Auffassung über die Juden wird auch in einem späteren Teil seiner Chronik deutlich, wo er die Wiederaufnahme von Juden in Straßburg 1368 für die Verschuldung der Stadt in der folgenden Zeit verantwortlich macht, allerdings nicht so, wie man sich das vorstellen würde, sondern durch ein sehr ungewöhnliches Räsonnement, wie Alioth zusammenfasst: »Die Juden hätten der Stadt sehr viel Geld zahlen müssen, als sie 1368-88 wieder in die Stadt durften. Allein 1386 hätten sie 20.000 Gulden bezahlt. Aber das sein unglückseliges Geld gewesen, denn nachher seien große Kriege ausgebrochen.«[107]

Fazit

Aus dieser komplexen Überlieferungs- und Interpretationslage ist folgendes Fazit zu ziehen: Die Reduktion des Pogrommotivs auf das Wucherthema folgt der Wertung eines einzigen Zeitzeugen, von dem alle späteren Autoren abgeschrieben haben, und der als Kleriker damals nicht unbedingt als neutraler Beobachter eingestuft werden kann. Closener selbst bringt das Geldmotiv erst ins Spiel, als der Aufstand der Handwerker bereits am Laufen ist. Die umfassendere Recherche über alle vorausgegangenen Vorgänge, Korrespondenzen usw., liefert jedoch nur das Pestthema als Motiv. In der Brunnenvergiftungsthese und anderen damit verbundenen Legenden kommt das Fremdheits- und das religiöse Motiv zum Ausdruck, das auch dadurch bestätigt wird, dass, wie bei den Kreuzzugspogromen, die Juden vor die Wahl Taufe oder Tod gestellt wurden. Die Geißlerbewegung richtete sich hier nicht spezifisch gegen die Juden, anders als die Armlederbewegung zuvor, sondern gegen die sündigen Christen. Zur Erklärung des Schuldtransfers auf die Juden reichen diese Elemente bereits. Dennoch lieferten natürlich die sozialen Spannungen aufgrund von Verschuldung und Pfandleihe einen massiven Untergrund für die Aversionen gegenüber den Juden. Hinzu kamen dann soziale und politische Spannungen, bei denen die Juden ebenfalls auf der Seite des Gegners, des alten Rats der Kaufleute, eingeordnet wurden. In jedem Fall scheint die didaktische Reduktion, dass es eigentlich »nur ums Geld« gegangen sei, nicht gerechtfertigt.

Es fällt offenbar schwer sich der Hierarchisierung der Motive und der Suche nach dem »wahren Grund« zu entziehen, Geschichte soll eindeutig, geschichtliches Geschehen rational verstehbar sein. Zum

107 A.a.O., S. 159.

Beispiel stellt Arno Herzig die Komplexität des Geschehens um 1348 heraus und sieht dann allerdings auch in Anlehnung an die Straßburger Quelle das Geldmotiv als das entscheidende an, den irrationalen Aspekt relativiert er mit Hinweis auf einige damals in der Tat schon hellsichtige Kommentatoren, die die Verschwörungstheorie gegenüber den Juden als Unsinn erklärten.[108] Doch damit wird das Irrationale nicht zum bloßen Schein, v.a. im Zusammenhang von Massenpsychosen, seine Macht im komplexen Zusammenhang menschlichen Handelns sollte nicht unterschätzt werden. Es geht um ein Zusammenspiel vieler Faktoren. Im Falle Straßburgs konnte das rationale Element, die Beeinflussung der unterprivilegierten Zünfte durch die entmachteten Alt-Patrizier und der Aufstand gegen die neuen Patrizier nur greifen, weil es den Kontext der Pest gab, der die Gesetze der Normalität außer Kraft setzte.

Obwohl es Pogrome vorher und nachher gab, würde ich daher in Umkehrung der Formulierung des Zeitzeugen Closener sagen: Hätte es die Pest nicht gegeben, hätte es damals auch kein Judenpogrom gegeben.

108 Cf. Arno Herzig: »Juden in Deutschland im Mittelalter (800-1350)«, in: Arno Herzig/Cay Rademacher (Hg.): *Die Geschichte der Juden in Deutschland,* Hamburg (Ellert & Richter), 2007, S. 46-48.

Christen, Juden und das Geld

Über die Permanenz eines Vorurteils und seine Wurzeln[1]

Eine angebliche besondere Affinität der Juden zum Geld ist das grundlegendste und allgemeinste aller Vorurteile über Juden, es lässt sich nahezu bei jeder Gelegenheit, zu jedem Thema und historisch rückblickend für jede Epoche einsetzen und hat sich schon so weit verselbständigt, dass es längst nicht mehr nur in bewusst antisemitischer Absicht auftaucht. Der historische Vergleich von Hans-Werner Sinn (»1929 traf es die Juden, heute die Manager« – *Tagesspiegel* 27.10.2008)[2] ist ein Beispiel dafür, wie geradezu mit gegenteiliger Absicht das damalige Vorurteil erneuert wird, nämlich dass damals »die Juden« an den Schaltstellen der Finanzwirtschaft saßen. Woher kommt dieses Vorurteil und wie kann man ihm begegnen? Was sagen Schulgeschichtsbücher dazu?

1. Probleme des Anti-Antisemitismus

Antisemitismusprävention setzt klassisch erstens an der Aufklärung über Vorurteile und Vorurteilsbildung an, also an der Frage nach der *Entstehung* von Antisemitismus; daneben gibt es zweitens den ebenso klassischen Ansatz, der auf die Mahnung hinsichtlich der *Folgen* des Antisemitismus setzt, die historisch in den Holocaust mündeten. Antisemitismusprävention heute muss sich jedoch nicht mehr nur mit dem Zielobjekt Antisemitismus auseinandersetzen, sondern auch zunehmend mit sich selbst, mit Problemen und Nebenwirkungen des Anti-Antisemitismus. Seit nahezu vier Jahrzehnten bemühen sich die Lehrbuchautoren verstärkt um die didaktische Aufarbeitung der deutsch-jüdischen Geschichte, und zwar vorwiegend nach der zweiten oben genannten Strategie. Mit Auschwitz im Gedächtnis und als Mahnung schrumpft diese Geschichte jedoch quasi zur Vorgeschichte des Holocaust zusammen. Zwar hat der in den Schulbüchern der jüdischen Geschichte eingeräumte Platz im Laufe der Zeit zugenommen, aber nur weitere Verfolgungsgeschichten kamen hinzu, wie der israelische Historiker Chaim Schatzker schon Anfang der 90er Jahre jahrzehntelange

1 Erstveröffentlichung in: *Einsicht* 04. Bulletin des Fritz Bauer Instituts, Herbst 2010, S.30-37. Unveränderter Wortlaut, Fußnoten durch Querverweise ergänzt.

2 Siehe dazu ausführlicher oben, S.42.

scheinbar erfolglose und maßgeblich von ihm selbst geleitete Schulbuchkritik kritisch bilanzierte.[3] Diese Verengung der Perspektive auf den Verfolgungsaspekt in präventiver Absicht führt zu Verzerrungen der historischen Wirklichkeit, sie blendet den Kontext einer bis zur Emanzipation gewiss nicht gleichberechtigten, aber dennoch gemeinsamen christlich-jüdischen Geschichte aus zugunsten einer konfrontativen und schematisierten Täter-/Opfergeschichte. Und aus dieser Perspektive des *mea culpa* in Schulbüchern und im allgemeinen Bewusstsein folgt fast zwangsläufig ein historischer Fatalismus als Trugschluss, wonach eine »Normalität«, ein zumindest gewaltfreies Zusammenleben von Juden und Christen oder Minderheit und Mehrheitsgesellschaft in Europa gar *nicht möglich* gewesen sei, jedenfalls nicht grundsätzlich, dauerhaft. Dass dies per se nicht möglich sei, war jedoch gerade die These der Antisemiten des 19. und 20. Jahrhunderts, wenn auch mit umgekehrter Schuldzuweisung. So bestehen in den Erklärungsmustern für die vermeintliche Verfolgungskontinuität auch heute noch alte Klischees und Vorurteile fort, und zwar nicht nur in Schulbüchern, sondern auch in historischen Darstellungen mit wissenschaftlichem Anspruch und nun vor allem auch in dem neuen Medium Internet. Der Kern aller die Zeiten überdauernden Vorurteile ist jedoch die Vorstellung einer besonderen Beziehung der Juden zum Geld. Es geht zurück auf das stereotype Bild vom jüdischen Geldverleiher im Mittelalter.

2. Das Vorurteil und seine Folgen

Dieses Klischee basiert auf der These von den zwei Verboten: (1.) Den Christen war der Geldverleih gegen Zins verboten (kanonisches, d.h. kirchliches Zinsverbot) und (2.) die Juden wurden durch die Bildung der Zünfte aus fast allen Berufen ausgeschlossen; aus beidem folge somit zwangsläufig, dass die Juden im Geldverleih ihre hauptsächliche Betätigung gefunden hätten. Die Vorstellung von der Monopolisierung des Geldverleihs durch die Juden im Mittelalter ist ein Topos im allgemeinen Bewusstsein, nicht nur bei Schülern und Lehrern, Lehrbuch- und anderen Autoren und kommt in mehr oder weniger scharf formulierter Form überall vor. Sie führt sogar dazu, dass auf bildlichen Darstellungen von (christlichen) Geldverleihern aus dem Mittelalter oder der Renaissance fälschlich jüdische Geldverleiher identifiziert werden, wie auf dem Bild »Le prêteur et sa femme« (1514) von Quen-

3 Vgl. Chaim Schatzker: »Juden und Judentum in den Geschichtslehrbüchern der Bundesrepublik Deutschland«, siehe oben, S. 16, Fußnote 8.

tin Metsys, das in einem Schulbuch als »jüdischer Geldverleiher und seine Frau«[4] auftaucht, oder bei der Szene in einer italienischen Bank, Miniatur in dem *Tractatus de septem vitiis* des Genueser Kaufmanns Cocharelli (spätes 14. Jahrhundert), die in der *Illustrierten Geschichte des Judentums* als Darstellung jüdischer Bankiers präsentiert wird und wohl von dort aus dann auch im Schwerpunktheft *Europas Juden im Mittelalter* der Zeitschrift *Damals* übernommen wurde.[5] Die Vorstellung, dass nur Juden Geldverleiher gewesen sein konnten, hat sich hier soweit verfestigt, dass auf solchen Darstellungen Juden gesehen werden, wo gar keine sind.[6]

Verbunden mit dem Klischee, dass der Geldverleih in jüdischer Hand gelegen habe, ist dann auch das weitergehende Vorurteil vom Wucher und der Verschuldung der Christen bei den Juden. So fasst es der Brockhaus 2004 paradigmatisch zusammen:

> »Da Juden vom üblichen Berufsfeld des Handwerkers und Gewerbetreibenden ausgeschlossen waren, waren sie darauf angewiesen, ihren Lebensunterhalt durch Geldgeschäfte, vor allem durch den Geldverleih gegen Faustpfänder und Zinsen, zu bestreiten. Die hierdurch bewirkte Verschuldung *breiter Bevölkerungskreise* verschärfte die bereits bestehenden Aversionen, die sich dann von Zeit zu Zeit in furchtbaren Judenverfolgungen (Pogromen) und -vertreibungen niederschlugen; dabei dürfte sicher sein, dass innerhalb der Motive, die zu diesen Untaten führten, die *materiellen Beweggründe* der Schuldner eine ganz zentrale Rolle gespielt haben.«[7] (Hervorheb. von mir)

Von einer »Verschuldung breiter Bevölkerungskreise« kann jedoch historisch keine Rede sein, hier wird das Vorurteil eins zu eins über-

4 www.louvre.fr/oeuvre-notices/le-preteur-et-sa-femme, vgl. *Rückspiegel* 2, Schöningh, Braunschweig 1995, S. 92. Bei Lehrwerken wird auf die Angabe von Autoren verzichtet und stattdessen der Verlag angegeben – zum Thema siehe auch Anm. 6.

5 Vgl. Nicholas de Lange (Hrsg.): *Illustrierte Geschichte des Judentums*, Frankfurt am Main, 2000, Darmstadt (Lizenzausgabe WBG), S. 81. – *Damals* 12/2004, *Europas Juden im Mittelalter*, S. 30. – Siehe auch Anm. 6.

6 Vgl. meine Vorträge auf dem Historikertag in Konstanz 2006 und der Tagung in der Moses Mendelssohn Akademie in Halberstadt 2007, dokumentiert auf den entsprechenden Seiten von www.juedischegeschichte.de > Arbeit der AG > Tagung Halberstadt > Themen Analysen > Historikertag 2006.

7 Brockhaus 2004: »Juden: Stellung im Mittelalter«, zit. nach PC-Bibliothek 3.0.

nommen (Verschuldung der Christen = Schuld der Juden) und nur vom ursprünglichen *Vorurteil der Anklage* zum *Vorurteil der Erklärung* umfunktioniert: Verschuldung > Pogrom > Befreiung von den Schulden (= »materielle Beweggründe«). Das Dilemma des Anti-Antisemitismus hier und andernorts ist, dass er die Wertungen des Antisemitismus bekämpfen will, aber dessen Prämissen übernimmt.

Dieser Argumentationsstrang wird dann vielerorts weitergeführt, wie in diesem Schulbuchtext zur Erklärung der »Kammerknechtschaft«:

> »Da mit der Kammer das kaiserliche Schatzamt gemeint war, bedeutete dies, dass Juden als unfreie Finanzobjekte des Reiches betrachtet wurden, die vor allen Dingen hohe Steuern zahlen mussten. Um diese aufbringen zu können wurden die Juden *noch mehr als früher und schließlich gänzlich* zu Geldverleihern.«[8] (Hervorheb. von mir)

Der Versuch der moralischen Entlastung der Juden durch die Erklärung, dass sie nicht freiwillig diesen Weg gingen, bestätigt auch hier trotzdem das Vorurteil in der Sache: die Juden wurden »gänzlich zu Geldverleihern«. Noch ein Stück weiter in dieser Logik geht das Online-Dossier von Arte zur mehrteiligen Fernseh-Dokumentation *Die Juden – Geschichte eines Volkes*:

> »Gleichzeitig wurde den Christen das Zinsnehmen untersagt, so dass das Geldgeschäft bald *erzwungenermaßen* zu einem Gewerbe der Juden wurde. Damit wurden sie – ohnehin schon religiös und sozial isoliert – noch stärker in die Rolle des Sündenbocks und *Ausbeuter des Volks* gedrängt.«[9] (Hervorheb. von mir)

Man beachte hier zunächst die Steigerung zu »erzwungenermaßen«; doch damit nicht genug: Das Vorurteil wird hier nicht nur als *Desinformation*, sondern auch als *Wertung* in der aufklärerischen Absicht der Sündenbocktheorie aufgenommen, wenn suggeriert wird, die Juden hätten »erzwungenermaßen« nicht nur die »Rolle des Sündenbocks«, sondern auch die des »Ausbeuters des Volkes« gespielt, d.h. auch wirklich ausgeübt (Sündenbock wird man ohne sein Zutun, Ausbeuter jedoch nicht).

Ein anderer Zugang zu dem Thema geht über die »Privilegien«. Unter einer Randüberschrift »Privilegien, Verfolgung, Vertreibung« erläutert der Text eines Oberstufenbuches zum Thema Juden im Mittelalter:

8 *Wir machen Geschichte* 2, Diesterweg, Frankfurt am Main 1997, S. 134.

9 Dossier »Juden im Mittelalter«, www.arte.tv/de/Die-Welt-verstehen/Mittelalter/TV-Programm/2422256.html

> »Als sich die christlichen Fernhändler im 11. Jahrhundert zu Schwurgemeinschaften mit christlichen Riten zusammenschlossen, wurde der Spielraum für Juden auch hier immer enger. Da die Kirche sich gleichzeitig entschiedener gegen das Zinsnehmen beim Geldverleih als unchristlich aussprach, eröffneten sich hier Erwerbsmöglichkeiten. Die waren allerdings risikoreich, weil Geldgeber unbeliebt sind, wenn es ans Zahlen der Schulden geht.«

Im ausgehenden Mittelalter versuchten der Kaiser und dann die Fürsten

> »die Juden zu schützen, wenn das Volk und vor allem die Zunfthandwerker, die oft bei den jüdischen ›Wucherern‹ Kredit aufgenommen hatten, mordend und plündernd über sie herfielen, weil sie irgendwelcher unsinniger grauenhafter Verbrechen, wie Brunnenvergiftung oder Kindermord, bezichtigt wurden.«[10]

Auch hier dürfte im Leserbewusstsein neben den anderen, hier weitgehend unvermittelten Motiven, vor allem das »Wucher«-Motiv für Hass und Verfolgung hängen bleiben, zumal die relativierende Setzung des Begriffs in Anführungszeichen durch die Bestätigung seines Inhaltes (»unchristliche« Zinsen) aufgehoben wird. Die Randüberschrift »Privilegien, Verfolgung, Vertreibung« – suggestiv auf eine vom Leser gedanklich schnell ergänzte dritte Konsequenz hinweisend, nämlich »Vernichtung« (Pestpogrome/Holocaust)[11] – evoziert somit eine kausale Verkettung Privilegien > Konsequenzen und damit Verständnis dafür, wenn der Begriff »Privilegien« nicht historisch-kontextuell erklärt wird. Denn »Privileg« steht in unserem modernen Verständnis synonym für moralisch unberechtigtes Vorrecht. Privilegien waren jedoch im Mittelalter schlicht die übliche Form der Förderung wirtschaftlicher Aktivitäten. Wenn *Privilegien* und *Juden* ohne historische Begriffsklärung zusammentreffen, ist der Teufelskreis des Vorurteils bereits wieder geschlossen, selbst wenn er aufgebrochen werden sollte.

3. Das Vorurteil und seine Wurzeln

Das Klischee vom jüdischen Geldverleiher basiert auf der falschen Vorstellung vom kirchlichen Zinsverbot als einem in der Realität befolgten

10 *Geschichte und Geschehen Oberstufe A1*, Klett, Stuttgart/Leipzig 2003, S. 169.

11 Vgl. hierzu ausführlicher oben: »Judenhass und Pogrome im Mittelalter und ihre Erklärung in heutigen Schulbüchern«, S. 77 ff.

Gebot. Das Zinsverbot gründet auf alt- und neutestamentarischen Bibelstellen (2. Mose 22, 24; Lukas 6,35) und deren Interpretation durch die Kirchenväter oder namhafte Theologen wie Thomas von Aquin und sollte durch Konzilsbeschlüsse umgesetzt werden. »Wucher« (lat. usura) bezeichnete ursprünglich auch die Zinsen schlechthin, erst mit der Akzeptanz eines als gerecht empfundenen oder von den weltlichen Autoritäten erlaubten Zinssatzes (das »Interesse« am Geldverleih, vgl. frz./engl. »interêt«/»interest«) verstand man darunter nur noch einen diese Grenze überschreitenden Zinssatz. Im Codex Justinianus (6. Jahrhundert), der römisches und kirchliches Recht nebeneinander stellte, wurden übrigens zivilrechtlich Zinssätze bis zu 6 Prozent und das Doppelte bei hohem Risiko (Seefahrt) zugestanden. Während im Bereich der Ostkirche die alte Regelung weiter bestand und Zinsen erlaubt blieben, verhärtete die Westkirche ihre Haltung im Zuge ihres Radikalisierungsprozesses seit Mitte des 11. Jahrhunderts (Klosterreform, Zölibat, Investiturstreit, Kreuzzüge ...). Unter Papst Gratian wurde 1130-1150 das Kirchenrecht überarbeitet und darin die Auffassung »Zins ist Raub« zum Dogma gemacht.[12] Doch Dogma heißt Lehre – was bedeutete das für die gesellschaftliche Realität? Von der Zeit Papst Gratians an häuften sich Dekrete und Konzilsbeschlüsse (Lateran II 1139 bis Lateran IV 1215) zu diesem Thema, doch mit erheblichen Nuancen. Das 4. Laterанische Konzil wird meist als *die* Referenz für das Zinsverbot genannt. Schaut man sich den Wortlaut der diesbezüglichen Texte jedoch genauer an, so wurde hier gar kein Zins*verbot* ausgesprochen, vielmehr beglückwünschte man sich, dass »sich die Christenheit beim Wucher *beschränkt*«[13] (Hervorheb. von mir) und wollte auch den »Wucher der Juden« in diesem Sinne begrenzen. Anders als einzelne Päpste mit ihren Dekreten, so Gratian (siehe oben) oder Gregor IX. (Dekretalien, 1234),

12 Vgl. allgemein Jacques Le Goff: *Wucherzins und Höllenqualen. Ökonomie und Religion im Mittelalter*, Stuttgart (Klett-Cotta), 2008, sowie insbesondere darin die Einführung von Johannes Fried, »Zins als Wucher. Zu den gesellschaftlichen Rahmenbedingungen der Predigt gegen den Wucherzins«, S. 139f. – Ferner u. a. Diana Wood, *Medieval Economic Thought*, Cambridge University Press, 2002, S. 159ff.

13 Im Wortlaut unterschiedliche Übersetzungen, cf. Julius Höxter (Hrsg.): *Quellenbuch zur jüdischen Geschichte und Literatur*, III. Teil, *Deutschland, Frankreich und Italien im Mittelalter*, Frankfurt am Main 1927, S. 15. Online auf www.juedischegeschichte.de > Mittelalter1. Vgl. auch in: Julius H. Schoeps, Hiltrud Wallenborn (Hrsg.), *Juden in Europa. Ihre Geschichte in Quellen*, Bd. 1, *Von den Anfängen bis zum späten Mittelalter*, Darmstadt (WBG), 2001, S. 115.

konnte sich das Konzil zu keinen radikalen Beschlüssen durchringen – ganz im Gegensatz zur allgemein verbreiteten Ansicht.

Doch selbst zwischen dieser relativ moderaten Haltung zum Zins und der Realität lagen noch Welten, denn »die Christenheit folgte den kanonischen Geboten nicht. [...] Wucher war schlimmste Sünde, doch kein Verbrechen.«[14] Das »kirchliche Zinsverbot« – wenn es denn überhaupt ein solches gab, man sollte vielmehr vom Wucherverbot sprechen – wurde kein weltliches Recht und von christlichen Händlern kaum befolgt, zu keiner Zeit war es gesellschaftliche Realität, es führte allenfalls dazu entsprechende Geschäfte zu verheimlichen, was die historische Forschung dazu leider erschwert. Die Waffe der Kirche im Kampf gegen den Wucher, die Exkommunikation, wurde nur selten und wahrscheinlich nur in besonders gravierenden Fällen angewendet – jedenfalls gibt es auch dazu nicht viel Quellenmaterial – und dann blieb es meistens bei der Drohung. Verstöße gegen die inkriminierten Finanzpraktiken gab es die ganze Zeit über innerhalb der Kirche selbst bis hin zur päpstlichen Kurie. Ein eklatantes Beispiel: Dem in Ungnade gefallenen Erzbischof Eberhard II. von Salzburg wurde 1246 empfohlen sich durch eine hohe Geldzahlung an den Papst zu rehabilitieren, die ihm durch einen Kredit zu mindestens 30 Prozent von der Kurie selbst ermöglicht werden sollte.[15]

Grundsätzlich gilt also: Weder waren alle Juden Geldverleiher, noch waren alle Geldverleiher Juden.

Als Akteure des modernen Finanzwesens traten v.a. italienische Kaufleute und Bankiers hervor, die sog. Lombarden (weil ursprünglich aus der Lombardei stammend), und bis in die Neuzeit hinein waren sie und jüdische Kaufleute Konkurrenten im Geschäft. Daneben machten eine Zeit lang noch die Cauvercini oder eingedeutscht Kawerschen von sich reden, deren Namen wohl auf die südfranzösische Stadt Cahors zurückgeht. Alle wollten sich möglichst das Terrain durch Privilegierung von den Fürsten oder den Städten sichern. Als die Juden 1266 wieder in Köln aufgenommen wurden nach einem vorausgegangenen, weitgehend unbekannten Konflikt, wurde ihnen auch das exklusive Privileg des Geldverleihs unter Ausschluss ihrer Konkurrenten, der Cauvercini, verliehen.[16] Von kirchlicher Seite her gab es nicht nur immer wieder

14 Fried, op. cit., S. 143, 139.

15 Ob es dann dazu kam, ist unklar, es wirft aber ein Licht auf die damalige Praxis, vgl. Fried, op. cit., S. 143 f.

16 Das Kölner Judenprivileg von 1266 wurde in Stein gemeißelt und findet sich noch heute am Kölner Dom, lateinischer Text in: Leonard Ennen: *Quellen zur Geschichte der Stadt Köln,* Bd. 2, 1863, Nachdruck Aalen

Appelle gegen den Geldverleih gegen Zins sondern auch Anweisungen innerhalb der Kirche, kein Kapital in diesem Sinne anzulegen, so auf der Trierischen Provinzialsynode vom 1.3.1227: »3. Es wird verboten Geld Gewinnes halber bei Cauvercinen oder Juden anzulegen.«[17]

Wie die Zinspraktiken italienischer Bankiers im 12. Jahrhundert aussahen, davon gibt ein Genueser Vertrag von 1161 einen Eindruck, die älteste erhaltene Quelle ihrer Art,[18] sowie eine in der Geschichte einmalige Untersuchung über den Tatbestand des Wuchers für den französischen König Philipp IV., die uns die exakten Zinssätze italienischer Kaufleute in der französischen Stadt Nîmes im Jahre 1289 liefert.[19] Sie übertrafen noch das, was der britische Historiker Peter Spufford über die Zinspraxis in der ersten Hälfte des 13. Jahrhunderts schreibt:

> »Um 1200 gewährten Bankiers in Genua Geschäftskredite zu einem Jahreszinssatz von 20 Prozent, 1211 in Florenz zu 22 Prozent, und in Venedig verlieh Pietro Ziani, der Doge von 1205 bis 1229, Geld zu 20 Prozent, genau wie sein Vater vor ihm. Geldmittel, die sich in den Händen der frommen Stiftungen angesammelt hatten und an die in der Levante Handel Treibenden verliehen wurden, hatten im Venedig des 12. Jhs. ebenso 20 Prozent Zinsen erzielt.«[20]

1970, S. 543, dt. Übersetzung in: Rolf Ballof u. a.: *Deutsch-jüdische Geschichte. Quellen zur Geschichte und Politik*, Stuttgart/Leipzig (Klett), 2008, S. 28. Herausgegeben vom Arbeitskreis Deutsch-Jüdische Geschichte des Verbandes der Geschichtslehrer Deutschlands. – Zum ganzen Thema vgl. Robert-Henry Bautier, Robert Auty, Robert Angermann (Hg.): *Lexikon des Mittelalters*, München 1980-1999, Einträge »Zins«, »Wucher«, »Juden«, »Lombarden«, »Cauwercini«.

17 Zit. nach: Julius Aronius: *Regesten zur Geschichte der Juden im Fränkischen und Deutschen Reiche bis zum Jahre 1273*, Berlin 1902, Nachdr. Hildesheim 1970, N° 439, S. 194. Siehe auch www.juedischegeschichte.de > Materialien 2.

18 Cf. Mario Chiaudino, Mattia Moresco (Hrsg.): *Il cartolare di Giovanni Scriba*, Bd. II, Turin 1935, S. 24. – Lat. Original und dt. Übersetzung auf: www.historia-universalis.de > Mittelalter02.

19 Cf. Félix Bourquelot: *Etudes sur les Foires de Champagne*, Bd. 2, Paris 1865, Repr. Brionne [ca. 1970], S. 120. – Auszüge in: Wolfgang Geiger, »Spezereien und Zahlungsverkehr aus dem Mittelmeerhandel. Fortschritte des modernen Geldwesens durch den Fernhandel im Mittelmeer«, in: *Geschichte lernen*, 22. Jg., H. 130 (2009), S. 9-17, hier S. 17.

20 Peter Spufford, *Handel, Macht und Reichtum. Kaufleute im Mittelalter,* Darmstadt (WBG), 2004, S. 34.

Dies scheint sich in Europa als eine Art Grenzwert etabliert zu haben, im Jahre 1311 setzte Philipp IV. in Frankreich nämlich als erster einen legalen Rahmen für Zinsen bis zu 20 Prozent fest. Als Wucher galt fortan nur die Überschreitung dieser Grenze. Der französische König vollzog damit eine Kehrtwende gegenüber seinem Vorgänger Philip III., der unter dem Eindruck des 2. Lyoner Konzils 1274 anordnete »alle fremden Wucherer, insbesondere Lombarden und Cahorsins, aus dem Königreich auszuweisen.«[21] Das Verdikt besonders frommer Herrscher traf also nicht nur die »jüdischen Wucherer«, die 1275/90 aus England und 1394 aus Frankreich – genauer: aus dem größten Teil Frankreichs – ausgewiesen wurden. In Deutschland gab es noch im 15. Jahrhundert innerhalb der Hanse einen Kampf gegen den von den lombardischen Banken eingeführten »Borgkauf«, was zur Schließung etlicher Bankfilialen in Norddeutschland führte, und das, obwohl oder gerade weil »der Gebrauch des Kredits [...] in der hansischen Welt seit dem 13. Jahrhundert weit verbreitet« war.[22]

Wenn also christliche Bankiers das kirchliche Zins- oder Wucherverbot bis zu seiner Lockerung nicht respektierten, so führte es immerhin dazu, dass sie die Zinspraktiken verschleierten. Zwei Standardformeln waren im Mittelalter üblich: Entweder es wurden lediglich Schuldscheine – ob für christliche oder für jüdische Kreditgeber – über die Summe des zurückzuzahlenden Betrages ausgestellt, ohne Erwähnung der geliehenen Summe; der Zins ergab sich dann aus der nicht benannten Differenz zwischen beiden Größen. Oder man legte im Kreditvertrag Zinsen für den Fall des Zahlungsverzuges fest, was kirchlich erlaubt war, und setzte den Zahlungstermin so an, dass er von vornherein unrealistisch und die Überziehung der Frist einkalkuliert war. Das waren aber schon Formen des etablierten Kreditwesens und keineswegs die einzigen.[23]

Das Bankwesen entstand in Europa aus dem Geldwechselgeschäft heraus, das auf den überregionalen Messen aufgrund der Währungsvielfalt anfiel. In einem Bericht von 1356 über die Geschichte der Champagne-Messen sind die Entstehung des Geldverleihs aus dem Wechselgeschäft und die damit verbundenen Praktiken am konkreten Beispiel

21 Hans-Jörg Gilomen: »Wucher und Wirtschaft im Mittelalter«, in: *Historische Zeitschrift*, Bd. 250, H. 2 (1990), S. 284.

22 Philippe Dollinger: *Die Hanse*, Stuttgart (Kröner), 1976, S. 267.

23 Vgl. hierzu auch die zusammengefasste Darstellung in: Erhard S. Gerstenberger: »Das alttestamentliche Zinsverbot – und wie man es umging«, in: *Welt und Umwelt der Bibel*, Jg. 13, Nr. 1 (2008), »Gott und das Geld«, S. 49-51.

genau überliefert.[24] Aus dem Wechselgeschäft entstand der *Wechsel* als Zahlungsanweisung, in dem drei Geschäftspartner involviert waren: Der Schuldner als Zahlungsanweiser, der Gläubiger als Zahlungsempfänger sowie ein Dritter, der die Summe ausbezahlte, weil er selbst bereits an den Wechselaussteller Schulden hatte (so die ursprüngliche Form der Verrechnung von Schulden), oder aber in seiner Eigenschaft als »Bank«, die in vielen Fällen der Geldwechsler auf der Messe mit Tisch und Bank (ital. banco) darstellte. Aus dem Geldwechselgeschäft entwickelte sich der Geldverleih dadurch, dass der Geldwechsler seinem Kunden anfangs den Betrag vorstreckte und der Kunde erst am Ende der Messe zahlte (plus anfallende Gebühren oder Zinsen). Der Händler erhielt auf diese Weise einen Kredit, mit dem er auf der Messe seine Geschäfte erst tätigte. So ersparte sich der Händler auch den risikoreichen Transport großer Summen. Dies weitete sich dann von einer Messe auf die andere aus und entwickelte sich zum modernen Bankwesen.

Eine andere Form des kaschierten Kredits entstand nach arabischem Vorbild[25] in Italien in Form der *Commenda*. Nach diesem Modell, das heute noch in islamischen Ländern die offizielle Form der Umgehung des Zinskredits ist, trat der Geldgeber als stiller Teilhaber in ein Geschäft ein, das sein aktiver Geschäftspartner abwickelte. Der Gewinn wurde dann nach einem Schlüssel geteilt, oft 50 : 50, allerdings auch das damit verbundene Risiko. Ein solches Prinzip schwebte auch den Rabbinern auf der Mainzer Synode von 1220 vor: »dass beide Verluste und Gewinne gleichmäßig teilen, so wie es von unseren Lehrern beschrieben wurde«[26], doch blieb eine solche Normalisierung der Geschäftsbeziehungen zwischen Juden und Christen wohl eher ein Wunsch. Die Überlieferungen über den jüdischen Geldverleih beschränken sich daher weitgehend auf die oben aufgeführten Formen des Kredits, der Zins wurde solange verschwiegen, bis es offiziell genehmigte oder zumindest tolerierte

24 Vgl. im Cartularium des Michel Caillot, nach 1356, zit. in: Bourquelot, op. cit., Bd. 2, S. 353. – Auszüge im Original (Altfranzösisch) und in dt. Übersetzung auf: www.historia-universalis.de > Mittelalter02. – Vgl. auch Heinz Thomas: »Die Champagnemessen«, in: Rainer Koch (Hrsg.): *Brücke zwischen den Völkern – Zur Geschichte der Frankfurter Messe*, Bd. 1, Hans Pohl (Hrsg.): *Frankfurt im Messenetz Europas – Erträge der Forschung*, Frankfurt am Main (Historisches Museum), 1991, S. 13-36, hier: S. 25-27.

25 Siehe dazu meine didaktisierte Darstellung des Zusammenhangs mit Quellenmaterial: Geiger, »Spezereien und Zahlungsverkehr«, op. cit.

26 »Takkanot der rheinischen Gemeinden Speyer, Worms und Mainz, um 1220«, in: Schoeps/Wallenborn, op. cit., S. 154.

Zinssätze gab. Das Sinken der marktorientierten Zinsen im 14. und 15. Jahrhundert bis auf 5 Prozent passte die Realität der moralischen Vorstellung von einem gerechten Zins an, weswegen Regierungen und Stadträte oft entsprechende Höchstgrenzen legalisierten.[27] Jüdischen Bankiers wurde die Übertretung dieser Grenzen erlaubt, meistens bis zum Doppelten[28], eine Quelle für das allgemeine Wucherklischee in der Epoche der Renaissance und Reformation. Doch z.B. auf der Frankfurter Börse wurde auch später noch im Wechselgeschäft ein »unchristlicher« Zins in »Wechselgebühren« von 14 Prozent versteckt[29] – von christlichen Bankiers, wohlgemerkt. Im Venedig des Shakespeareschen Shylock dominierten die Christen das große Kreditgeschäft mit hohen Zinsen und überließen den Juden das kleine Kreditgeschäft (die Pfandleihe) mit niedrigen Zinsen.[30]

Über das Thema Zins, Wucher, Christen und Juden gibt es seit fast 150 Jahren eine umfangreiche fachwissenschaftliche Literatur[31], die aber offenbar bislang keine Chancen hatte in die allgemeine Geschichtsschreibung und von da aus in Schulbücher und letztlich ins allgemeine Geschichtsbewusstsein vorzudringen. Wie sehr auch heute noch wissenschaftliche historische Untersuchungen vom Vorurteil geprägt sind, hat jüngst der italienische Historiker Todeschini in dem von Michael Toch herausgegebenen Sammelband zur Wirtschaftsgeschichte der mittelalterlichen Juden betont:

27 Cf. Spufford, op. cit., S. 34f.; Edwin S. Hunt, James M. Murray: *A History of Business in Medieval Europe, 1200-1550*, Cambridge University Press, 1999, S. 111, 216f.

28 Cf. Hermann Kellenbenz: »Die Juden in der Wirtschaftsgeschichte des rheinischen Raumes«, in: Konrad Schilling (Hrsg.): *Monumenta Judaica. 2000 Jahre Geschichte und Kultur der Juden am Rhein*, Köln (Stadtmuseum), 1963, S. 199-241, hier S. 226-228.

29 Frank Berger: »Kapital«, in: Frank Berger (Hg.): *Glaube, Macht, Kunst. Antwerpen – Frankfurt zum 1600*, Frankfurt am Main, Schriften des Historischen Museums 25, 2005, S. 70.

30 Vgl. Marion Steinbach: »Jüdische Bankiers im Venedig der Renaissance«, in: Johannes Heil, Bernd Wacker (Hrsg.): *Shylock? Zinsverbot und Geldverleih in jüdischer und christlicher Tradition*, München (Fink), 1997, 81-100, hier v.a. S. 82-84.

31 Siehe die Auswahlbibliographien auf den einschlägigen Seiten von www.juedischegeschichte.de > Themen sowie www.historia-interculturalis.de > Jüdische Geschichte.

»It is still common to read in textbooks or general histories of the Jews in the Middle Ages that, from the tenth century, usury was the specialized activity of European Jews. This opinion, recently repeated by Kenneth Stow in his book *Alienated Minority*, is in each case based on unsubstantiated historical theories regarding the economic rule of the medieval Jews [...].«[32]

4. Das Vorurteil und seine ungewollte Bestätigung

Das Vorurteil wird durch das Erklärungsinteresse des Anti-Antisemitismus gestützt, der in den »materiellen Beweggründen« ein einfaches und scheinbar zeitloses Motiv findet, mit dem auch der große zeitliche Bogen vom Geldverleiher des Mittelalters zum Bankier des 19. Jahrhunderts geschlagen werden kann, sozusagen von Shylock zu Rothschild. Die mangelnde Kenntnis der mittelalterlichen Wirtschafts-und Gesellschaftsgeschichte führt über den Mythos[33] des kirchlichen Zinsverbots zum Topos des jüdischen Geldverleihs, worüber das Vorurteil, scheinbar durch rationale Argumente erklärt, sich nur wieder erneuert: War das Vorurteil früher mit antisemitischer Stoßrichtung als *Vorwurf* gegen die Juden gemeint, so dient es heute zur *Erklärung* dieses Antisemitismus. Das bedeutet aber nichts anderes, als dass sich das Vorurteil durch sich selbst erklärt, es wird ihm lediglich der Anklagecharakter genommen.

Die Perpetuierung dieses Vorurteils kann zudem als universelles Phänomen bezeichnet werden, da es auch bei jüdischen Autoren existiert. So will z. B. Jacques Attali in seinem Buch *Les Juifs, le Monde et l'Argent* (Die Juden, die Welt und das Geld, 2002) verständlich machen, »wie der Erfinder des Monotheismus dazu gekommen ist, die Ethik des Kapitalismus zu begründen, bevor er über einige seiner Söhne der erste Bankier und über andere der unerbittlichste seiner Feinde wurde. Es ist auch entscheidend für das jüdische Volk selbst, sich diesem Teil seiner Geschichte zu stellen, den es nicht mag und auf den stolz zu sein es dennoch allen Grund hätte.«[34]

32 Giacomo Todeschini: »Christian Perceptions of Jewish Economic Activity in the Middle Ages«, in: Michael Toch (Hrsg.), *Wirtschaftsgeschichte der mittelalterlichen Juden*, München 2008, S. 1-16, hier S. 4. Bezugnahme auf: Kenneth Stow: *Alienated Minority. The Jews of Medieval Latin Europe*, Cambridge (Mass.), 1992.

33 Mythos als »falsche Klarheit« im Sinne von Max Horkheimer, Theodor W. Adorno, *Dialektik der Aufklärung*, Frankfurt am Main (Suhrkamp), 1969, S. 4.

Wie Attali dies unter Berufung auf zahlreiche Publikationen namhafter jüdischer und nichtjüdischer Historiker bewerkstelligt, sei hier an drei kleinen Beispielen aus dem frühen Mittelalter dargestellt: Im Abschnitt über »die ersten Bankiers der Christen« zitiert er eine Begebenheit aus der *Geschichte der Franken* von Gregor von Tours[35], nämlich »die Ermordung eines jüdischen Geldverleihers in seiner Stadt, eines gewissen Armentarius« (im Jahre 584), dann aus dem *Liber manualis* von Dhuoda, der Gräfin von Toulouse, einer Art Testament für ihren Sohn (verfasst ca. 841), worin »sie ihren Sohn daran erinnert alle Schulden zu bezahlen, auch die an die jüdischen Gläubiger«. Und nachdem Attali mehrfach verdeutlicht hat, dass den Christen das Zinsnehmen verboten war und daher »noch niemand anders als Juden das Recht zum Geldverleih« hatte, legt er dar, dass man »überall nur vom jüdischen Geldverleih« sprach und »damals in vielen Sprachen ›judaisieren‹ ein Ausdruck für Zins nehmen« war.[36]

Tatsächlich war jedoch der von seinen Schuldnern ermordete Armentarius mit zwei christlichen Partnern unterwegs, die ebenfalls umgebracht wurden; die fränkische Gräfin Dhuoda schrieb, dass sie »*nicht nur* von Christen, *sondern auch* von Juden oft große Geldsummen geliehen habe« (Hervorheb. von mir); und der Begriff des »Judaisierens« (judaizare) stammt von Bernhard von Clairvaux, der sich damit 1146 jedoch darüber empörte, »dass dort, wo es sie nicht gibt [*gemeint sind die Juden*], wir christliche Geldverleiher erdulden, die schlimmer sind als die Juden [*wörtlich:* ›schlimmer judaisieren‹].«[37]

Im ersten Fall hat Attali somit die Christen beiseite gelassen, im zweiten Fall deren Bedeutung zumindest minimiert, weil die in der Quelle eindeutige Hierarchisierung unter den Tisch gefallen ist (an erster Stelle standen christliche, an zweiter jüdische Geldgeber), und im dritten Fall, wo der pejorative Ausdruck judaizare als Beleg für das alleine von Juden ausgeübte Zinsgeschäft herhalten soll, hat er die Intention der Originalquelle geradezu auf den Kopf gestellt, die sich gegen »noch schlimmere Christen« richtete.

34 Vgl. den Klappentext von: Jacques Attali: *Les Juifs, le Monde et l'Argent. Histoire économique du peuple juif*, Paris (Fayard), 2002, (Livre de poche), ²2005. Übers. W. G.

35 Gregor von Tours, 539-594, die Historia Francorum entstand in den Jahren bis 591.

36 Attali, op. cit., S. 191, 197, 198 f.

37 Quellenauszüge mit Nachweis und Kommentar auf www.juedische geschichte.de > Mittelalter1 und > Mittelalter2.

Neben dem ursprünglichen *Vorurteil als Vorwurf* durch den Antisemitismus und dem *Vorurteil als Erklärung* seiner selbst in einem Narrativ des Anti-Antisemitismus findet sich hier nun als dritte Variante *eine positive Aneignung des Vorurteils*: Es wird als solches wiederum bestätigt, soll aber in seiner moralischen Wertung umgekehrt werden. Attali will in seinem Buch die historische Leistung der Juden nachweisen: Sie brachten das Finanzwesen und den Kapitalismus nach Europa und ermöglichten so die Entstehung der modernen Wirtschaft, ja die Moderne schlechthin.

Hier wird ein Phänomen deutlich, dass auch aus der ethnographischen und kulturwissenschaftlichen Forschung her bekannt ist, nämlich dass sich nicht selten Selbstwahrnehmung und Fremdwahrnehmung durch den Anderen, zugespitzt zu Autostereotyp und Heterostereotyp, überschneiden, obwohl sie sich von der Intention her (positive/negative Wertung) diametral gegenüberstehen. Das Vorurteil, das seiner negativen Wertung entledigt ist, bleibt gleichwohl ein Vor-Urteil im ursprünglichen Sinn des Wortes. Die Problematik der anti-antisemitischen Intention dabei ist, dass in den entsprechenden Darstellungen in Schulbüchern und anderswo diese *Vorurteile* zwar *verurteilt*, aber in der Sache kaum durch *Urteile* im Sinne einer adäquaten historischen *Beurteilung* ersetzt werden.

Holzschnitt von 1531 ... oder einem anderen Jahr, die Angaben zu diesem Klassiker der Illustration eines jüdischen Geldverleihers differieren stark voneinander. Ein Beispiel für die Verselbständigung der Ikonographie. – In einem Schulbuch gab es dazu folgende Bildlegende: »Ein jüdischer Geldhändler sitzt hinter seiner ›Bank‹. Weiteres Geld befindet sich wahrscheinlich in Säcken im Raum. Überlegt, wie das Bild auf die Betrachter damals gewirkt hat.«[38]

38 Aus: *Zeitlupe*, Schroedel, Hannover 2003, S. 105 (Geschichtsbuch für Hauptschulen).

Schulden und Schuld

Zur Geschichte und Aktualität des Joseph Süß Oppenheimer, später genannt »Jud Süß«

Das Vermögen des Herrn Süß hieß die diesjährige Inszenierung des Theaterstücks von Dieter Wedel und Joshua Sobol bei den Nibelungenfestspielen vom 3.-19.8.2012 in Worms, wofür man das erstmals im Vorjahr unter dem Titel *Das Leben des Joseph Süß Oppenheimer, genannt Jud Süß* aufgeführte und dafür geschriebene Stück für eine aktualisierende Interpretation anpasste, nämlich »in Richtung Politthriller verschoben« hat, wie Dieter Wedel erklärte.[1] Das dafür gefundene Logo, ein €, von dem Blut trieft, wirkte in diesem Sinne vielversprechend. Nach dem ersten Spieltag, Samstag 4.8., fand am Sonntag Mittag eine Podiumsdiskussion zum Thema »Die Juden, die Christen und das Geld« statt, an der teilzunehmen ich eingeladen wurde. Der nachfolgende Text geht auf Joseph Süß Oppenheimers Wirken als Hoffaktor im historischen Kontext von Politik und Finanzen ein, fragt nach dem Zusammenhang von Schuld und Schulden im Blick der Nachwelt und zieht hierbei Parallelen zur heutigen Aktualität des Themas.

»Wer großer Herren Gunst missbraucht ...«

»Kaum eine andere Figur aus der württembergischen Geschichte dürfte so bekannt sein wie dieser Joseph Süß Oppenheimer, und dies weit über die Landesgrenzen hinaus«, heißt es in einer Darstellung des Landesarchivs Baden-Württemberg zur Geschichte des Joseph Süß Oppenheimer, genannt »Jud Süß«.[2] Allerdings sei die historische Person weitgehend im Schatten der antisemitischen Verzerrung des NS-Propagandafilms geblieben. Hinzuzufügen ist, dass wohl den allermeisten Stuttgartern »Jud Süß« nicht als eine sonderlich mit Stuttgart verbundene Geschich-

1 Nibelungenfestspiele Worms, Festspielprogramm 2012, S. 3.

2 Gudrun Emberger: *Joseph Süß Oppenheimer genannt »Jud Süß«. Stationen seines Lebens und Sterbens: Ludwigsburg – Hohenasperg – Stuttgart*, Hörbuch, CD 1, Einleitung. Beilage zum Ausstellungskatalog des Landesarchivs Stuttgart: Gudrun Emberger/Robert Kretschmar (Hg.): *Die Quellen sprechen lassen. Der Kriminalprozess gegen Joseph Süß Oppenheimer 1737/38*, Stuttgart (Kohlhammer), 2009.

te im Bewusstsein sein dürfte, und die Stadt selbst bekannte sich offiziell erst 1998 zu diesem Aspekt ihrer Geschichte[3] in einer Weise, die diskutabel war und ist, da man sich für die Benennung eines Platzes nach Joseph Süß Oppenheimer den historischen Ort der ehemaligen Münze aussuchte, der heute aber nach den Zerstörungen des 2. Weltkriegs die Zufahrt zur Tiefgarage eines Kaufhauses und auf der anderen Seite den Eingang zum Rotlichtmilieu darstellt.[4] Andere Möglichkeiten, an die Biographie von Süß anknüpfend, hätte es sicherlich gegeben, abgesehen von den Gedenktafeln in den Festungsgefängnissen Hohenneuffen und Hohenasperg. So rechnen Gudrun Emberger und Rotraud Ries die Geschichte von »Jud Süß« »zu den eher unbewältigten Kapiteln der Landesgeschichte«.[5] Die »Enthistorisierung« (wenn es denn je eine historische Aufarbeitung im öffentlichen Raum vorher gegeben hat und nicht nur in der Publizistik) des Joseph Süß Oppenheimer zugunsten des »Jud Süß« ging auch anschließend weiter[6], weil es nicht um die Person, sondern nur um den Antisemitismus ging. Die »Medialisierung« des »Falles Süß« - fast schon im doppelten Wortsinne zu verstehen – ist selbst schon eine fast unendliche Geschichte, natürlich geprägt von der Beeinflussung durch bzw. der Abarbeitung an der Verfilmung durch Veit Harlan.[7]

Die virtuelle Ausstellung des Landesarchivs Baden-Württemberg präsentiert zum Thema »Landstände im Absolutismus« in einer Tafel die Regentschaft des Herzogs Karl (damals Carl) Alexander (1733-37), seine Auseinandersetzung mit der ständischen Vertretung und die in Anspruch genommenen »Dienste des jüdischen Finanziers Joseph Süß Oppenheimer«. »Nach dem plötzlichen Tod Carl Alexanders 1737 nahmen diese Kreise [= die Landstände] Rache an Oppenheimer, der nach einem widerrechtlichen Kriminalprozess hingerichtet wurde.«[8] Über die

3 Cf. Joseph Süß Oppenheimer 1698-1738. Ein Gedenkblatt, Stiftung Geißstraße 7, www.geissstrasse.de/publikationen/joseph-suess-oppenheimer

4 Cf. Gudrun Emberger/Rotraud Ries: »Der Fall Joseph Süß Oppenheimer: Zum historischen Kern und den Wurzeln seiner Medialisierung«, in: Alexandra Przyrembel/Jörg Schönert (Hg.): *»Jud Süß«. Hofjude, lierarische Figur, antisemitisches Zerrbild*, Frankfurt am Main/New York (Campus), 2006, S. 52.

5 Ebd.

6 Gut zusammengefasst auf den ersten Seiten von Friedrich Knilli: »Dreißig Jahre Lehr- und Forschungsarbeit zur Mediengeschichte des ›Jud Süß‹. Ein Bericht«, in: Przyrembel/Schönert, op. cit., S. 75-78.

7 Cf. Knilli, a.a.O., S. 75-121, sowie der gesamte Band.

8 www.landesarchiv-bw.de/web/43429.

Person erfährt man nichts weiter, dafür gibt es aber noch als Illustration eine diffamierende Abbildung von Süß: »Wer großer Herren Gunst missbraucht…« bleibt als Zitat aus der Bildlegende auf der Webseite hervorgehoben und damit im Bewusstsein des Betrachters stehen. Kein historisches Dokument des Angeklagten oder zumindest aus anderer Perspektive wird hier präferiert (z.B. aus seiner Verteidigung vor Gericht), sondern ein Dokument der Anklage. Die virtuelle Ausstellung zum Prozess gegen Joseph Süß zeigt online nur magere Fundstücke der »beschlagnahmten Briefschaften« – so der Titel.[9] Alles dreht sich um den Prozess, seine Manipulation der Wahrheit und das natürlich schändliche Urteil, aber alles ist nur eine Verurteilung der Verurteilung im Sinne des *Mea-culpa-Syndroms*[10], hinter der Kritik an der Manipulation der Wahrheit kommt die Wahrheit selbst kaum ins Licht. Von der historischen Person und ihrem Agieren am Hof und für den Hof erfährt man praktisch nichts und dies wird sogar einleitend erklärt: »Mit unserer Ausstellung können und wollen wir nicht das Leben und Wirken Oppenheimers visualisieren, können und wollen wir nicht die Hintergründe des mit seinem Namen verbundenen Geschehens darstellen oder gar erklären.« Man beachte hier die Verbindung von »können« und »wollen«! Es wäre wahrlich angeraten gewesen, wie es die hessischen Staatsarchive auch tun oder wie es das Landesarchiv selbst ausführlicher mit einer virtuellen Ausstellung zur Hexenverfolgung tut[11], hier mehr Akten auszugsweise auch online »sprechen zu lassen« (vgl. den Titel der realen Ausstellung) und nicht nur häppchenweise Appetit auf den im Tresor verwahrten Bestand zu machen.

Wie ist es mit der Ausstellung des Landesmuseums Stuttgart im Alten Schloss? Auch hier werden in der Vitrine Verleumdung, Prozess und Hinrichtung verurteilt, aber statt eines Dokuments der Person selbst gibt es außer einem Porträt als Exponat nur eine diffamierende Serie von kleinen Bildchen, die damals in einer runden aufklappbaren Dose in der Größe eine Medaillons zusammengefaltet enthalten waren, also ein Produkt der Antisemitismus-Industrie. Diese »Spottmedaille mit Papiereinlage auf die Hinrichtung Joseph Süß Oppenheimers« gibt es auch online auf der Website des Landesmuseums zu sehen mit folgender Beschreibung und der aufrufbaren biographischen Notiz:

9 »Beschlagnahmte Briefschaften. Der Kriminalprozess gegen Joseph Süß Oppenheimer 1737/38«, www.landesarchiv-bw.de/web/43659.

10 Siehe dazu oben, S. 15 ff.

11 Cf. www.landesarchiv-bw.de/stal/hexen/index.htm.

> »Die Hinrichtung Joseph Süß Oppenheimers wurde von großen Teilen der Bevölkerung Württembergs begeistert gefeiert. Um an dieses Ereignis zu erinnern, wurden mehrere Spottmedaillen geprägt. Diese Medaille zeigt auf ihrer Vorderseite das Porträt des ›Jud Süß‹. Auf der Rückseite ist der Galgen dargestellt, an dem er hingerichtet wurde. Die Papiereinlage schildert das Leben des Joseph Süß Oppenheimer von der Geburt bis zur Exekution. Die Spottmedaille ist in der Schausammlung ›Legendäre Meister Werke‹ im Alten Schloss ausgestellt.«

> »Joseph Ben Issachar Süßkind Oppenheimer (kurz Joseph Süß Oppenheimer, auch diffamierend Jud Süß; * vermutlich Februar oder März 1698 in Heidelberg; † 4. Februar 1738 in Stuttgart) war Hoffaktor des Herzogs Karl Alexander von Württemberg. Nach dem Tod des Herzogs wurde Oppenheimer als Opfer eines Justizmordes hingerichtet. Joseph Süß Oppenheimer diente u.a. als historische Vorlage für Wilhelm Hauffs Novelle Jud Süß von 1827 und Lion Feuchtwangers Roman Jud Süß von 1925; die Nationalsozialisten nutzten die Geschichte 1940 propagandistisch für den gleichnamigen antisemitischen Film.«

Über Süß selbst erfährt man weder real noch virtuell im Museum etwas Konkretes, es reicht offenbar, wenn politisch korrekt der Reue über das Geschehene Ausdruck verliehen wird.

Der Ausstellungskatalog des Landesarchivs, *Die Quellen sprechen lassen*, liefert immerhin mehr. Hier wird eingangs deutlich gemacht, wie die Gerüchte und Legenden über Süß noch bis in die jüngste Zeit ihre Wirkung auch bei Autoren zeigen, die sich als Historiker verstehen[12] und in den Quellen und Darstellungen wird immerhin Person und Geschichte greifbarer, wenn auch hier der Schwerpunkt eindeutig auf dem Prozess liegt.

Fürsten, Stände und Hoffaktoren

Als Karl Alexander 1733 Herzog von Württemberg wurde, war erst seit wenigen Jahren klar, dass ihn das Schicksal zum Nachfolger Eberhard Ludwigs auserkoren hatte, dessen einziger Enkel und einziger Sohn vor ihm selbst verstarben. Karl Alexander, der als Vetter Eberhard Ludwigs erbfolgemäßig einer Seitenlinie des Hauses Württemberg

12 Cf. Joachim Brüser: »Die Rolle Joseph Süß Oppenheimers in der Politik Herzog Alexanders«, in: Emberger/Kretschmar, op. cit., S. 27.

angehörte, hatte bereits als Jugendlicher seine Geburtsheimat verlassen und wohl nicht damit gerechnet dorthin wieder zurückzukehren. Im militärischen Dienst des Kaisers machte er Karriere an der Seite des berühmten Prinzen Eugen von Savoyen in den Kriegen gegen Frankreich (Spanischer Erbfolgekrieg) und das Osmanische Reich (»Türkenkriege«). Schließlich wurde er 1719 kaiserlicher Statthalter in Belgrad, also im Frontgebiet gegen das Osmanische Reich. Um seiner Karriere willen war er 1712 zum Katholizismus übergetreten, 21 Jahre später kam damit ein Katholik auf den Thron des protestantischen Württemberg, was einen Verfassungskonflikt durch die definitive Festlegung der konfessionellen Zugehörigkeit der Territorien (Westfälischer Friede 1648) heraufbeschworen hätte, wenn der zukünftige Herzog nicht schon vorab eine Garantie für den Bestand des Status quo im Land gegeben hätte. Da Karl Alexander jedoch weiterhin eng mit dem Kaiser und den katholischen Kreisen verbunden blieb, deswegen eine führende Rolle in der erneuten militärischen Konfrontation mit Frankreich erhielt (Polnischer Erbfolgekrieg, 1733-35) sowie dem Anschein nach auf die Zulassung des Katholizismus in Württemberg hinarbeitete[13], blieb er den Landständen, der sogenannten *Landschaft*, und seinem eigenen Beamtenapparat weiterhin suspekt, zumal in einer Zeit, als sich das Wiederaufleben des konfessionellen Konflikts in Deutschland durch die spektakuläre Vertreibung der Protestanten aus Salzburg 1731/32 anzukündigen schien.[14] Vorausgegangen war im Reich auch ein Konfessionsstreit seit 1717, bei dem es um eine Benachteiligung der Evangelischen aus deren Sicht bei der Berücksichtigung in den Gremien des Reiches ging, verschärft 1719, im Jahr des Reformationsjubiläums, durch einen eigentlich nichtigen, aber symbolisch aufgeheizten Streit

13 Die Theorie von der jesuitischen Verschwörung diesbezüglich war wohl weitverbreitet, sie wird auch noch von späteren Historikern geteilt, cf. Manfred Zimmermann: *Josef Süss Oppenheimer, ein Finanzmann des 18. Jahrhunderts. Ein Stück Absolutismus- und Jesuitengeschichte*, Stuttgart 1874, und Curt Elwenspoek: *Jud Süß Oppenheimer. Der große Finanzier und galante Abenteurer des 18. Jahrhunderts*, Stuttgart 1929, S. 8.

14 Cf. Dieter Stievermann: »Absolutismus und Aufklärung (1648-1806)«, in: *Handbuch der baden-württembergischen Geschichte*, hg. von Meinrad Schaab und Hansmartin Schwarzmaier in Verbindung mit Gerhard Taddey, Erster Band, Zweiter Teil, Stuttgart (Klett-Cotta), 2000, S. 377. Die Protestanten waren in den ländlichen Bergregionen des Erzbistums Salzburg trotz immer wieder aufflackernder Konflikte de facto toleriert wurden. 1731 und 1732 wurden schließlich alle Protestanten zur Emigration gezwungen, ein Teil dieser »Exulanten« ging nach Württemberg.

um die »Rekatholisierung der bis dahin von beiden Konfessionen genutzten Heidelberger Heilig-Geist-Kirche und das Verbot des Heidelberger Katechismus wegen Verunglimpfung der katholischen Religion durch Kurfürst Karl Philipp im April 1719«[15], was zu noch illegaleren Repressalien in Niedersachsen und Preußen gegen dortige Katholiken führte. Dies soll die Stimmung verdeutlichen, in der sich das konfessionell gespaltene Deutschland 70 Jahre nach dem Westfälischen Frieden befand und wie die Ankunft eines katholischen Regenten in Württemberg auf eine erzprotestantische, in weiten Kreisen pietistisch geprägte Bevölkerung und ihre Vertretung, die Landstände, wirkte.

Die *Landschaft* war eine Vertretung des städtischen Bürgertums und indirekt auch der ländlichen Bevölkerung mittels der in den Ämtern (Landkreisen) aktiv wahlberechtigten Schultheißen der Dörfer, die zusammen mit den Vertretern aus den Stadträten ihre Deputierten für die Landschaft wählten und mit einem imperativen Mandat ausstatteten: Die Deputierten mussten die Meinung der Amtsversammlung (also des Landkreises) in der Landschaft und damit gegenüber der Regierung vertreten. Durch die Reformation war der (katholische) Klerus als Stand aus der Landschaft ausgeschieden, die Adligen hatten sich schon kurz zuvor im 16. Jahrhundert zum Zwecke ihrer Unabhängigkeit daraus verabschiedet um mit Unterstützung des Kaisers sich ihm direkt in der Reichsritterschaft zu unterstellen[16] – auf längere Sicht nicht unbedingt zu ihrem Vorteil. Die Reduzierung der Landstände auf den Dritten Stand schuf in der Verbindung mit der Wahlverfassung eine in dieser Konstellation einzigartige Frühform der Volksvertretung, die schon Herzog Eberhard Ludwig (1693-1733) Widerstand gegen dessen absolutistische Tendenzen entgegensetzte. In dieser landständischen Verfassung darf man freilich noch keine Demokratie im modernen Sinne suchen, da beim aktiven und passiven Wahlrecht Bürger und Honoratioren das Sagen hatten; bei letzteren spielte übrigens der evangelische Klerus, wenn man ihn denn so nennen will (zur Kirche mehr weiter unten), eine gewichtige Rolle. Der Landschaft oblag das Steuerbewilligungsrecht, also die Einnahmeseite des staatlichen Haushalts und damit indirekt auch die Ausgabenseite, und musste bei jeder Veränderung (Erhöhung von Steuern und Schaffung neuer Steuern) gefragt werden.

15 Georg Schmidt: *Geschichte des Alten Reiches. Staat und Nation in der Frühen Neuzeit 1495-1806*, München (Beck), 1999, S. 252.

16 Cf. Bernd Wunder: *Kleine Geschichte des Herzogtums Württemberg*, Leinfelden-Echterdingen (DRW), 2009, S. 94f.

Die Macht der Ständevertretungen war in der Krisenzeit des 16. Jahrhunderts überall in Deutschland wie auch in Frankreich zunächst gestärkt worden, weil die Fürsten ihre konfessionelle Parteinahme durch die Stände absichern wollten und außerdem ihr damit verbundenes militärisches Engagement (Konfessionskriege) durch zusätzliche Steuereinnahmen finanzieren mussten, die der Zustimmung der Stände bedurften, weil sie das Geld aufbringen mussten. So war es auch in Württemberg. Diese frühe Verfassung war durch Reichsgarantien abgesichert und konnte nicht einfach beiseite gewischt werden – die populären Vorstellungen vom Absolutismus als einer Form diktatorischer Willkür entsprechen überhaupt nicht der historischen Realität. Anderen deutschen Fürsten gelang es jedoch besser als den württembergischen Herzögen die ständische Mitsprache lahm zu legen.

Diese landständische Verfassung konnte also nicht aufgehoben, wohl aber umgangen werden. So verzichteten Karl Alexander und auch sein Vorgänger schon auf die Einberufung der Landschaft in der Plenarversammlung und berieten sich lieber mit Vertretern in Ausschüssen, die sie leicht beeinflussen zu können hofften – ein politisches Spiel nicht ohne eine aktuelle Parallele in der heutigen Spätform der parlamentarischen Demokratie. Eine zweite und letztlich vielversprechendere Möglichkeit bestand darin, neue finanzielle Spielräume auf privater fürstlicher Ebene, quasi unabhängig vom Staatshaushalt, zu schaffen, also zwei Kassen zu führen. Wie sich Karl Alexander mit der Ernennung eines landfremden katholischen Oberbefehlshabers des württembergischen Heeres, Freiherr von Remchingen, die Loyalität in der militärischen Führung sichern wollte – was bei den Landständen wiederum den Zweifel an seiner eigenen Loyalität gegenüber der Erhaltung des konfessionellen Status quo nährte –, so auch in den Finanzen durch die sukzessive Übertragung seiner Finanzgeschäfte an den jüdischen Hoffaktor Joseph Süß Oppenheimer aus Heidelberg.

Die Hoffaktoren, die in erster Linie Hoflieferanten für Kriegs- und Luxusartikel waren und sich dann zu Finanziers durch Vermittlung von Krediten entwickelten, waren eine allgemeine Erscheinung des entstehenden »Absolutismus« (der eigentlich in Anführungszeichen gesetzt werden muss, weil er, wie dargelegt, sich selten so durchsetzen konnte wie in Frankreich). In der Zeit vor dem Dreißigjährigen Krieg spielten italienische Bankiers noch eine große Rolle, danach wurden sie weitgehend von jüdischen Kaufleuten als Hoffaktoren abgelöst. Die oberdeutschen Finanziers der Kaiser und Fürsten, die Fugger, Welser, Hans de Witte u. a. hatten durch die erlittenen Pleiten – meistens, weil sie ihre Kredite nicht mehr zurückbekamen – im 16. und 17. Jahrhundert eher ein abschreckendes Beispiel denn eines zur Nachahmung geliefert.[17] Für den Kaiserhof traten dann noch eine Weile einheimische Geldgeber die Nachfolge an, dann aber v.a. Italiener und Niederländer[18] (darunter auch frankophone Wallonen), die auch massiv auf den sich herausbildenden Finanzplätzen auftraten[19], z.T. schon seit dem 16. Jahrhundert bedingt durch die Emigration, wie in Frankfurt u.a. die Familien Brodeck, de Neufville und d'Orville. Jüdische Hoffaktoren traten ihr Geschäft also zunächst als Lieferanten an, traten dann als Finanziers in Konkurrenz zu Christen und schließlich in deren Nachfolge. »Ende des 16. Jahrhunderts, nämlich 1582, entstand am Kaiserhof auch der Begriff ›Hofjude‹ für die Personen, die es sich leisten konnten, hohe Summen für ihre ›Hofbefreiung‹ durch den Kaiser zu investieren. Mit diesem Privileg sicherten sie sich ihre weiteren ökonomischen Potenziale im Umkreis des Kaiserhofes in Prag und Wien rechtlich ab. ›Hofjude‹ war also zunächst keine Funktion, sondern eine Fortentwicklung des Judenschutzbriefes in Anlehnung an die ›Hofbefreiung‹ christlicher Handwerker und Kaufleute.«[20] Diese »Hofjuden« prägten so sehr das Bild des Hoffaktors, dass Hoffaktor und Hofjude faktisch synonym wurden. Unabhängigkeit – so paradox das klingen mag angesichts rechtlicher Diskriminierungen in der Gesellschaft – und Risikobereitschaft waren entscheidende Voraussetzungen dafür. Eine gewisse Parallele gibt es dazu in Frankreich mit den protestantischen Bankiers, die, wie Pierre Vilar zusammenfasst, damals durch »ihre besondere Stellung als Dissidenten, die in Frankreich gesellschaftlich in mancher Hinsicht ausgeschlossen sind, dafür aber ein Netz familiärer Bande und gegenseitiger Beziehungen mit ihren Glaubensbrüdern unterhalten, die nach dem Widerruf des Edikts von Nantes das Land verließen und in den großen europäischen Wirtschaftszentren, in Amsterdam und vor allem auch in Genf, besonders aktiv waren.«[21] Diese Beziehungen bis zum

17 Stuart Jenks: »Von den archaischen Grundlagen bis zur Schwelle der Moderne (ca. 1000-1450)«, in: Michael North (Hg.): *Deutsche Wirtschaftsgeschichte. Ein Jahrtausend im Überblick*, München (Beck), 2000, S. 157-159.

18 Cf. Ernst Bruckmüller: *Sozialgeschichte Österreichs*, Wien (Verlag für Geschichte), [2]2001, S. 164.

19 Cf. Jenks, op. cit., S. 159f.

20 Rotraud Ries: »Butterlieferant oder Geheimer Finanzienrat: Was Hofjuden konnten und was sie durften«, in: Volker Gallé (Hg.): *Joseph Süss Oppenheimer – Ein Justizmord. Historische Studien zur Situation der Juden im Südwesten und der Hofjuden im 18. Jahrhundert*, Worms (Worms-Verlag), 2010, S. 78f.

Finanzplatz Amsterdam pflegten auch jüdische Finanziers, nicht nur zu dortigen Juden, die in den Niederlanden weitaus größere Freiheiten hatten als in Deutschland, sondern auch zu dortigen christlichen Kaufleuten und Bankiers. Im Übrigen beschränkte sich die Rolle der Hoffaktoren oft auf reine Makler- und Lieferantendienste für Luxus- und Kriegswaren, nicht alle unter ihnen wurden zu Kreditvermittlern und nur wenige darunter kamen in die Rolle des finanzpolitischen Beraters, hier gab es auch christliche Ökonomen jener Zeit, die ihre Chance sahen: »So hatte Wilhelm von Schröder dem Kaiser die Gründung einer Bank vorgeschlagen, durch die er eine ewige und unaufhörliche Gold- und Geldmine besitzen sollte. Der Kurfürst Ferdinand Maria von Bayern hatte nach den Ratschlägen Johann Joachim Bechers das Münzwesen verbessern, eine Seidenmanufaktur gründen, ein Kauf- und Werkhaus aufbauen und eine Handelskompagnie einrichten wollen.«[22]

Generell waren die Juden keinesfalls alle beruflich mit dem Geldgeschäft verbunden, genauso wie für die Christen war es aber auch für sie das mit Abstand einträglichste, neben dem des Juwelenhandels und abgesehen von den damit verbundenen Risiken, von denen gleich noch zu sprechen sein wird. Und dies erklärt die entsprechenden Anstrengungen, an solche Geschäfte heranzukommen. Es sei jedoch an dieser Stelle darauf hingewiesen, dass in der jüdischen Gemeinde Frankfurts, dem (süd-)deutschen Finanzzentrum der damaligen Zeit, 1694 nur 11 Prozent der Erwerbstätigen (= 40 Personen) sich mit Geld- und Devisenhandel befassten, 4 Prozent mit Edelstein- und Edelmetallhandel, aber 30 Prozent mit Tuch- und Textilhandel und fast alle anderen mit Klein- und Kleinsthandel, Nahrungsmitteln, sowie mit Handwerk und Dienstleistungen (10 Prozent) innerhalb der jüdischen Gemeinde.[23]

Die Unabhängigkeit und höhere Risikobereitschaft der jüdischen Hoffaktoren, derentwegen sie gerufen wurden, schlug jedoch oft genug zu ihrem Nachteil um:[24] So wie vorher schon im 16. Jahrhundert ge-

21 Pierre Vilar: *Gold und Geld in der Geschichte*, München (Beck), 1984, S. 251 [Orig.: Paris 1974], mit Verweis auf die ausführlichen Untersuchungen von Herbert Lüthy: *La Banque Protestante en France de la Révocation de l'Édit de Nantes à la Révolution*, 2 Bde., Paris 1959.

22 Selma Stern: *Jud Süss. Ein Beitrag zur deutschen und zur jüdischen Geschichte*, München (G. Müller), 1929, 1973, S. 52. Vgl. die Einträge der Allg. Deutschen Biographie zu Schröder und Becher auf Wikisource.

23 Cilli Kasper-Holtkotte: *Die jüdische Gemeinde von Frankfurt/Main in der Frühen Neuzeit. Familien, Netzwerke und Konflikte eines jüdischen Zentrums*, Berlin/New York (de Gruyter), 2010, S. 93.

24 Ich kenne noch keine statistische Auflistung der Bankrotte jüdischer Hof-

genüber den Fuggern, so annullierte der Kaiser 1703 beim Tode seines Hoffaktors Samuel Oppenheimer, einem Verwandten von Joseph Süß, seine Schulden an ihn bzw. seine Erben, indem er den Konkurs über dessen Nachlass erklärte, nachdem er schon zuvor versucht hatte sich durch einen Prozess gegen Oppenheimer von den Schulden zu befreien, da in Wirklichkeit Österreich vor dem Konkurs stand. Eine habsburgische Schuldenpolitik ohnegleichen hatte den Staat an den Rand des Ruins getrieben, mit Tricksereien wie der Beleihung außerordentlicher Steuern zur Schuldentilgung für die Aufnahme neuer Schulden.[25] Dies erinnert uns an heutige Verhältnisse... Simon Wolf Wertheimer, Hoffaktor für Bayern und die Habsburger zugleich, ging 1733 bankrott[26] und selbst einer der Vorgänger von Süß am württembergischen Hof von Hzg. Eberhard Ludwig, Wolff Gabriel Levin, war bankrott gegangen und zudem noch vom Herzog in Schuldhaft genommen worden. Süß erreichte dann bei Karl Alexander seine Freilassung.[27] Und in der regionalen Nachbarschaft, der Markgrafschaft Ansbach, war 1712 der Hofjude Elkan Fränkel in einem Prozess mit vielen Anschuldigungen, aber ohne Beweise gegen ihn dazu verurteilt worden, »öffentlich ausgestellt, gestäupt[28] und dann auf die Wülzburg zu ewigem Kerker geschleppt«[29] zu werden, wo bzw. woran er 1720 starb.[30]

faktoren, es dürfte aber nach meiner Kenntnis die Mehrheit sein, jedenfalls an den größeren Höfen.

25 Max Grunwald: *Samuel Oppenheimer und sein Kreis. Ein Kapitel aus der Finanzgeschichte Österreichs*, Wien/Leipzig (Braumüller), 1913, S. 118ff., 137ff. (Quellen und Forschungen zur Geschichte der Juden in Deutsch-Österreich, Bd. V). Eine prägnante Darstellung gibt es auch in: Selma Stern: *Der Hofjude im Zeitalter des Absolutismus*, hg. von Marina Sassenberg, Tübingen (Mohr Siebeck), 2001, S. 20-29. (Schriftenreihe wissenschaftlicher Abhandlungen des Leo Baeck Instituts, 64). [Orig.: Philadelphia, 1950]

26 Cf. Hellmut G. Haasis: *Joseph Süß Oppenheimer, genannt Jud Süß. Finanzier, Freidenker, Justizopfer*. Reinbek b. Hamburg (Rowohlt), 1998, S.187.

27 Haasis, op. cit., S. 123.

28 Auspeitschung am Pranger.

29 S[igfried] Hänle: *Geschichte der Juden im ehemaligen Fürstenthum Ansbach*, Ansbach 1867, S. 81.

30 Vgl. auch Rotraud Ries: »Bilder und Konstruktionen über einen Grenzgänger. Der Prozeß gegen den Ansbacher Hofjuden Elkan Fränkel 1712«, in: Mark Häberlein/Martin Zürn (Hg.): *Minderheiten, Obrigkeit und Gesellschaft in der frühen Neuzeit. Integrations- und Abgrenzungspro-*

Geldnöte, Kredite und Wucherzinsen

Dass Juden als Hoffaktoren so geschätzt und bevorzugt wurden, lag nicht daran, dass »es den Christen untersagt war, Geld gegen Zinsen zu verleihen«, wie es die unausrottbare Legende noch für diese späte Zeit glaubhaft machen will[31], sogar bemüht um wissenschaftliche Absicherung durch einen Verweis auf das Reichszinsedikt von 1695, »welches das auf christlichem Grundsatz beruhende Wucherverbot und die damit verbundene Drohung mit dem Kirchenbann aufhob.«[32] Mehr als 150 Jahre intensive Forschung und kumuliertes Expertenwissen von christlichen wie jüdischen Historikern zur Zins- und Wucherfrage bis heute haben es leider noch nicht geschafft, den Zinsverbotsmythos selbst in wissenschaftlichen Kreisen aufzulösen.[33] Fürsten und Städte hatten schon zwei- bis dreihundert Jahre zuvor Zinsgrenzen festgelegt und damit auch offiziell für Christen das legalisiert, was vorher wissentlich toleriert worden und in noch früheren Zeiten unter der Hand gelaufen war.[34] Seit dem ausgehenden Mittelalter hatte sich überall ein legaler Zinssatz von 5 bis 6 Prozent p.a. eingebürgert, jüdischen Geldverleihern wurde meistens das Doppelte zugestanden, was nach wie vor eine Unterscheidung zwischen Christen und Juden im Sinne von

zesse im süddeutschen Raum, St. Katharinen (Scripta-Mercaturae-Verl.), 2001, S. 317-338.

31 Jörg Koch: *Joseph Süß Oppenheimer, genannt »Jud Süß«. Seine Geschichte in Literatur, Film und Theater*, Darmstadt (WBG), 2011, S. 11, mit einem vagen (keine Seitenangabe) und inhaltlich nicht nachvollziehbaren Verweis auf: Rotraut Ries/Friedrich Battenberg (Hg.): *Hofjuden – Ökonomie und Interkulturalität. Die jüdische Wirtschaftselite im 18. Jahrhundert*, Hamburg (Christians), 2002.

32 Mordechai Breuer: »Frühe Neuzeit und Beginn der Moderne«, in: Michael A. Mayer (Hg.): *Deutsch-jüdische Geschichte in der Neuzeit*, Bd. 1: 1600-1780, hg. von Mordechai Breuer und Michael Graetz, München (Beck), 2000, S. 106.

33 Vgl. die Bibliographien zum Thema auf www.juedischegeschichte.de/html/geldverleiher.html sowie auf www.historia-universalis.de/historia_universalis/Mittelalter02.htm; eine umfassende Darstellung der Geldgeschichte gibt Michael North: *Das Geld und seine Geschichte. Vom Mittelalter bis zur Gegenwart*, München (Beck), 1994.

34 Zur Entwicklung der Geldleihe und der Zinsen in Frankfurt seit dem Mittelalter vgl. Alexander Dietz: *Frankfurter Handelsgeschichte*, Bd. 3, Frankfurt am Main 1910, S. 208-213, 238-247.

»moralisch« und »unmoralisch« und damit auch den Wuchervorwurf an die Juden aufrechterhielt. Doch wie man sich schon 2000 Jahre zuvor, in frührömischer Zeit, nicht an die Gesetze hielt und die Römische Republik Maßnahmen zur »Beseitigung der Schleichwege, welche man zur Umgehung der Römischen Zinsgesetze eingeschlagen hatte«, beschließen musste (Lex Sempronia, 559 v. Chr.)[35], und wie im christlichen Mittelalter das »kanonische Zinsverbot« ein frommer Wunsch blieb und nie gesellschaftliche Wirklichkeit wurde[36], so fanden auch hier wieder christliche Bankiers Mittel und Wege, die ihnen auferlegte Zinsgrenze zu umgehen, meistens auch wieder heimlich. Einer dieser Tricks wird uns durch ein Patent (= einen Erlass) Kaiser Ferdinands II. vom 5.12.1633 für seine habsburgischen Erblande offenbart. In diesem Verbot wucherischer Geldgeschäfte, den es hier auszugsweise zu zitieren lohnt, heißt es:

> »Und demnach vil Christen unter den Juden stecken, denenselben für sich selbsten und auf ihre Nämen oder aber nur durch sie andern Christen ihre Gelder vil auf ein höhers als mit 6 vom Hundert des Jahrs Interesse durch allerhand gesuchte Schein und Mittel fürleihen [...]: Diesemnach und darmit diesem Übel umb so vil desto mehr abgeholfen seye, so wollen Wir, daß hinfüro derjenige Jud, welcher dergestalt mit Christengeld handlet, dasselb für sich selbsten oder aber auch als Unterhändler aufnimbt und nochmahls entweders auf seinen eigenen oder aber auch eines andern Christen oder Judens Namen andern Christen widerumben höher als umb 6 von Hundert des Jahres Interesse [...] ausleiht, oder andere unzimbliche Partiten damit veranstaltet, ohne Begnadung mit Ruthen offentlich ausgestrichen, und des Lands auf ewig verwiesen; der Christ aber, er sey so hoch oder nidern Stands, so sein Geld unter oder durch die Juden über 6 pro cento ausleiht, vorstreckt, oder andere verbotene Partiten darmit treibt, neben Verlierung desselben Gelds für unehrlich gehalten und auf eine Zeitlang mit Gefängnis oder andern Leibsstrafen offentlich abgestraft werden solle.«[37]

Aus diesem bemerkenswerten Dokument geht hervor, dass Christen bis zu 6 Prozent Zins erlaubt war, dies aber einigen christlichen Geldverleihern nicht reichte und sie dafür Juden fanden, die sie für sich einspan-

35 Gustav Ernst Heimbach: *Die Lehre von dem Creditum nach den gemeinen in Deutschland geltenden Rechten*, Leipzig 1849, S. 6.

36 Vgl. unten, Fn. 44.

37 Zit. nach. A. F. Pribram (Hg.): *Urkunden und Akten zur Geschichte der Juden in Wien.* Erste Abteilung, Allgemeiner Teil, 1526-1847 (1849), Erster Band, Wien und Leipzig (Braumüller) 1918, S. 120 (Dok. 75).

nen konnten, weil die Juden mehr nehmen durften. Damit es sich lohnte, mussten die jüdischen Zwischenhändler den christlichen Geldgebern schon mehr als 6 Prozent bieten, wie es im Text ja auch benannt wird, und konnten dann selbst wiederum beim Kredit an den Endabnehmer aufschlagen. Beim tolerierten doppelten Satz blieb ihnen also selbst weit weniger als ihrem christlichen Auftraggeber. Verlieh der Christ den Kredit z. B. zu 9 Prozent an den Juden und dieser dann weiter zu 12 Prozent, blieben letzterem nur 3 Prozent Gewinn. Dies konnte durchaus attraktiv sein angesichts dessen, dass er ja nicht mit eigenem Geld handelte, für Vermittlungen dieser Art, als Makler, konnten auch Sätze von nur einem Prozent noch akzeptabel sein.[38] Der eigentliche »Wucherer« in diesem Geschäft war aber natürlich der Christ. Christliche Wucherer wurden in der Tat schon seit langem in Publikationen und Karikaturen kritisiert, so z. B. 1568 der »Geltnarr« im *Ständebuch* von Jost Amman: »Mit dem Judenspieß thu ich lauffn / Mit Wucher / auffsätzn und verkauffn«[39]. Der »Judenspieß« war schon seit dem *Narrenschiff* (1494) von Sebastian Brant ein stehender, etymologisch nicht ganz geklärter Ausdruck für »es den Juden gleichtun«, das »judaizare«, über das sich schon Bernhard von Clairvaux 1146 empörte.[40] Über »Wucher und Aufkauf« (= Spekulationshandel) heißt es im *Narrenschiff*:

> »Vom Wucherzins will ich nichts schreiben, / Den sie mit Geld und Gült eintreiben, / Mit Leihen, Ramschkauf und mit Borgen. […] Der Juden Zins war leidlich genug, / Aber sie können nicht mehr bleiben, / Die Christenjuden sie vertreiben, / Die mit dem Judenspieß selbst rennen.«[41]

38 Die Provision für Maklerei oder »Unterkauf«, wie man damals sagte, betrug schon im 14. Jahrhundert ein Prozent in Frankfurt und blieb bei einigen Schwankungen konstant bis in die 2. Hälfte des 18. Jahrhunderts, als sie bei christlichen wie jüdischen Maklern, Bethmann, Rothschild & Co., auf zwei bis drei Prozent stieg, vgl. Dietz, op. cit., S. 237f.

39 Eygentliche Beschreibung aller Stände auff Erden […], durch den weitberümpten Hans Sachsen, gedruckt zu Franckfurt am Mayn X.D.LXVIII. Jost Amman: *Das Ständebuch. Herrscher, Handwerker und Künstler des ausgehenden Mittelalters*. 114 Holzschnitte von Hans Sachs, Köln (Anaconda), 2006, fol. 111.

40 Siehe oben, S. 117.

41 Sebastian Brant: *Das Narrenschyff*, Basel 1494 / Sebastian Brant: *Das Narrenschiff*, übertragen von H.A. Junghans, Stuttgart (Reclam) 1964 …, 2002, S. 346.

Übrigens trat der Zins ja nicht nur in formellen Bankkrediten auf, sondern auch, und zwar viel häufiger, in Verbindung mit Kaufabschlüssen durch Stundung der Zahlung:

> »Schon früh lassen sich verschiedene Formen des Geldverkehrs auf den Frankfurter Messen nachweisen. Im Mittelpunkt stand das Kreditwesen mit all seinen Spielarten. Die Kaufleute bezogen ihre Waren seit alters her auf Kredit, in dem sie den Wareneinkauf erst durch den Verkauf derselben deckten und sich ihre Schulen bis zur nächsten Messe stunden ließen. Diese Stundungen wurden vielfach über Jahre verlängert. Daraus entwickelte sich eine starke Geldnachfrage, die der Deposito-Kredit, bei dem ohne besondere Sicherheiten[42] gegen einfachen Schuldschein (Obligation) Geld verliehen wurde, befriedigte. Die Zinsen schlug man unter Umgehung des kirchlichen Zinsverbotes dabei direkt auf das Kapital auf, später berechnete man sie zu festen Sätzen.«[43]

Nicht alles musste übrigens vor der Kirche verheimlicht werden. Es war auch aus kirchlicher Sicht vollkommen gerechtfertigt, Zinsen für den Fall zu fordern, wo der Zahlungstermin nicht eingehalten wurde. Man brauchte daher nur die Frist so zu setzen, dass ihre Nichteinhaltung von vornherein im stillschweigenden Einverständnis der Beteiligten eingeplant war (daher wohl die oben beschriebene Verlängerung der Laufzeiten) und die Verzinsung somit formal unter kirchlichen und – insofern es weltlich-rechtliche Regelungen dazu gab[44] – auch unter rechtlichen Gesichtspunkten statthaft war.[45] Die Absprache darüber, der »Wucherwillen«, war natürlich nicht statthaft, aber auch nie nachweisbar.

42 Ursprünglich und auch heute noch bezeichnet *Deposito* eine Einlage, das Depositenpapier war ein »Schein, der auswies, dass beim Aussteller ein (Wert-)Gegenstand deponiert war.« Friedrich-Wilhelm Henning: *Deutsche Wirtschafts- und Sozialgeschichte im Mittelalter und in der frühen Neuzeit*, Paderborn u.a.o. (Schöningh), 1991, S. 298. (= Handbuch der Wirtschafts- und Sozialgeschichte Deutschlands, Bd. 1). Es handelte sich also um eine abstrakte Form von Pfandleihe, bei der im Laufe der Zeit auf die Sicherheit durch das Vertrauensverhältnis verzichtet wurde.

43 Leoni Krämer: »Zweimal im Jahr – zum Clearing nach Frankfurt«, in: Rainer Koch (Hg.): *Brücke zwischen den Völkern – Zur Geschichte der Frankfurter Messe*, Bd. 2: *Beiträge zur Geschichte der Frankfurter Messe*, hg. von Patricia Stahl unter Mitarbeit von Roland Hoede und Dieter Skala, Frankfurt am Main, Historisches Museum, 1991, S. 160.

44 Weltliches Recht folgte nie vollständig den kirchlichen Vorstellungen, cf. u.a. Johannes Fried: »Zins als Wucher ...«, siehe S. 110, Fußnote 12. Ausführlicher im ganzen Kapitel »Christen, Juden und das Geld«, S. 105 ff.

Der Zahlungsaufschub war somit auch eine Form des Kredits, der verzinst wurde. Im Rahmen der Wechselgeschäfte der Frankfurter Messe belegt der älteste erhaltene »Kurszettel« vom 5.4.1625 in seiner 11. Angabe »Deposito«, dass der »Darlehenszins bis zur nächsten Messe, in diesem Falle 3 ¼ Prozent für ein halbes Jahr« betrug.[46] Hierin liegt wohl der Ursprung des Kredits seit dem Mittelalter, meist verbunden mit dem Geldwechselgeschäft, also ursprünglich dem Währungstausch, aus dem sich wiederum der Geldverleih entwickelte (der Geldwechsler wurde zum Bankier). Das hier beschriebene Prinzip des Kredits durch Stundung der Zahlung war auch die übliche Form, in der die Hoffaktoren als Zwischenhändler für die Lieferung von Waren ihr Geschäft betrieben. Dabei dürfte auch die Zusammenarbeit zwischen jüdischen und christlichen Finanziers in der Realität nicht die Ausnahme, sondern eher die Regel gewesen sein. Und wenn man von der Überschreitung des zulässigen Zinssatzes von 6 Prozent für Christen absieht, gegen die sich das oben genannte Patent Kaiser Ferdinands richtete, so ist der dort beschriebene Vorgang doch letztlich die Funktionsweise jeder Bank schlechthin, nämlich von den einen Geld zu nehmen (Anleger), um es anderen als Kredit zu einem höheren Zinssatz zu leihen, als dem Anleger gezahlt wird, denn aus der Differenz entsteht das Geschäft. Anders als in der reduktiven Vorstellung von den Hofjuden als Geldverleihern auf höchstem Niveau, nämlich gegenüber den Fürsten, waren sie meistens gar keine Bankiers mit Eigenkapital, das sie hätten verleihen können, und die Geschichte des Joseph Süß ist das beste Beispiel dafür. Bevor Süß in den Dienst des württembergischen Herzogs trat, hatte er sich schon in kurpfälzischen und hessen-darmstädtischen Diensten einen Namen gemacht und einschlägige Erfahrungen, auch negative, gesammelt.

Alle Fürsten hatten dasselbe Problem: Geldmangel. Während die Habsburger in der misslichen Lage waren, finanziell für die Reichspolitik einstehen zu müssen, insbesondere in Kriegszeiten, so lag das Problem der Herrscher über mittelgroße Fürstentümer darin, dem Wahn nachgehen zu können, die Großen nachzuahmen. Schloss Ludwigsburg ist der materielle Beweis dafür, und mehr noch die barocke Bauruine in

45 Cf. Max Neumann: *Geschichte des Wuchers in Deutschland bis zur Begründung der heutigen Zinsgesetze (1654)*, Halle 1865, S. 19f. (kirchliches Recht), und S. 142ff. (Verzugszinsen in der Rechtsgeschichte).

46 Frank Berger: »Kapital«, in: Ders. (Hg.): *Glaube – Macht – Kunst. Antwerpen – Frankfurt um 1600*, Ausstellungskatalog, Schriftenreihe des Historischen Museums Frankfurt a. M., Bd. 25, 2005, S. 74. – Zum Begriff *Deposito* siehe Fußnote 42.

Darmstadt (siehe unten, S. 139). Damals wie heute überstiegen die Ausgaben die Einnahmen des Staates, wenn auch aus anderen Gründen als heute. Zur Gier nach Luxus und einem repräsentativen fürstlichen Leben, zu dessen Befriedigung in Württemberg eben der Bau des Schlosses Ludwigsburg gehörte (1704-1731), nebst Gründung der gleichnamigen Stadt als neuer Residenzstadt (1715), kamen kriegsbedingte Sonderausgaben in einer Epoche hinzu, die für weite Teile des damaligen Reiches, besonders für den Süden, de facto durch einen hundertjährigen Krieg von 1618 (Beginn des Dreißigjährigen Krieges) bis 1714 (Ende des Spanischen Erbfolgekrieges) geprägt war. Worauf weitere Kriege folgten: 1733-35 der Polnische Erbfolgekrieg, an dem Frankreich wieder beteiligt war und wofür der neue Herzog in Württemberg im Auftrag des Kaisers ein Heer auf die Beine stellen und ausrüsten, d.h. auch finanzieren musste.

Zur Deckung des ständigen Defizits gab es damals wie heute nur vier mögliche Maßnahmen: 1. Erhöhung bestehender oder Schaffung neuer Steuern, 2. Kreditaufnahme (d.h. Schulden auf die Zukunft), 3. Geldvermehrung von Staats wegen, damals durch Münzverschlechterung, in modernen Zeiten durch die Notenpresse (mit der Konsequenz der Inflation), 4. Einsparmaßnahmen durch Bürokratieabbau, Effektivierung der Finanzverwaltung usw.

Damals wurden alle vier Instrumente genutzt, am schnellsten und einfachsten war (und ist) jedoch das zweitgenannte, mit der Konsequenz der Verschiebung der Schulden auf spätere Zeiten sowie deren Vermehrung durch die Zinslast. Als Sicherheit wurden den Kreditgebern häufig zukünftige Einnahmen in unmittelbarer Form verpfändet, d.h. nicht als allgemeine Versprechen des Staates auf Tilgung, sondern durch die Abtretung von Rechten auf Zolleinnahmen usw. Dieses Prinzip gab es schon im Mittelalter und war in der Frühen Neuzeit oft mit Maßnahme eins verbunden, d.h. mit der Schaffung einer neuen Steuer, deren Eintreibung dann privatisiert wurde. Der Steuerpächter – eine Parallele zur Antike – schoss die prognostizierten Einnahmen mit einem Abschlag vor, weil der Staat das Geld sofort brauchte, und musste sich dann um die Eintreibung unter Berücksichtigung seines eigenen Profits kümmern. Der Staat half ihm dabei unter Umständen durch Polizei oder Soldaten, doch gegenüber der Bevölkerung trat der Steuerpächter als Verantwortlicher auf. Denn wie bei den alten Römern schon (die Figur des »Zöllners« in der Bibel) versuchte er, dabei mehr Einnahmen herauszuholen, als beim staatlichen bürokratischen Verfahren geschehen wäre, d.h. er stopfte Schlupflöcher und verfolgte die säumigen Zahler mehr, als es Beamte ohne eigenen Nutzen dabei getan hätten, und er versuchte, unter Ausnutzung unklarer Verhältnisse auch mehr einzufordern, als es vielleicht geboten gewesen wäre.

Vom Stempelpapier zur Münze: Joseph Süß in Mannheim, Darmstadt, Stuttgart

Für den pfälzischen Kurfürsten Karl Philipp (1716-1742) übernahm Joseph Süß so das Stempelpapier, eine fiskalische Erfindung, wonach jede Amtshandlung sowie jeder rechtsgültige private Vertrag auf kurfürstlich gestempeltem, zu bezahlendem Papier ausgefertigt werden musste. Die Stempelsteuer, ausgedehnt auf Zeitungen u.a., 1765 von Großbritannien in den amerikanischen Kolonien erlassen, war bekanntlich einer der Faktoren für die Revolte der Kolonien gegen das Mutterland. In der Kurpfalz war das Stempelpapier ähnlich unbeliebt und wurde sogar bis in hochamtliche Kreise boykottiert.[47] Nach jahrelangem Ärger schied Süß mit einem Gewinn von 12000 Gulden aus diesem Geschäft aus (1731), dem standen 7500 Gulden Aktivschulden entgegen, also immerhin ein Erfolg, aber es war dennoch kein finanzieller Gewinn, der ihn finanziell weiter brachte angesichts der Unkosten, die mit der Führung seiner Geschäfte und mit seinem Lebenswandel verbunden waren. Wichtiger war wohl der Gewinn an Renommee, sein »Kredit«, seine »Glaubwürdigkeit«,[48] von der Süß später auch immer wieder sprach, wenn es schwierig wurde. Am Ende soll er durch seinen guten Ruf in Finanzkreisen einen »Kredit« in diesem Sinne von einer Million Gulden in Amsterdam gehabt haben, wie ein jüdischer Zeuge beim Prozess – eigentlich ein Belastungszeuge – aussagte.[49] Süß kaufte Immobilien und unterhielt Niederlassungen bzw. Wohnsitze in Heidelberg, Mannheim, später Frankfurt und dann in Stuttgart. Damit verbunden war auch der Luxus eines »standesgemäßen« Auftretens inkl. Personal, mit dem er

47 Cf. Haasis, op. cit. (vgl. Fußnote 26), S. 51 ff.

48 Man beachte den etymologischen Ursprung lat. credere (glauben), P.P. creditum, der sich auch noch in dem Begriff »Gläubiger« für den Kreditgeber widerspiegelt. – Die Erklärung von »credo«/Kredit in Bezug auf das Münzgeld bei Christina von Braun ist nicht stichhaltig für die Epochen, wo der Edelmetallgehalt noch den Wert der Münze repräsentierte und diese überhaupt noch keinen eigenen »Wert« hatte. Cf. »Wer mit dieser Münze handelt, muss an ihren Wert glauben«, Christina von Braun: »Schuld, Schulden, Beschuldigungen: Das Medium Geld im christlich-jüdischen Verhältnis«, in: Przyrembel/Schönert, op. cit., S. 312.

49 Cf. Haasis, op. cit., S. 186.

die Hoffnung auf eine individuelle rechtliche Gleichstellung als Jude, ja sogar auf Nobilitierung verband – sozusagen vom Schein zum Sein, wie es auch so mancher Biograph später fomulierte:

> »Er hatte weder in der Aussprache noch in Geberden und Manieren etwas Jüdisches; er hatte dieß entweder früh abgelegt oder niemals an sich gehabt. In der Kleidung suchte er von frühester Jugend an das Elegante, und im Umgang mit vornehmen Leuten, den er, wo er immer konnte, sich zu erobern suchte und zu erobern wußte, eignete er sich vollkommen die Formen der feinen Bildung an.«[50]

Diese Assimilation wurde durch »die Sage der bösen Welt« darauf zurückgeführt, dass er der »natürliche Sohn« des Generalfeldmarschalls Freiherr Georg Eberhard von Heydersdorff, Kommandant zu Heidelberg 1693, sei: »Gewiss ist: Im Aeußern, im Naturell und Leben zeigte der spätere Süß neben orientalischer Art auch viel von christlicher Art und besonders viel von der Art eines ›Kavaliers‹.«[51] Bei so vielen Legenden, die Joseph Süß später angedichtet wurden, ist die Arbeit historischer Aufklärung mühsam. Hellmut G. Haasis hat sich die Mühe gemacht und diese sowie andere Legenden durch eine akribische Recherche in den Archiven ad absurdum geführt.[52]

Jedenfalls verfolgte Süß seinen Weg nach oben ziemlich stringent, und hätte ihn sein Weg nicht nach Stuttgart geführt, wäre er damit vielleicht weit gekommen. Trotzdem war die Nobilitierung ein Wunschtraum, der erst im folgenden Jahrhundert möglich werden sollte, z.B. in der Familie Rothschild. Anders beim Versuch der individuellen Befreiung aus der Benachteiligung für Juden. Ein Vorbild war sicher die Privilegierung der kaiserlichen Hoffaktoren in Wien, und es gab immerhin auch Anzeichen einer Entwicklung in Frankfurt, die Schranken zwischen Christen und Juden zu senken: 1728 wurde dort die Kennzeichnungspflicht für Juden aufgehoben, der Ghettozwang blieb allerdings noch bis zum Ende des Jahrhunderts. 1733 verstand es Süß dennoch, als »Resident« des Herzogs von Württemberg und mit dem ganzen Titel »Hessen-Darmstädtischer und herzoglich württembergischer Hof- und Kriegsfaktor« sich durch zähe Verhandlungen in Frankfurt außerhalb der Judengasse einzumieten und dies nach und nach bis auf zehn Zimmer nebst Pferdestall und Schuppen für die Chaise (kleine Kutsche) zu erweitern[53], während seine Mutter Michele, eine Frankfurterin, die

50 Zimmermann, op. cit. (vgl. Fußnote 13), S. 14.

51 Ebd., S. 11.

52 Cf. Haasis, op. cit., S. 16 ff.

53 Cf. Haasis, S. 92.

nach dem Tod ihres Mannes aus Heidelberg zurückgekehrt war, im Ghetto lebte.[54]

In Mannheim war der Ghettozwang für Juden bereits beim Wiederaufbau nach dem Dreißigjährigen Krieg bzw. nach dem Pfälzischen Erbfolgekrieg aufgehoben worden, ebenso, wenn auch gegen zähen Widerstand seitens der Bürgerschaft, in Heidelberg[55], was deswegen aber noch kein unbeschränktes Aufenthaltsrecht oder eine Befreiung von den üblichen Judensteuern und -abgaben mit sich brachte.[56] In der Epoche von Süß betrug der jüdische Anteil an der Stadtbevölkerung Mannheims aber immerhin 12 Prozent[57], während die Zahl der jüdischen Familien in Heidelberg überschaubar blieb (1704: 13, 1710: 20 Familien). In Heidelberg hatte der pfälzische Kurfürst Karl Ludwig schon 1652 den Arzt Jacob Israel, Stadtphysikus von Heidelberg, auf den Lehrstuhl für Medizin an der Universität berufen, der er auch mehrfach bis zu seinem Tode 1674 als Rektor vorstand. Nicht nur lange vor Preußen, sondern auch weitergehender als dort, wo die Neuansiedlung von Juden um 1700 zwar ohne Ghettozwang, aber mit vielen Auflagen erfolgte, gab es in der Kurpfalz eine Toleranzpolitik gegenüber den Juden, die zwar nicht bis zu einer allgemeinen Gleichstellung reichte, aber bei einem einzelnen wie dem Heidelberger Professor sehr weit gehen konnte. Der Kurfürst hätte auch gerne den Philosophen Spinoza an die Universität Heidelberg geholt, doch dieser befürchtete dort weniger Freiheiten zu haben als in den Niederlanden – zu Recht. Denn gegen diese tolerante Politik des Kurfürsten gab es auch enormen Widerstand in bürgerlichen und Beamtenkreisen, den Joseph Süß auch selbst in Heidelberg und Mannheim erfahren konnte. An die Universität Heidelberg wurde unter Kurfürst Johann Wilhelm (1690-1716) im Jahre 1700 ein antijüdisch eingestellter Professor für Hebräisch berufen, Johann Andreas Eisenmenger, vormals Archivar an der pfälzischen Kanzlei, der im selben Jahr unter kompetenter Ausnutzung seiner Hebräischkenntnisse

54 Haasis zeichnet ausführlich die komplizierte Familiengeschichte nach, vgl. auch überblickshaft zur Person und zur Familie Oppenheimer auf www.judengasse.de

55 Vgl. u.a. www.alemannia-judaica.de/mannheim_synagoge_a.htm > Zur Geschichte der jüdischen Gemeinde bis 1938/40 und www.alemannia-judaica.de/mannheim/heidelberg_synagoge_a.htm > Zur Geschichte der jüdischen Gemeinde.

56 Ausführlich in: Leopold Löwenstein: *Geschichte der Juden in der Kurpfalz*, Frankfurt am Main, 1895, S.78ff., 111ff., 141ff. (= Beiträge zur Geschichte der Juden in Deutschland, Bd. I).

57 Cf. Haasis, S.41.

ein antijüdisches – hier könnte man auch schon sagen: antisemitisches – Buch in Frankfurt unter dem einladenden Titel *Entdecktes Judentum* publizierte. Es wurde jedoch »auf Antrag der Frankfurter Judenschaft und Intervention der Hoffaktoren Samson Wertheimer und Samuel Oppenheimer durch Kaiser Leopold I. beschlagnahmt und erst vierzig Jahre später freigegeben«[58], aber schon 1711 formell in Ostpreußen, also außerhalb des Reichsgebiets, in Wirklichkeit aber in Berlin und offenbar auf Veranlassung Friedrichs I. neu verlegt. Es war »ein Buch, das den modernen Antisemitismus in allen seinen Phasen genährt hat, trotz seines ausgesprochen mittelalterlich-theologischen Zuschnitts«, wurde später zum Bestseller und »fand Eingang in vielen gutbürgerlichen Häusern. So stand es zum Beispiel in der Bibliothek von Goethes Vater in Frankfurt am Main.«[59] Heute erfreut es sich mehrerer aktueller Ausgaben, darunter auch als Taschenbuch.

Vor dem Hintergrund seiner persönlichen Erfahrungen von Heidelberg bis Frankfurt und der Unterschätzung der warnenden Beispiele aus der jüngsten Zeit in der Nachbarschaft (siehe oben) war Joseph Süß wohl davon überzeugt, dass sein Aufstieg und die damit erhoffte persönliche Freiheit durch eine enge Beziehung zu wohlgesonnenen Fürsten geschehen konnte, denen er dafür allerdings etwas für sie selbst Vorteilhaftes anbieten musste. Und bis zuletzt schien er damit richtig zu liegen: Er schaffte es, das seit dem frühen 16. Jahrhundert geltende Verbot der Niederlassung von Juden in Württemberg noch stärker zu durchbrechen, als es seinen Vorgängern am Hof von Eberhard Ludwig gelungen war. Nachdem Süß immer nur vorübergehend für seine Arbeit in Stuttgart gewohnt hatte, bot ihm der Herzog zunächst im Juni 1736 in Ludwigsburg neben dem Schloss ein Haus zur Miete an, das Süß für 6000 Gulden renovieren und einrichten ließ. Süß stellte es dann allerdings bald dem Herzog für die Errichtung der neuen Porzellanmanufaktur wieder zur Verfügung und zog in ein anderes Haus gegenüber dem Schlosspark, dann aber Ende Januar 1737 nach Stuttgart, wo er über einen Strohmann, den Regierungsrat Lautz, ein stattliches Haus für 25 800 Gulden kaufte.[60] Noch konnte er nicht öffentlich als Besitzer auftreten, hatte aber damit die auch unter dem vorherigen Herzog

58 Dazu sowie allgemein zu den Juden an der Universität Heidelberg siehe die Online-Ausstellung auf www.tphys.uni-heidelberg.de/Ausstellung/show.cgi?de

59 Breuer, op. cit. (vgl. Fußnote 32), S. 152 f. – Zur Autor und Buch vgl. auch http://de.wikipedia.org/wiki/Johann_Andreas_Eisenmenger.

60 Cf. Hassis, S. 172 ff.

geltende Duldung einzelner Hof- und Schutzjuden übertrumpft. Freilich war dies nur durch Karl Alexander möglich geworden, der damit allerdings nicht Süß, sondern sich selbst einen Gefallen tun wollte, da er aus Angst vor einer Flucht von Süß diesen auch räumlich stärker an sich binden wollte. Kurz zuvor, im Dezember 1736 hatte er ihm eine Reise nach Frankfurt untersagt. Süß saß damit in einem goldenen Käfig. Er hatte nach den vergeblichen Kündigungsversuchen (siehe unten, S. 145) wohl unbedachterweise selbst die Möglichkeit einer Flucht angesprochen und daraufhin vom Herzog als Antwort bekommen, er würde ihn für vogelfrei erklären lassen: »Probiere es und gehe ohne mein Wissen fort und schaue, wie ich dich werde einholen lassen.«[61]

Seinen Lebenswandel und seine Ansprüche konnte er sich nach und nach ermöglichen, weil er nach seiner kurpfälzischen Zeit zunächst für den Landgrafen von Hessen-Darmstadt, Ernst Ludwig, ein weiteres typisches Geschäft betrieb: die Münze. Ernst Ludwig hatte exorbitante Schulden, der Neubau seines Schlosses im üppigen barocken Stil musste 1726 aus Geldmangel eingestellt werden und ist bis heute unvollendet geblieben. Seine Schulden v. a. bei Frankfurter Bankhäusern brachten den Landgrafen 1730 an den Rand des Ruins. Jahrzehntelang hatte die Landgrafschaft bei verschiedenen Frankfurter Juden Geld geliehen, teilweise die Schulden getilgt, neue aufgenommen, darunter auch gegen Pfand, und zur Tilgung bei dem einen Gläubiger wiederum Kredit bei einem anderen aufgenommen.[62] Abgesehen vom Pfand erinnert das durchaus an die heutigen Umschuldungen der verschuldeten Banken und Staaten. Diese fürstliche Bittstellerei hätte jedoch bei jedem christlichen Bankier peinlich sein müssen und wäre wahrscheinlich auch schon längst auf Ablehnung gestoßen, denn Darmstadt war nicht mehr kreditwürdig. Es verwundert daher nicht, dass man sich ausschließlich an jüdische Geldgeber wandte, die das Risiko eingingen, das die anderen scheuten, eine Lösung der Krise war das aber nicht. Nachdem offenbar der Versuch, durch einen Alchimisten an Gold zu kommen, nicht erfolgreich war, entsann sich der Landgraf in dieser persönlichen Not und angesichts der allgemeinen Knappheit an Münzen auf sein Münzrecht – genauso wie seine Kollegen in der Kurpfalz, in Bayern und dann in Württemberg. In den vorherigen Jahrzehnten hatte es durch die Kriege und deren Folgewirkungen einen Abfluss von Münzgeld gegeben, genauer gesagt von »guten Münzen«, v. a. Goldmünzen, zugunsten

61 A. a. O., S. 189.

62 Cf. im Detail für die Zeit bis ca. 1700: Kasper-Holtkotte, op. cit. (vgl. Fußnote 23), S. 77 f.

minderwertiger kleinerer Münzen. Die Münzwirren zogen sich bis in die 1730er Jahre hin.[63]

Tendenziell immer schon, besonders drastisch aber im Dreißigjährigen Krieg, hatten die Fürsten ihre Einnahmen durch Münzverschlechterung aufgebessert. Das war die Zeit der »Kipper und Wipper«, wo christliche und jüdische Münzmeister bessere, d.h. silber- oder goldhaltigere Münzen einschmolzen um schlechtere, d.h. mit einem geringeren Edelmetallgehalt (Münzfuß genannt), zu prägen, was mehr Münzen für dieselbe Menge Edelmetall ergab und so die Staatskasse auffüllte, allerdings nur kurzfristig. Strukturell gab es immer eine leichte Diskrepanz zwischen Einkaufswert des Edelmetalls und Ausgabewert in Münzen, da durch diese Differenz, Schlagschatz genannt, ja auch die Prägungskosten gedeckt werden mussten. Außerdem gab es eine kontinuierliche schleichende Verschlechterung des Münzfußes über lange Zeit hinweg, etwas anderes war freilich die überdurchschnittliche Verschlechterung in kurzer Zeit. Was lag näher, als den Schlagsatz etwas zu strecken, um wie durch Alchemie auf einmal mehr Geld zu bekommen? Dies blieb auf dem Markt nicht verborgen, und so begann man zwischen schlechten und guten Münzen zu unterscheiden, bis letztere verschwunden waren und die Inflation der Schlechteren einen Wertverfall mit einer schweren Finanzkrise nach sich zog. Doch solche Folgewirkungen kümmerten die Fürsten nicht, wenn es darum ging, die unmittelbar drohende Pleite zu verhindern. Allerdings versuchte das Reich solche Praktiken zu verhindern und setzte dafür einen Reichsmünzfuß fest. Dieser war auch nicht marktgerecht, denn auf der anderen Seite führte die Knappheit an Edelmetall, die im Zusammenhang mit der erwähnten Münzverknappung zu sehen ist und durch die massiven Neuprägungen in Süddeutschland zugespitzt wurde, zu einer Verteuerung von Gold und Silber beim Einkauf. Dadurch drohten Nenn- und Realwert der Münzen in die andere Richtung auseinanderzulaufen. Ein Argument für die Münzpräger, sich vom veralteten Reichsmünzfuß zu verabschieden und mit dem Hinweis auf den drohenden Verlust beim Prägen über den Defizitausgleich der gestiegenen Rohmetallpreise hinaus einen Gewinn durch die Münzverschlechterung zu erzielen. Mehr zu diesem Komplex weiter unten bei der Stuttgarter Münze.

Das Geschäft, das Joseph Süß für den Landgrafen von Hessen-Darmstadt einfädelte, ist ein Lehrstück an frühmoderner und in man-

63 Vgl. die Beschreibung der Zusammenhänge und der Versuche die Krise zu lösen in: Carl-Ludwig Holtfrerich: *Finanzplatz Frankfurt. Von der mittelalterlichen Messestadt zum europäischen Bankenzentrum*, München (Beck), 1999, S. 99f.

cher Hinsicht auch moderner Wirtschaftsgeschichte. Durch seine weit verzweigten Beziehungen über Frankfurter Partner wollte Süß das Edelmetall zu günstigen Bedingungen einkaufen und für die Münze liefern. Das Frankfurter Bankhaus Wahler sollte per Kredit alles, auch die Münzprägung, vorfinanzieren.[64]

Die Wahlers (Johann Georg und Johann Carl) gehörten nicht zum abgeschotteten Frankfurter Partiziat[65], sondern offenbar – und nicht verwunderlich – zu dem viel größeren Kreis des »neureichen« Bürgertums, das in Frankfurt am Main singulär im Vergleich zu anderen Städten von der Stadtregierung ausgeschlossen war und gerade erst in jener Zeit nach langem Kampf und Klagen vor Reichshofrat und Kaiser (als freie Reichsstadt unterstand Frankfurt nur dem Kaiser) 1716-31 seine Mitsprache durch eine Verfassungsreform durchsetzen konnte: »Leistungseliten gegen Geburtsstand« fasst diesen Konflikt treffend zusammen.[66] Symptomatischer noch für die damaligen Verhältnisse ist jedoch, dass es dem bislang ausgeschlossen Bürgertum gelang, sich beim Kaiser durchzusetzen, weil es das Bestechungsgeld des Rates von 100 000 Gulden an den Kaiser für seinen Schlossausbau mit der doppelten Summe von 200 000 Gulden überbieten konnte.[67] Über die Wahlers, die also zum Kreise der Gewinner in diesem Konflikt gehörten, ist wenig herauszufinden, es bedürfte der Recherche in den Archiven. In dem seit 1722 begründeten und zweimal wöchentlich erscheinenden Anzeigenblatt *Ordentliche Franckfurter Frag- und Anzeigungsnachrichten* vom 7.5.1754 wurde das Haus, »gegen dem Compostell herüber, wo Herr Johann Georg Wahler gewohnt« zum »verlehnen« ausgeschrieben, »mehrere Nachricht ist bey Johann Carl Mahler seel. Wittib [= Witwe] und Glätzel in der Saalgaß zu erfragen«.[68] Das »Compostell« oder der Kompostellhof war ein Haus im Besitz der Kirche (Erzbistum Mainz), ursprünglich als Herberge des Deutschen Ordens für die Jakobspilger gedacht, südlich ans Dominikanerkloster angrenzend und an der alten

64 Cf. Haasis, S. 85 f., 88 f.

65 Nicht verzeichnet in der Liste der Frankfurter Patrizier, cf. www.frankfurter-patriziat.de

66 Cf. Andreas Hansert u. a.: *Aus Auffrichtiger Lieb Vor Franckfurt. Patriziat im alten Frankfurt*, Ausstellungskatalog, hg. von der Cronstett- und Hynspergischen Evangelischen Stiftung und dem Historischen Museum, Frankfurt am Main (W. Kramer), 2000, S. 138.

67 Cf. Waldemar Kramer: *Frankfurt Chronik*, Frankfurt am Main (W. Kramer), 1987, S. 200, Eintrag 1732.

68 Online unter dem Titel *Intelligenz-Blatt der Freien Stadt Frankfurt* (so der Titel seit 1807) bei Google Books.

östlichen Stadtmauer, also direkt an der Judengasse gelegen.[69] Das Haus von Johann Georg Wahler lag »gegenüber« dem Kompostell, also gleichfalls in direkter Nähe zur Judengasse, während die Witwe von Johann Carl (offenbar die Eltern) weiter im Zentrum wohnte (Saalgasse). Die Wahlers waren also Christen, die Nähe zum Ghetto hatte vielleicht die Kontakte Johann Georgs zu den Juden befördert. 1763 logierten die Mozarts »c/o Johann Georg Wahler, auf dem Römerberg«, die Mozarts hatten J.G. Wahler, bei dem es sich auch um einen namensgleichen Nachkommen handeln könnte, zuvor in München kennengelernt.[70] Die Wahlers waren nach der Hinrichtung von Süß 1738 auch zusammen mit Beer Hertz Oppenheimer als »Vertreter des jüdischen Kreditorenausschlusses« bei der Inventarisierung und Auflösung des Haushalts von Süß in Frankfurt beteiligt.[71]

Der Kredit der Wahlers sowie der Gewinn für alle Beteiligten sollte durch die geprägten Münzen herausgeholt werden, und zwar durch die Übernahme des kurpfälzischen Münzfußes, der den Reichsmünzfuß bereits unterschritt. Das sollte dem Landgrafen mindestens 16000 Gulden jährlich netto einbringen, Süß sollte als »Hof- und Kriegsfaktor« außer dem Titel lediglich 500 Gulden sowie die Unkosten für die Haltung zweier Pferde bekommen.[72] Das alles erreichte Süß, der offiziell dabei gar nicht auftauchte, erst nach zähen Verhandlungen mit dem Landgrafen gegen den massiven Widerstand von dessen Beamten. Diese Verzögerung – das Rohmetall war bereits geliefert, die Prägung fand nicht statt – brachte Süß selbst hohe Zinsschulden ein und das Bankhaus Wahler dann auch in größte Schwierigkeiten, so dass es selbst dafür Kredit bei der Konkurrenz, dem Frankfurter Bankhaus d'Orville, aufnehmen musste. Mit Unterstützung durch den württembergischen Erbprinzen Karl Alexander, zu dem Süß bereits Beziehungen aufgenommen hatte und der sich für Süß einsetzte, gelang es Süß den zaudernden Landgrafen zu einer autoritären Entscheidung gegen seine Beamten zu bewegen. Am 3.5.1733 begann endlich das Ausmünzen, zwei Tage später übergab Süß das Geschäft an seine Unterlieferanten Jacob Ullmann und Hirschel Baruch aus Mannheim für insgesamt 12000

69 http://de.wikipedia.org/wiki/Kompostellhof.

70 Briefe von Leopold Mozart an Lorenz Hagenauer, Salzburg, 19.7.1763 und vom 21.6.1763, in: Ludwig Schiedermair: *Die Briefe W. A. Mozarts und seiner Familie*, Vierter Band, Anhang, 236, 234, München/Leipzig 1914, online bei www.zeno.org.

71 vgl. Michael North: *Genuss und Glück des Lebens. Kulturkonsum im Zeitalter der Aufklärung*, Köln (Böhlau), 2003, S.236, Fußnote 19.

72 Cf. Haasis, S.85f.

Gulden Entschädigung oder Ablöse. Für eine Tätigkeit von ca. sechseinhalb Monaten Dauer seit seiner Ernennung zum Hoffaktor war dies keine schlechte Bilanz, auch wenn man Süß' Aufwand für den Unterhalt seines »standesgemäßen« und für seine Geschäftige notwendigen Personals in Mannheim berücksichtigt.[73]

Während Süß noch für Darmstadt arbeitete, hatte er bereits geschäftliche Beziehungen zum Generalfeldmarschall Karl Alexander, Erbprinz von Württemberg, nach Belgrad aufgenommen, wo jener kaiserlicher Statthalter war. Durch seinen raschen Abschied aus Darmstadt nach erfolgreichem Abschluss mit dem Landgrafen erhoffte sich Süß offenbar, schnell eine weitere Stufe in seinem gesellschaftlichen Aufstieg beschreiten zu können. Karl Alexander hatte direkten Kontakt zum Kaiser, seine karriereförderliche Konversion zum Katholizismus hatte er 1712 in der Hofkapelle in Wien in Gegenwart des Kaisers vollzogen, seine Heirat mit der Tochter des Fürsten von Thurn und Taxis 1727 mochte unter seinem Standesniveau gelegen haben[74], doch die Familie italienischer Herkunft war reich und betrieb mit ihrem privilegierten Postdienst ein zukunftsweisendes Geschäft. Und trotzdem hatte Karl Alexander Geldsorgen. Sein am Kaiserhof orientierter Lebenswandel wurde durch sein Jahresgehalt von 15 000 Gulden als kaiserlicher Statthalter in Belgrad nicht gedeckt, und so begann er, bei Süß einen Kredit als Vorschuss auf seine zukünftigen württembergischen Apanagen aufzunehmen, deren Vorauszahlung ihm die Landstände verweigerten. Deswegen musste ein privater Finanzier her, eine typische Situation für jene Zeit. Süß trat die risikoreiche Nachfolge eines früheren jüdischen Geldgebers und entfernten Verwandten von ihm an, Isaak Simon Landau, der Karl Alexanders Eskapaden nicht weiter mitmachen wollte und mit einer offenen Rechnung von 17 000 Gulden aus dessen Dienst ausgeschieden war.[75]

73 Haasis rechnet nach Angaben von Süß in der Vernehmung während der Haft mit fast der Hälfte der genannten Summe für diesen Zeitraum als Kosten, a. a. O., S. 67 f. Im Kontext der anderen Daten erscheint mir dies aber überzogen.

74 Vgl. Wunder, op. cit. (vgl. Fußnote 16), S. 170. – Die Familiengeschichte ist ein illustres Exempel der Karriere einer bürgerlichen Familie, der nach der Nobilitierung 1512 ein außergewöhnlicher Aufstieg auf der Sprossenleiter des Adels nach oben gelang. 1702 hatten sich die Thurn und Taxis in Frankfurt am Main niedergelassen und erhielten 1729 die Genehmigung für den Bau ihres Palais in der Großen Eschenheimer Gasse, wo nach 1815 der Sitz des Bundesrates des Deutschen Bundes eingerichtet wurde.

75 Haasis, S. 75.

Joseph Süß suchte das Risiko, er stieg da ein, wo andere aufhörten. Zweimal hatte er bis dahin Erfolg damit gehabt. Aus seinem eigenen, relativ bescheidenen Kapital sowie dann wie üblich durch eigene Anleihen bei Banken versorgte Süß seinen Herrn innerhalb eines Jahres mit »frischem Geld«, wie es heute so schön in der europäischen Schuldenkrise heißt, von 80 000 Gulden. An eine Rückzahlung war nur durch die Thronbesteigung in Württemberg zu denken, Süß band sich damit auf Gedeih und Verderb an den zukünftigen Herzog. Nach dem beschwerlichen, aber letzten Endes erfolgreichen Münzgeschäft in Darmstadt bot sich Süß auch dem neuen württembergischen Herzog als Lieferant von Edelmetall für die Münze an und wollte eingedenk seiner Darmstädter Erfahrung dafür auch die Pacht, also das ganze Geschäft übernehmen, allerdings nur unter der Hand. Was eine Lösung für die sonst zu erwartenden Schwierigkeiten mit dem Münzmeister und der ganzen darin involvierten Beamtenschaft sein sollte, erwies sich allerdings als das Problem: Seine Machenschaften im Hintergrund blieben nicht verborgen und sein Aufstieg in der Gunst des Herzogs mit einem steten Machtzuwachs und zu Verantwortungen vorbei an den Institutionen erzeugte deren Ablehnung und Hass auf seine Person. Zuletzt war er »geheimer Finanzrat« des Herzogs, ein für ihn neu geschaffener Posten, und in der etymologischen Geschichte des Adjektivs »geheim« im politischen oder diplomatischen Geschäft (vgl. später Geheimrat = Sekretär) zeigt sich schon die ganze Dialektik des dahinter stehenden Verständnisses: Er hatte nun das Vertrauen des Herzogs und direkten Zugang zu ihm unter Umgehung aller Protokolle.

Als Süß 1734 mit dem Münzgeschäft für den Herzog begann, hatten sich auch die äußeren Umstände verschlechtert. 1728 hatte das Kurfürstentum Bayern begonnen, seine Münzknappheit durch die Prägung neuer Münzen, v. a. des sog. Karolin, einer Goldmünze nach dem Vorbild des französischen Louisdor, zu überwinden. Die süddeutschen Nachbarstaaten folgten diesem Beispiel mit Gold- und Silbermünzen, Hessen-Darmstadt auf Süß' Initiative hin, wie wir gesehen haben, und Württemberg trat nun auch hinzu. Diese erhöhte Nachfrage nach Edelmetall, das traditionell über Amsterdam als Umschlagplatz bezogen wurde, eventuell via Frankfurt, führte jedoch zu einer Preissteigerung für den begehrten Rohstoff.[76] Die Rechnung der Fürsten, dabei Gewinn zu machen drohte ins Gegenteil umzukippen, und so begann aus der Konkurrenz heraus so etwas wie ein Wirtschaftskrieg zwischen den beteiligten Ländern, Münzverschlechterung inklusive.[77] Die Münzver-

76 Cf. Stievermann, op. cit. (vgl. Fußnote 14), S. 584.

schlechterung war also keineswegs eine Erfindung von Joseph Süß, wie es die Anklage und lange Zeit die Historiographie dann dargestellt hat, sondern ein bereits etabliertes System, als Süß in den Dienst des Herzogs von Württemberg trat, und dem Süß nur mit Erfolg anriet, daran teilzunehmen. Die süddeutschen Staaten befanden sich in einem Wettlauf um die Münzprägung, dabei schreckte man (auch Süß) jedoch vor dem letzten Mittel zurück, die massenhafte Prägung von Scheidemünzen (wertlose Kupfermünmzen), die während der Krise des Dreißigjährigen Krieges den Markt überflutet hatten und für ungültig erklärt werden mussten. Der Gewinn von Joseph Süß bei der ganzen Aktion angesichts ihres voreiligen Endes durch den überraschenden Tod Karl Alexanders 1737 war wohl insgesamt begrenzt, verglichen mit anderen lukrativen Geschäften (siehe unten). Die Zahlen der Aktiva und Passiva gehen in den verschiedenen Darstellungen weit auseinander und waren die längste Zeit über geprägt von der im Gerichtsverfahren gegen Süß aufgestellten Bilanz, die den Hauptanklagepunkt der persönlichen Bereicherung unter Hintergehung des Herzogs und zu Lasten des Staates lieferte. Nach Haasis zog Süß einen Gewinn von 85 000 Gulden aus der Münze, dem Herzog kamen durch die Verpachtung Einnahmen von 170 000 Gulden in die Kasse.[78] Das Geschäft war seit seinem Beginn durch mehrere widrige Faktoren so schleppend verlaufen, dass Süß zwei Entlassungsgesuche schrieb, das zweite, 1735, war ernst gemeint und führte zu einem schweren Konflikt mit dem Herzog[79], dessen Gefangener Süß nun wurde. Zu jenem Zeitpunkt bezifferte Süß seinen »Bargeldvorrat nebst Reserven auf 100 000 Gulden.«[80] Dies darf jedoch nicht einfach als Privatvermögen angesehen werden, denn die private und die geschäftliche Kasse waren eins. Wie wenig das angesichts der Dimensionen der laufenden Geschäfte war, zeigt die Tatsache, dass Süß 1736 vorübergehend eine Hypothek auf sein Vermögen aufnehmen musste, also inklusive Immobilien, das dabei auf 425 000 Gulden geschätzt wurde.[81]

77 Sehr eindrucksvoll dargestellt, trotz der eindeutigen Parteinahme gegen Süß, in: Christian Binder: *Württembergische Münz- und Medaillenkunde*, neu bearbeitet von Julius Ebner, Stuttgart (Kohlhammer), 1904, 1969, S. 164 f.

78 Cf. Hassis, S. 150.

79 Cf. a. a. O., S. 147 ff.

80 A. a. O., S. 185.

81 Cf. ebd.

Steuern, Krieg und Luxus

Um das Haushaltdefizit zu reduzieren, musste auch die Einnahmenseite durch die Erschließung neuer Einnahmequellen verbessert werden. Die Finanzierung des Hofes und des Staates war traditionell zweigeteilt: Die seit dem Mittelalter etablierte Versorgung des Hofes mit allem, was dazu gehörte, durch die eigenen Güter der herrschenden Dynastie reichte seit langem nicht mehr, zumal die Einnahmen dieses »Kammerguts« in den vorherigen Jahrzehnten durch die Kriege und nicht zuletzt »durch die Misswirtschaft Eberhard Ludwigs und seiner Kreaturen« bereits weitgehend »versetzt, verpfändet, verkauft und veräußert« worden waren.[82] Über die restlichen Mittel wachten die Landstände, es handelte sich um ursprünglich freiwillige, besondere, zweckgebundene Steuern und Abgaben, z.B. zur Finanzierung eines Krieges. Letzteres blieb auch der wichtigste Posten darin. Angesichts eines fast permanenten Kriegszustandes war daraus eine quasi ständige Einnahmequelle geworden, doch die Aufstockung des Heeres gegen Frankreich für den Polnischen Erbfolgekrieg 1733 musste der Herzog neu verhandeln und sein Wunsch, nach Beendigung dieses – im Vergleich mit dem vorherigen recht kurzen – Krieges 1755 das Heer in derselben Höhe von 12 500 Mann stehen zu lassen, brachte einen neuen Konflikt mit der Landschaft. So ging es nicht nur um neue Einnahmequellen, sondern auch um unabhängige Einnahmen, die der Zustimmung der Landschaft nicht unterstanden, sondern direkt in die Kasse des Herzogs selbst flossen.

So wurden offenbar auf Rat von Süß[83] die Beamten ins Visier genommen: Sie sollten auch Steuern zahlen, zunächst als einmalige Abgabe ein Achtel des Jahreseinkommens, bei neu Eingestellten ein Viertel und danach eine ständige Steuer von 3 Kreuzer pro Gulden, d.h. von 5 Prozent.[84] Aus der Neueinstellung von Staatsbediensteten entwickelte sich offenbar ein regelrechter Ämterkauf, und besondere Maßnahmen wurden noch erfunden, Abgaben von bereits eingestellten Beamten zu erhalten. Das Geld daraus floss in ein neugeschaffenes herzogliches »Gratialamt«, zur Verwaltung dessen Süß den Titel des »Geheimen Finanzien-

82 Stern, op. cit. (vgl. Fußnote 22), S. 49 f.

83 Das »Urheberrecht« an diesen Ideen ist nicht klar zuzuordnen, siehe unten.

84 Cf. Stern, op. cit., S. 86. Ein Gulden entsprach 60 Kreuzern, cf. Wolfgang Trapp: *Kleines Handbuch der Münzkunde und des Geldwesens in Deutschland*, Stuttgart (Reclam), 1999, S. 88.

rats« bekam. Dem Zahlenden erwies der Herzog sozusagen seine Gnade. Damit verbunden war die Erfindung von Titularien, mit denen sich untergeordnete Beamte schmücken konnten und für die sie zahlten. Vieles davon war nicht wirklich neu, es wurde in anderen Ländern praktiziert (Preußen, Bayern, Pfalz) oder war schon vorher ansatzweise in Württemberg versucht worden.

Der Ämterkauf war ein typisches Phänomen der Epoche des Absolutismus und erscheint heute als eines der herausragenden Symptome politisch-moralischen Verfalls. Man kann dies jedoch auch aus einer anderen Perspektive betrachten und das vorliegende Beispiel lohnt dafür. Die württembergischen Beamten zahlten keine Steuern, sie dazu heranzuziehen war auch ein Schritt in Richtung Steuergerechtigkeit, wenn man einmal ganz davon absieht, wofür das Geld dann wieder ausgegeben wurde. Es erwies sich natürlich als schwierig, bei den bereits eingestellten Beamten dies nachträglich einzuführen, wo es gar keine Logistik und Infrastruktur für eine solche Steuereinnahme gab; man hätte die Beamten ja dafür abstellen müssen, diese für sich selbst und ihresgleichen einzutreiben. Daher kam man auf zusätzliche Tricks, z. B. wies man dem einen oder anderen echte oder vermeintliche dienstliche Verfehlungen nach, Missachtung von Anweisungen etc., und dispensierte ihn in einem Vergleich von einer weiteren Strafverfolgung gegen Zahlung einer Buße. Solche »Abolitorien« waren schon unter dem vorherigen Herzog praktiziert worden, nun wurde dies systematisiert und ausgeweitet[85]; Denunzianten wurde Anonymität zugesichert und eine Belohnung versprochen. Neben der Bekämpfung der ohne Zweifel vorhandenen bürokratischen Missstände wurde dabei dem Missbrauch dieses Instruments Tür und Tor geöffnet. So musste z. B. »der Vogt Zeller von Balingen ›vor Pardoniren‹ 20 000 fl. bezahlen«.[86] Trotzdem war auch diese Prozedur mühselig und erzeugte eine feindselige Stimmung. Am einfachsten war es dagegen, durch den Ämterkauf von den zukünftigen Beamten sozusagen die Steuerschuld durch einen Abschlag auf einmal vorab zu kassieren. Unter dem Strich war dieser Steuervorabzug nur eine Minderung ihres zu erwartenden Gesamteinkommens. Aber angesichts dessen, dass die Ämter dadurch nicht nach Befähigung (wenn es denn vorher so war ...), sondern nach Reichtum vergeben wurden, ja, dass es sogar eine Art Versteigerung von Titeln und Ämtern gegeben

85 Zimmermann, op. cit. (vgl. Fußnote 13), S. 63 ff. Für den Autor gehören die damit verbundenen Aktivitäten von Süß zu den verwerflichsten. Anders bei Haasis, S. 181.

86 Zimmermann, op. cit., S. 64.

haben soll[87], so soll diese fiskalische Maßnahme natürlich hier nicht legitimiert werden, vielmehr geht es um das historische Verständnis.

Es verwundert nicht, dass die Beamtenschaft auf all dies einen besonderen Hass entwickelte, der sich dann primär gegen Süß richtete und weniger gegen den Herzog (zumal nachdem er tot war), in dessen Auftrag und nach dessen Vorgaben Süß arbeitete, wenn auch mit eigenen Ideen zur Lösung der Finanzprobleme. So wurde die Beamtensteuer, der »Besoldungsgroschen« im Volksmund schnell zum »Judengroschen« oder zum »Höllengroschen«.[88] Typisch für die fatale Verknüpfung von (neuen) Steuereinnahmen und Finanzierung über Kredit war dabei, dass Süß die Bezahlung der Staatsbediensteten übernehmen, durch Kredit vorfinanzieren und seinen Gewinn durch den »Besoldungsgroschen« erhalten sollte.[89] Es ging darum, dass man nicht langfristig einsparen, sondern kurzfristig Geld in die Kasse bekommen wollte, zukünftige Einnahmen – die alles andere als sicher waren – wurden sozusagen verpfändet. Es war dasselbe System wie weiter oben angedeutet bei den Habsburgern drei Jahrzehnte zuvor. Darüber hinaus wurde versucht, erfolglos, eine Art Vermögenssteuer von allen Untertanen einzufordern und dafür eine Art Volkszählung durch die Beamten durchzuführen. Dass diese Idee nicht von Süß, sondern vom Regierungsrat Fischer stammte[90], macht an dieser Stelle deutlich, dass es sich bei diesen Dingen um ein Teamwork im Umfeld des Herzogs handelte. Und die Ideen gingen noch weiter: Auch die Kirche sollte Steuern an den Staat abführen![91] Denn, dies war eine Besonderheit der Reformation in Württemberg, die Kirche hatte nach den Glaubenskämpfen in einer Kompromissregelung des Herzogs Christoph (1550-68) ihren Besitz als Sondervermögen wahren können, war also nicht wie in anderen Ländern säkularisiert worden[92], was dann später in der napoleonischen Zeit nachgeholt werden sollte. Zu diesem Zeitpunkt aber war das eine Kriegserklärung an die Kirche, die zwar keine ständische Macht mehr darstellte wie in früheren katholischen Zeiten, aber beinahe. Dies waren jedoch nur wichtige Elemente einer weit umfassenderen Steuerreform, die zunächst überhaupt eine Bilanz mittels zentraler Erfassung aller kommunalen u.a. Abgaben ermöglichen, die örtliche Miss- und Kliquenwirtschaft aufheben und dann eine Zentralisierung des Steuersystem durchsetzen sollte – eine

87 Cf. Stern, op. cit., S. 95, Zimmermann, op. cit., S. 60.

88 Stern, op. cit., S. 86.

89 Ebd.

90 A.a.O., S. 88.

91 Die umfangreichen Pläne werden bei Stern dargestellt, op. cit., S. 89.

92 Cf. Wunder, op. cit., S. 76.

Modernisierung des Finanz- und Steuerwesens. All diese Dinge, von Selma Stern in ihrem Buch detailliert zusammengefasst, empörten das Volk, was wiederum den Herzog zu noch radikalerem Vorgehen gegen dessen Widerstand brachte.[93]

Eine der ersten und gleich schwierigsten Aufgaben von Süß im Dienst Karl Alexanders war die Belieferung der Rheinarmee (der Armee des Schwäbischen Kreises, also Württembergs und seiner Nachbarstaaten zusammen) 1733-35. Hier musste Süß mit mehreren Sublieferanten arbeiten, sich mit Konkurrenten und Gegnern auseinandersetzen und die Lieferungen zu bestimmten Zeitpunkten an einen jeweils anderen Ort bringen lassen, eine große logistische Herausforderung für die damalige Zeit. Hier konnte Süß seine alten kurpfälzischen Verbindungen spielen lassen und jüdische Geschäftspartner ins Boot holen, verfeindete sich aber auch mit anderen, die dann später bei Gericht als Belastungszeugen gegen ihn aussagten.[94] Immerhin sprang dabei am Ende ein ansehnlicher Gewinn für Süß heraus, wie er nachträglich in der Haft selbst zugestand; die gegen ihn erhobene Beschuldigung, er habe den Herzog um 300000 Gulden geprellt, musste jedoch, wie so mancher andere Punkt der Anklage, fallen gelassen werden.[95]

Weitere Einnahmen wurden durch ebenso klassische Maßnahmen jener Zeit erzielt oder waren zumindest in der Planung oder konkreten Vorbereitung bis zum plötzlichen Tod des Herzogs am 12.3.1737. Es waren staatliche Monopole in der Hand des Herzogs auf bestimmte Waren: Salz, Tabak, Seide, Leder, »Specereien« u.a.m., ja sogar auf den einheimischen Wein (hier ging es um ein Handels- d.h. Ausfuhrmonopol[96]), meistens also (mit Ausnahme des Salzmonopols) Steuern auf Luxuswaren. Monopol hieß Verbot der Herstellung oder des Handels von anderer Seite als durch die Hand des Staates bzw. desjenigen, dem der Herzog das Monopol verpachtete. Dafür sollten nach der merkantilistischen Doktrin auch entsprechende Manufakturen für Porzellan und Tabak entstehen (d.h. wohl für die Verarbeitung des Tabaks[97]).

93 Cf. Stern, S. 92f.
94 Haasis, S. 161f.
95 A.a.O., S. 169.
96 Cf. Stern, S. 75.
97 Die Anpflanzung von Tabak unter Eberhard Ludwig war an den klimatischen Bedingungen gescheitert, cf. Stern, S. 71, dafür aber schon im 16. Jahrhundert in der Pfalz gelungen, wo bis zum Beschluss zur Einstellung der Subventionen 2009 der Tabakanbau »zu 80 Prozent« durch die EU »als Tabakprämie« finanziert wurde (www.dradio.de/dlf/sendungen/umwelt/132475).

Süß' einträglichste Geschäfte waren jedoch diejenigen, die wirtschaftspolitisch am wenigsten sinnvoll, ja sogar kontraproduktiv waren, so die Befriedigung des Herzogs und seiner Gemahlin aus dem Hause Thurn und Taxis mit Juwelen und anderen Luxusgütern. In der Haft gab Süß an, er habe für 300000 Gulden Juwelen gekauft (zweifellos in Amsterdam, evtl. über Prag oder Frankfurt) und mit 100 Prozent Gewinn weiterverkauft.[98] Er ließ sich das Spielkartenmonopol verpachten sowie das Privileg für Hazardspiele in eigenen Etablissements sowie, dann doch zum Wohle des Staates, ein Lotteriespiel, das er dann allerdings rasch mit Verlust abtrat.[99] Das Glücksspiel lief jedoch besser als die seriöse Bankgründung am 22. 10. 1735, die Süß nach internationalem Vorbild auch für Württemberg initiierte, »damit ›gegen Hypotecierung der Kammerschreibergüter[100] ein Stück baar Geld auf alle Notfälle zugegen liegen, das Geld im Land bleiben und fremdes herein kommen möge‹ [...], und um die Anlage des heimischen Kapitals außerhalb des Landes zu verhüten.«[101] Als Sicherheit für die Anleger sollten der Gold- und Silbervorrat sowie die Güter und Einnahmen des Herzogtums gelten, zweifelhafte Sicherheiten, wie wir heute wissen. Ein Zins für Debitor und Kreditor von 5 Prozent sollte gleichfalls Vertrauen gegen »›eine wucherliche Uebernahme, wie bis dahero vielfältig und fast ohne Scheu beschehen‹«, verhindern.[102] Diese Absichtserklärung kaschiert freilich nur das Ziel der Operation, diese Bankeinlagen de facto zu Staatsanleihen zu machen, auf die wiederum Kredite hätten aufgenommen werden können. Doch es nützte alles nichts, dem Sturm des Widerstandes gegen das Projekt aus allen Kreisen des Establishments zu trotzen, das Süß vorwarf, das Geld nur an sich ziehen zu wollen. Solche Widerstände gab es freilich auch in anderen Ländern ganz unabhängig von der Frage, wer diese Idee lanciert hatte oder wer für deren Durchsetzung verantwortlich zeichnete.[103]

An Details ließe sich noch viel mehr auflisten, was Selma Stern und Hellmut G. Haasis penibel genau recherchiert haben, ist jedoch hier nicht weiter von Belang, das Entscheidende wurde festgehalten.

Welche von all diesen wirtschafts- und finanzpolitischen Maßnahmen im Einzelnen vornehmlich auf die Inspiration von Joseph Süß zurück-

98 Cf. Haasis, S. 185.

99 Cf. Stern, S. 77.

100 Güter, die nicht zum Staats-, sondern zum Privatvermögen des Hofes gehörten.

101 Zit. nach Stern, S. 79.

102 Ebd.

103 Vgl. Stern, S. 80.

gehen, welche auf die zahlreichen Beamten, mit denen er zusammen arbeitete – ein Aspekt, der in der klassischen Vorstellung vom Hoffaktor Süß stets zu kurz kommt –, und welche auf den Herzog selbst, ist im Nachhinein kaum zu bestimmen. Mit Sicherheit wurde der Einfluss von Süß unter dem Eindruck des Ausgangs dieser Geschichte auch von wohlmeinenden Historikern überschätzt.[104] Noch eine jüngste Publikation schreibt ihm faktisch alles zu.[105] Joachim Brüser berichtet von der Amtszeit Karl Alexanders als Statthalter in Belgrad, dass er dort schon, lange vor seiner Thronbesteigung in Württemberg, eine Finanz- und Wirtschaftsreform nach einer 1721 durchgeführten Volkszählung durchführen wollte – übrigens durchaus auch mit der Absicht einer gerechteren Verteilung der Steuerlasten –, eine merkantilistische Politik zugunsten der regionalen Wirtschaft mit der Einrichtung von Monopolen usw., vieles von dem, was dann später auch in Württemberg umgesetzt werden sollte. Das Ganze sollte natürlich nicht nur der Steuergerechtigkeit durch die Besteuerung der bislang Privilegierten dienen, sondern auch und vor allem der Verbesserung der Staatseinnahmen in Höhe von Mehreinnahmen von 337444 Gulden jährlich.

Nebenbei bemerkt ist die Steuergerechtigkeit – zumindest ansatzweise – ein kaum berücksichtigter Aspekt in der historischen Bewertung des späten Absolutismus: In seiner Geldnot war der absolute Fürst bereit, mit Marx gesprochen, seine Klasse zu verraten und auch die bislang steuerlich Privilegierten zur Kasse zu bitten, also auch den Adel. War der Absolutismus v.a. durch die politische Ausschaltung des Adels entstanden, so zeigten sich am Ende auch deutliche Tendenzen, seine gesellschaftlichen Privilegien anzutasten. Schon 1695 hatte Ludwig XIV. bzw. sein Minister Colbert mit der Einführung der »capitation« eine progressive Einkommenssteuer nach 22 Steuerklassen inkl. des Adels durchgesetzt; die war jedoch nur eine zusätzliche Steuer, die deswegen die ungleiche finanzielle Belastung der sozialen Schichten durch die bereits existierende Besteuerung nicht grundsätzlich aufhob. Als dies am Ende auch nicht reichte, kam die Einberufung der Generalstände durch den König 1789 dadurch zustande, dass die Nobilität zuvor abgelehnt

104 Cf. Brüser, op. cit. (vgl. Fußnote 12), S. 28 und 31; mit Verweis auf: Peter H. Wilson: »Der Favorit als Sündenbock. Joseph Süß Oppenheimer (1698-1738)«, in: Michael Kaiser/Andreas Pečar (Hg.): *Der zweite Mann im Staat. Oberste Amtsträger und Favoriten im Umkreis der Reichsfürsten in der Frühen Neuzeit*. Zeitschrift für historische Forschung, Beiheft 23, Berlin 2003, S. 155-176, insbes. S. 161 ff. Ebenso Emberger/Ries (siehe Fußnote 4), S. 39.

105 Cf. Koch, op. cit. (Fußnote 31), S. 14.

hatte, durch Steuern zur Lösung der Finanzkrise mehr als bisher beizutragen. Im kleinen Württemberg waren die Privilegierten mangels eines substantiellen Adels eher bürgerliche Kreise, die zum Establishment gehörten (Beamte usw.) und deren ständische Vertretung die Landschaft war (siehe oben).

Die Realisierung dieses Programms des Generalgouverneurs in Belgrad war immerhin zum Teil erfolgreich.[106] Auch als Herzog von Württemberg hielt Karl Alexander weiterhin enge Beziehungen nach Wien sowie zu den geistlichen Fürstenhöfen in Würzburg und Bamberg aufrecht (die Grundlage für die Verschwörungstheorie hinsichtlich des Katholizismus), wo er sich Rat einholte. Joseph Süß wiederum arbeitete von Amts wegen mit den hohen Staatsbeamten zusammen, oft konfliktreich aber auch oft einvernehmlich, sowie aus eigener Initiative mit seinen eigenen Beauftragten, darunter als oberstem Geschäftsführer in Frankfurt dem Mannheimer Notar Leining, und Sublieferanten, Geschäftspartnern aller Art, Christen und Juden, und vermittelte die einen oder anderen wiederum durch Pachtverträge an den Herzog. Von einer einseitigen Privilegierung jüdischer Partner kann keine Rede sein. Die Akten bezeugen, »dass Joseph Süß Oppenheimer weder der einzige Jude am Stuttgarter Hof, noch der einzige Kreditgeber des Herzogs und sicher nicht der wichtigste Ratgeber war.«[107]

Schulden und Schuld

Die allermeisten wirtschaftlichen und finanziellen Geschäfte, die Joseph Süß für seinen Herzog erledigte, waren Dinge, für die andernorts kein Mensch bestraft wurde. Er mag gewiss an der einen oder anderen Stelle für sich etwas mehr abgezweigt haben als vertraglich festgehalten, dafür hat er aber nachweislich an der einen oder anderen Stelle auch auf vorgesehene Einnahmen verzichten müssen. Der Vorwurf der Falschmünzerei gegen ihn musste selbst vor diesem unrechtsstaatlichen Gericht fallen gelassen werden, da nicht Süß selbst der Münzmeister war und außerdem der Münzfuß auf einer Ebene mit dem der Nachbarstaaten blieb. So konnte Süß in der Todeszelle kurz vor seiner Hinrichtung zu Recht dem Gerichtssekretär vorhalten:

106 Cf. Brüser, op. cit., S. 29, die Parallelen zu Württemberg vgl. S. 30f.
107 Brüser, S. 31.

> »Sie haben das ganze Protocoll geschrieben, sagen Sie mir eine einzige Ursache, die mir das Leben absprechen solle! die Herren Commissarii wissen keine, ja ich bin mir selber keine bewußt, könte aber auch nicht sagen, ohngeachtet ich bald vierzig Jahr alt bin, daß ich mich entweder gegen GOtt oder Menschen in etwas verschuldet, welches nur könte mit einer Straf von 50. ja nur von 20 fl. Beleget werden. Hierauf ergriff er den Secretarium im Gesicht mit beiden Händen, hielte ihn eine gute Weile, und sprach: Herr Secretarius, Sie würden mich Ihnen höchstens obligiren, wann sie zuwegen brächten, daß man eine Revisions-Commission niedersetzte, und hierzu drey Lutheraner und drey Reformirte nehme. Ich zweifelte nicht, meine Unschuld würde alsdann an den Tag kommen.«[108]

Was letztlich gegen ihn festgehalten wurde, war, zusammengefasst:

> »[...] schädliche consilia wider Herrn und Land«, »daß er mehr angesehen, als kein prremier-Minister je gethan, sich arrogiret, den Excell. Titul. angenommen, Beamte und Solicitanten maltraitiert und ungeacht des getriebenen unbeschreibl. Luxus in kurzer Zeit einen großen Reichtum zusammengescherrt«.[109]

Anmaßung, Luxus, Reichtum, ... etwas, das offenbar nur bei Juden sträflich ist, nicht bei Christen. Es ist der Kern des antisemitischen Ressentiments. Ein »schlechter Ratgeber«? Die gab es zu Hauf. Beamte und Bittsteller (Solicitanten) »maltraitiert«, was hier wohl nichts weiter heißt als »ungebührlich behandelt«? Alles moralische Kategorien, wenn man so will, aber keine eigentlich strafrechtlichen. Was die Berufung eines Juden unter dem Titel des »Geheimen Finanzien Raths« als »Quasi-Minister«[110] in einem vom Herzog geschaffenen, außerinstitutionellen »Kabinett« anging, so mochte dies außerhalb oder sogar gegen die traditionellen Gesetze des Landes erfolgt sein, verantwortlich dafür wäre

108 Nach dem Bericht von Christoph David Bernard: *Ausführlicher Discurs mit einem seiner guten Freunde, von allem, was ihme in den drey letzten Tagen des unglücklichen Jud Süß Oppenheimers ... bekannt geworden ...*, 1738, S. 13 f.; http://idb.ub.uni-tuebingen.de/diglit/LXVI8g_qt, Auszug in: Hellmut G. Haasis: *Joseph Süß Oppenheimers Rache. Erzählung – Biographischer Essay – Dokumente*, Blieskastel (Gollenstein), 1994, S. 224. – Die Schreibweise GOtt respektiert die jüdische bzw. alttestamentarische Tradition, den Namen Gottes nicht (aus-) zu schreiben, meistens findet man die Schreibweise G'tt.

109 Urteil vom 13.12.1737, Landesarchiv Stuttgart, zit. nach Brüser, op. cit., S. 33.

110 Emberger/Ries, op. cit., S. 48.

aber alleine der Herzog gewesen und »der Jude«, wie in anderen Fällen auch, mit dem Verweis aus dem Land und der eventuellen Konfiskation seines Vermögens bzw. der Annullierung der Schulden an ihn davon gekommen.

Eine andere als diese im wörtlichen Sinne »außerordentliche« Anstellung in fürstlichen Diensten wäre aber ohnehin nicht statthaft gewesen, und es handelte sich daher auch um keine explizite Sicherheitsmaßnahme von Süß, wie Peter Wilson es annimmt, »um sich solchermaßen der Möglichkeit einer späteren Verpflichtung zur Rechenschaftsablegung zu entziehen«[111] – im Gegenteil: Er wollte ja, soweit wie es ging, »offiziell« erscheinen, daher auch der Titel des »Geheimen Finanzien-Raths«. Doch als Jude hätte Süß nun wahrlich kein Minister werden können. Dass er sich seiner trotzdem prekären Situation bewusst war und die Verschwörung gegen ihn heraufkommen sah, zeigt sich darin, dass er sich kurz vor dem (nicht vorhersehbaren) Tode des Herzogs im Februar 1737 von Karl Alexander eine vorsorgliche Indemnität für alles garantieren ließ[112], die nach dem Tode des Ausstellers allerdings nichts mehr wert war – und es im Zweifelsfall auch zu seinen Lebzeiten nicht gewesen wäre.

Kirche, Bürgerschaften und Landstände hatten schon im 17. Jahrhundert gegen wiederholte Verstöße gegen das Niederlassungsverbot für Juden protestiert, nachdrücklich v.a. 1712 und in den folgenden Jahren bei Herzog Eberhard Ludwig »gegen die Aufnahme von Juden durch den Herzog ›bay dero hofstaat und residenz‹«, denn schon von vornherein befürchtete man »›schädliche consequentien und wirkhungen, ja gar ein damnun irreparabile durch derselben wucherlich und betrüglich gewerb und handthierungen, im kaufen und verkaufen‹. [...] Das Negativbild der ›nagenden Würmer‹ hatte sich in Württembergs Landständen und Kirche von seiner ersten Formulierung 1498 an kontinuierlich gehalten und wirkte bis zum Ende des Alten Reiches fort«.[113]

111 Wilson, op. cit. (Fußnote 104), S. 158.

112 Die Bitte dazu findet sich in einem umfangreichen »Memorial von Süß an den Herzog. Stuttgart, 11. Februar 1737«, abgedruckt in: Stern, op. cit., S. 280.

113 Stefan Lang: »Judenpolitik des Herzogtums Württemberg in der Frühen Neuzeit«, in: Rolf Kießling/Peter Rauscher/Barbara Staudinger (Hg.): *Räume und Wege. Jüdische Geschichte im Alten Reich 1300-1800*, Berlin (Adakemie-Verlag), 2007, S. 141. Zu den Hofjuden unter Eberhard Ludwig vgl. auch Embeger/Ries. op. cit., S. 33.

Da jedoch keine manifesten Straftaten nachweisbar waren, musste man damals – und der Film von Veit Harlan hat das ja massiv ausgespielt – auf sein verbotenes Verhältnis zu einer Christin (Luciana Fischer) und darüber hinaus auf angedichtete »Hurerei« und »Ausschweifungen« ausweichen und den Schaden, da finanziell schwer feststellbar, auf das sittliche Terrain verlagern.

Alle Geschäfte mit Ausnahme der Lieferung von Juwelen und anderen Luxus- und Galanteriewaren für den Herzog und seine Gemahlin, die die eigentliche Goldgrube für Süß waren, beruhten auf dem Prinzip, dass Süß etwas günstig liefern, dem Herzog also einen Rabatt verschaffen, die Ausgaben damit reduzieren konnte und dafür eine Provision erhielt. Diese war nie direkt prozentual festgelegt, sondern alles lief über eine Schätzung der entsprechenden Summen und die Festlegung eines Anteils daran für Süß' Vermittlung. Das war auch eines der Probleme, da die Schätzungen selten genau zutrafen, bürokratische Hemmnisse auftraten, zeitliche Verzögerungen sich einstellten, Zahlungen nicht erfolgten usw. Süß selbst hatte nur ganz zu Beginn eigenes Kapital als Darlehen investiert, noch bevor Karl Alexander Herzog wurde (siehe oben), ansonsten vermittelte er Kredite so wie die anderen Waren, bzw. er besorgte sich die Kredite für sich selbst. Denn selbst diese Geldbeschaffung für den Herzog war kein reines Kreditgeschäft wie heute, so dass eine bestimmte Summe auf ein Konto eingegangen wäre. Die Gründung einer Bank, schon vor Karl Alexander versucht worden, aber gescheitert, wurde in Angriff genommen, scheiterte aber erneut (siehe oben). So waren alle Kredite über materielle Geschäfte vermittelt und zwar durch das Pachtprinzip: Süß übernahm z.B. die Pacht für die Münze, d.h. die Kosten für das einzukaufende Edelmetall, dessen Transport und die Münzung mit allem drum und dran und streckte den zu erwartenden Gewinn für den Herzog vor. Dafür musste er einen Kredit aufnehmen, der mit Zinsen zurückzuzahlen war. Und daraus sollte dann auch *last but not least* sein eigener Gewinn resultieren.

Wie hoch sich der Gewinn aus allen Geschäften am Ende belief, ist nicht klar zu ermitteln: Sein Verteidiger im Prozess schätzte sein Vermögen auf 457 000 Gulden, was ungefähr dem entspricht, was wegen Aufnahme einer Hypothek für einen Kredit in Frankfurt 1736 veranschlagt wurde: 425 000.[114] Aus letzterem geht übrigens ganz eindrucksvoll hervor, dass Süß trotz seines Vermögens für seine Geldgeschäfte Kredite aufnehmen musste und dass offenbar seine Strategie, einen Großteil seines Einkommens in Immobilien anzulegen, auch diesem Umstand

114 Cf. Haasis (1998, vgl. Fußnote 26), S. 185.

geschuldet war. Sein Vermögen war das Resultat aller seiner Geschäfte und lässt sich nicht auf die württembergischen reduzieren. Dem Herzog erwuchsen aus allen Maßnahmen zur Verbesserung der Einnahmen von 1733-36 ein Plus von jährlich 138000 bis 299000 Gulden »und selbst 1737, als der Herzog tot und Süß gestürzt war, bewies Süß' Finanzreform ihre Kraft mit 320000 Gulden«, bilanziert Haasis.[115] Daraus ergibt sich freilich noch keine Gesamtbilanz, denn es fehlt die Ausgabenseite. Nach Süß' eigenen Angaben hatte er dem Herzog für 600000 Gulden Juwelen verkauft (siehe oben, S. 150), das alleine macht den Gewinn der Einnahmensteigerung des letzten und vorletzten Jahres bereits wett. Außerdem bilanzierte Süß noch wenige Tage vor dem Tod des Herzogs in einem umfassenden Schreiben an ihn, er habe »durch einen aller Orthen bey Christen und Juden habenden Credit, wie Ew. Hochf. Durchl. Selbst gndst. Wissen, denen Cammer und Cassen mit vielen 100/m fl. subveniret«.[116] So stellt sich die Frage, welche substanzielle Wirkung die Süß im Nachhinein zugute geschriebene moderne Finanzpolitik hatte und ob der Widerstand der Landstände nur das altkonservative Festhalten an den Privilegien und ein grundsätzliches Beharren am Bestehenden war, als das es in der Literatur gesehen wird. Es ging dabei nämlich nicht nur um die Frage, warum und wie neues Geld in die Staatskasse kommen sollte, sondern auch, wofür es ausgegeben werden sollte. Auf der anderen Seite waren die Landstände dann aber bereit, dem Nachfolger von Karl Alexander, Hzg. Karl Eugen, in Stuttgart sein Neues Schloss zu finanzieren (1745 ff.), in der Illusion, mehr Einfluss auf die Regierung zu bekommen, wenn er mit dem Hofstaat von seinem »Versailles« Ludwigsburg wieder in die Hauptstadt zurückkehrte.[117]

Abstrahiert man von diesen komplexen Zusammenhängen, so kann man zusammenfassend sagen, dass das allgemeine Prinzip des »Subvenirens« darin bestand, mittels eines selbst aufgenommenen Kredits dem Herzog Geld vorzuschießen, das man dann aus zukünftigen Einnahmen wieder zurückerhalten und dabei auch noch die zu zahlenden Zinsen und den eigenen Gewinn decken sollte. Es war das uralte, schon in der Antike bekannte Prinzip der Steuerpacht. Anders als damals, zumindest in der Zeit, als das Römische Reich noch solide war, waren diese Pacht-

115 Haasis, S. 183. Haasis' Rückführung aller Reformen auf Süß' Engagement muss bei allem Wohlwollen relativiert werden, siehe oben.

116 Das heißt mit vielen 100000 Gulden ausgeholfen. »Memorial von Süß an den Herzog. Stuttgart, 11. Februar 1737«, in: Stern, op. cit., S. 274.

117 Cf. Wunder, op. cit. (vgl. Fußnote 16), S. 177.

verträge jedoch Wechsel auf eine ungewisse Zukunft und erzeugten stets neue finanzielle Probleme. Modern gesehen, könnte man das auch als Privatisierung von staatlichen Aufgaben betrachten, und so wurde es tatsächlich auch damals schon diskutiert, wobei Süß natürlich, vom Herzog um seine Meinung gefragt, sich für die Privatisierung dieser Dinge aussprach, statt sie staatlichen Behörden zu überlassen.

Das Grundproblem war freilich, dass der Staat mit seinem Geld nicht auskam, die Ausgaben überstiegen die Einnahmen, wohlgemerkt ein generelles Problem aller Staaten. Für beides gab es ganz verschiedene Gründe. Auf der Einnahmenseite waren die traditionellen Einkünfte des Hofs und des Staates weit hinter der Entwicklung der letzten zweihundert Jahre zurückgeblieben, sie beruhten immer noch im wesentlichen auf den alten grundherrschaftlichen Einnahmen aus Landwirtschaft (Abgaben des Bauern an den Grundherrn), Markt- und anderen Rechten, Zöllen und einer ganzen Palette von grundherrschaftlichen Rechten, darunter ursprünglich Dienstleistungen (Frondienste), die dann aber meistens in Geldzahlungen umgewandelt wurden. Den Städten waren im Laufe des Mittelalters Privilegien erteilt worden, d.h. sie bekamen Freiheiten und es wurden Rechte an sie abgetreten (Marktrecht usw.), so dass sich diese traditionellen Einnahmen, alles indirekte Steuern, auf den Staat, den Fürsten, die Städte und Gemeinden verteilten. Wenig berücksichtigt wurde die wirtschaftliche Entwicklung, die zunehmend Reichtum in Handel und Gewerbe hervorbrachte. Da es keine direkten an das Einkommen gebundenen Steuern gab, blieben diese Einkünfte weitgehend unversteuert, jedenfalls was die Staatskasse angeht.

Ausnahmen gab es immerhin bei den Städten – Beispiel Frankfurt (hier fällt Stadt und Staat allerdings auch zusammen): Die Stadt musste zur Deckung ihrer Ausgaben zwangsläufig auch an die Einkünfte ihrer Bürger herangehen. Frankfurt als der Handels- und Finanzplatz Süddeutschlands erhob jedoch zunächst im 15./16. Jahrhundert Steuern, die nach Einkommenskategorien von unten nach oben prozentual degressiv waren. Etliche Anpassungen im Laufe der Zeit korrigierten dies zwar, aber nicht den Grundsatz der Bevorteilung der Reicheren und Reichsten: 1574 wurde ein gleichmäßiger Satz für die »Schatzung« von ein Drittel Prozent festgelegt, wobei auch die Ärmsten den Steuersatz der niedrigsten Klasse von 50 Gulden Jahreseinkommen zahlen mussten, während die Obergrenze bei 15 000 festgelegt wurde und wer mehr verdiente, nur den entsprechenden Satz hierfür zahlte. Hinzu kam aber das »Wachtgeld«, eine Kriegssteuer, die nach wie vor degressiv blieb, denn für die niedrigste Steuerklasse von 50 Gulden Einkommen war 1 fl. zu entrichten, also 2 Prozent, für die oberste Steuerklasse von 10000 Gulden jedoch nur 3 fl., also 0,03 Prozent.[118]

Direkte Steuern des Territorialstaates bestanden in der Frühen Neuzeit allenfalls als »Kopfsteuern«, die gleiche Steuer für alle Haushalte, in fortgeschrittenen absolutistischen Bürokratien wie in Frankreich vielleicht noch etwas nach der sozialen Lage gestaffelt, wenn überhaupt (siehe oben). Gleichwohl blieb es immer dabei, dass diese Steuern für die Armen zu hoch und für die Reichen zu niedrig waren. Sie waren sozialer Sprengstoff, ohne dass sie ihren Zweck erfüllten, den Staat aus der finanziellen Not zu helfen. Neue Einkommensquellen blieben dagegen nur gering oder gar nicht versteuert, so wie heute die Einkünfte aus Finanztransaktionen – eine Parallele.

Ein wesentlicher Grund für die Verschuldung aller Staaten waren die nicht enden wollenden Kriege seit 1618 und die faktische Notwendigkeit der Aufstellung eines stehenden Heeres nach dem Vorbild Frankreichs. Der letzte große Krieg, der Siebenjährige Krieg 1756-63, der, was seine Komponente Frankreich – England betraf, weltweit, nämlich auch in den Kolonien geführt wurde (Verlust Französisch-Kanadas), brachte Frankreich in eine nicht mehr zu lösende Finanzkrise, die letztlich zur Französischen Revolution führte, als der König meinte, er müsse nun doch wieder, wie zuletzt 1614, die Ständeversammlung einberufen, um sie an der Bewältigung der Staatsdefizits zu beteiligen. Mit anderen Worten: Sie sollten die Zeche bezahlen. Zuvor war eine andere Revolution aus letztlich demselben Ursprung heraus entstanden, nämlich die amerikanische Unabhängigkeitserklärung 1776. Auch England war durch den Krieg finanziell schwer angeschlagen und wollte nun von seinen Siedlern im Amerika eine zumindest teilweise Kostenübernahme durch neue Steuern erzwingen – hatte England sie denn nicht letztlich vor der französischen Herrschaft gerettet? *No taxation without representation* war die Antwort: Die Zahlung der Steuern ohne politische Mitsprache im Londoner Parlament lehnten die Siedler ab und kamen zu dem Schluss, dass dieses Problem nur durch eine Trennung von England gelöst werden könne. Die französischen Delegierten der Generalstände wurden dagegen explizit gefragt – es gab sogar im Vorfeld die einzige Volksbefragung der Geschichte, in der die Menschen ihren Unmut schriftlich formulieren sollten: die Beschwerdehefte (*cahiers de*

118 Cf. Karl Bräuer: *Studien zur Geschichte der Lebenshaltung in Frankfurt a. M. während des 17. und 18. Jahrhunderts*, 1. Teil, Frankfurt am Main 1915, S. 373 f. (Veröffentlichungen der Historischen Kommission der Stadt Frankfurt am Main, II).

doléances) –, doch die Vertreter des Dritten Standes entschlossen sich ebenfalls, dieses Spiel nicht mehr mitzuspielen, aus einem letztlich analogen Grund: Zwar waren sie, anders als die amerikanischen Siedler, politisch vertreten, doch nur mit gleichem Stimmrecht wie die privilegierten und demographisch verschwindend kleinen Minderheiten von Adel und Klerus. Keine Steuern ohne echte Repräsentation, so könnte man analog die Position des Dritten Standes, der das Volk repräsentierte, beschreiben. Schulden als Ursache von Revolutionen – diese originelle Idee von David Graeber in Abwandlung der Krisentheorie von Marx ist nicht von der Hand zu weisen.[119]

Das Problem war also die Verschuldung des Staates bzw. des Hofes, zwei getrennte Dinge, die letztlich doch auf eines hinausliefen. Die Schuld wurde aber dann in der »Rache des Volkes« in Württemberg nicht demjenigen gegeben, der die Schulden verursachte (wenn auch nicht alle), sondern dem, der sie deckte, der mit Krediten aushalf. Hier zieht sich eine Spur vom Mittelalter, als man den »Wucher-Juden« die Schuld an der eigenen Verschuldung gab, bis zur heutigen Finanzkrise, in der die Banken und die Rating-Agenturen für die Misere der Staatsverschuldung verantwortlich gemacht werden, meist in einem Amalgam mit der Bankenkrise von 2008, doch zwischen der Spekulationskatastrophe 2008 und der Staatsverschuldung gibt es einen Unterschied: Natürlich handeln Anleger und Banken im Eigeninteresse und nicht im Interesse ihrer Gläubiger, warum sollten sie das auch? Dabei mag es auch Spekulationen und Manipulationen auf die mangelnde Bonität der Staaten und die Zinshöhe der Staatsanleihen geben, die man verurteilen kann; das Grundproblem bleibt aber nach wie vor, dass die Staaten, die jahrzehntelang mehr ausgeben als sie einnehmen, selbst an ihrer Krise schuld sind und nicht die Geldgeber, die ihnen dabei helfen.

So zeigen sich strukturelle Parallelen zwischen damals und heute, allerdings sind nicht alle Parallelisierungen zutreffend: In dem verqueren Vergleich von Hans-Werner Sinn hinsichtlich der Bankenkrise 2008, »damals waren es die Juden, heute sind es die Manager«[120], wurde schon mit dem Ziel der Entpersonalisierung der Verantwortung ungewollt das Klischee transportiert, »die Juden« seien in der ersten Weltwirtschaftskrise an den Hebeln der Finanzwirtschaft gesessen, nämlich als die damaligen zu Unrecht gebranntmarkten Manager. Daran

119 Graebers Theorie geht weit darüber hinaus, hier geht es jedoch nur um den genannten Aspekt, cf. David Graeber: *Schulden. Die ersten 5000 Jahre*, Stuttgart (Klett-Cotta), 2012 [New York, 2011].

120 Sie dazu ausführlicher oben, S. 42.

schließt Dieter Wedel an, wenn er sagt: »1738 war der Schuldige Joseph Süß, 1930 das internationale Judentum schlechthin, heute sind es die Banken, von denen sich einzelne Vertreter in der Tat durch unverantwortliches Handeln angreifbar gemacht haben.«[121] Gibt es tatsächlich diese Gleichung, selbst in der Ablehnung? Die Schuldzuweisung an die Juden für die Weltwirtschaftskrise wird im Nachhinein durch die Erfahrung der NS-Zeit vollkommen überzogen, die antisemitische Propaganda stand gar nicht im Zentrum der politischen Kontroverse über die Weltwirtschaftskrise seitens der Nazis, sondern das Versagen der etablierten politischen Parteien. Unabhängig davon wird aber durch die Gleichsetzung ›Jud Süß 1738 = Judentum 1930 = Banken heute‹ suggeriert, »die Juden« wären 1930 synonym für die Bankenwelt gewesen, also »die Manager von damals«, so wie »Jud Süß« singulärer Manager am Hofe Württembergs und »die Manager« (kollektiv anonym) oder »die Banken« heute, weswegen sie angegriffen werden – wenn auch zu Unrecht. Aber die Verurteilung des Unrechts ändert nichts an der dadurch trotzdem vollzogenen Funktionalisierung der Juden. Gewiss, Wedel will darauf hinweisen, dass »nicht die Banken allein verantwortlich« sind, »es sind die Regierungen, letztlich alle, die sich unbedacht überschuldet haben.« Richtig – doch genau diese Verschuldungsproblematik kommt im Theaterstück kaum heraus. Allenfalls in einer Szene am Anfang, als Süß dem Minister Remchingen (ist im Stück Justizminister) einen Diamanten verkaufen will, damit dieser ihn an den Herzog weiterverkauft, wird das Thema Luxus angeschnitten, eine deutliche Verbindung zur Staatsverschuldung wird dadurch leider nicht sichtbar.

Wie Personalisierung in Verbindung mit einer Verschwörungstheorie klassischen Stils heute wirklich funktioniert, zeigte sich jüngst: »Wie Goldman Sachs die Welt regiert«, meinte nämlich *news.de* am 29.11.2011 anlässlich der EZB-Präsidentschaft von Mario Draghi beweisen zu können. Dabei zeigte sich, wie man heute am besten Verschwörungstheorien lanciert: »Es klingt wie eine Verschwörungstheorie, ist aber leider wahr«, nämlich: »Mit Lucas Papademos, Mario Monti und dem neuen EZB-Chef Mario Draghi wird Europa von einem Klüngel aus ehemaligen Goldman-Sachs-Männern gelenkt. Und die Drei

121 »Theater soll ›Spiegel sein, die abgekürzte Chronik des Zeitalters‹. Ein Gespräch mit Intendant und Regisseur Dieter Wedel und seinem persönlichen Referenten Joern Hinkel«, in: *Das Vermögen des Herrn Süss von Dieter Wedel und Joshua Sobol*, Programmheft Nibelungenfestspiele Worms, 2012, s.p.

sind längst nicht die einzigen.«[122] Man desavouiert die Quelle dieser Verschwörungstheorie – nämlich einen gewissen Alessio Rastani, der in einem BBC-Interview die wirtschaftliche Weltkatastrophe und den Gewinn, den Goldman Sachs dabei machen werde, prophezeite – als »unbedeutenden Hobby-Investor« (während er sich als Börseninsider ausgab) und verbreitet seine Thesen dennoch weiter. Angesichts der Auseinandersetzung um die Rettungsmaßnahmen für die verschuldeten Euro-Länder griff dies Peter Gauweiler (CSU) als Gegner der diesbezüglichen Politik der Regierung und der Bundestagsmehrheit auf: »Wir wollen ein geeintes Europa, ein Prinzip der Bindung und Einbindung«, so Gauweiler, der zu den Klägern in Karlsruhe gehört, »kein kollektivistisches Investmentbankmodell, das uns eine Art Goldman-Sachs-Zentralkomitee über den Kontinent stülpt.«[123] In der Donnerstagskolumne des *Münchner Merkur* hatte er schon vorab erklärt: Es gehe gegen die »anonyme Fremdherrschaft des Geldes« durch die »Leute von Goldman Sachs (Draghi, Monti, der neue griechische Chefunterhändler etc. pp.)«[124] Goldman Sachs mit Codewörtern für den Kommunismus zu verknüpfen (Kollektivismus, Zentralkomitee), ist eine überdeutliche Parallele zur NS-Propaganda mit ihrer Verknüpfung vom »internationalen Finanzjudentum« und dem »Bolschewismus«, und die »anonyme Fremdherrschaft des Geldes« ist ein Topos, bei dem sich damals wie heute noch Links- und Rechtsradikale zusammenfinden.

Dass die oben benannten Persönlichkeiten und noch etliche andere einmal bei Goldman Sachs in verantwortlicher Stellung oder nur als »Berater« gearbeitet haben – was immer das bedeuten mag, es erinnert an die Titularien, die Joseph Süß und anderen damals ungeheuer wichtig waren –, ist nicht abzustreiten. Wer EZB-Präsident werden will, muss vorher Zentralbankpräsident seines Landes gewesen sein, und um dies zu werden, sollte er ein ausgewiesener Experte sein, dessen Erfahrungen am besten aus der Finanzwelt selbst kommen. Angesichts der unbestritten führenden Stellung von Goldman Sachs als Investmentbank ist sicher eine Laufbahn mit einer Etappe bei diesem »global player« ein nicht zu überbietendes Plus. Über die Beziehungen zwischen Wirtschaft und Politik, Lobbyismus, wer wen beeinflusst und beeinflussen sollte, darf man auch diskutieren, aber werden aus all diesen Leuten, die ein-

122 www.news.de/politik/855253251/finanzkrise-papademos-euro-desaster-wie-goldman-sachs-die-welt-regiert/1/.

123 Peter Gauweiler (CSU) im Deutschlandradio, 11.7.2012, www.dradio.de/dlf/sendungen/interview_dlf/1808509/.

124 www.peter-gauweiler.de/pdf/Merkur Prozent2005.07.12.pdf.

mal mit Goldman Sachs zu tun hatten, Agenten eines geheimen Plans zur Erringung der Weltherrschaft? »Inzwischen ist aber nicht nur die USA, sondern auch Europa fest im Griff von Goldman Sachs«, heißt es bei *news.de*, »man wird das Gefühl nicht los, dass Alessio Rastani Recht hatte: Goldman Sachs regiert die Welt.« Und nach Rastanis Prophezeiung werde Goldman Sachs von einem »weiteren Kollaps des Finanzsystems und einer weltweiten Rezession« profitieren – will heißen: wird dies im eigenen Interesse auch so herbeiführen.

Das gab es schon einmal in der Art, freilich eindeutiger antisemitisch, als dies heute möglich ist, um Gehör zu finden. In den *Protokollen der Weisen von Zion* haben die angeblichen Weltverschwörer ja schon vorhergesagt, dass sie über die Kontrolle des Geldes eine Wirtschaftskrise verursachen würden um daraus als Herrscher über die Welt hervorzugehen…

Antisemitismus inszenieren – geht das?

Worauf bezog sich also das Aktualitätsversprechen der Inszenierung des Theaterstücks *Das Vermögen des Herrn Süß Oppenheimer:* auf den Antisemitismus oder das Thema Geld? Das Geld charakterisierte ganz und gar das Begleitprogramm der Nibelungenfestspiele und kontrastierte auf seltsame Weise mit dem Stück. Das Aktualitätspotential des historischen Stoffes zum Thema Staatsverschuldung wurde im Stück nicht ausgeschöpft, wie schon dargestellt, denn von Schulden war kaum die Rede, stattdessen sehr viel von der Steuergerechtigkeit, die Süß gegen die Landstände durchsetzen wollte, und seinen Ideen, »die Wirtschaft anzukurbeln«. Die Reichen verweigern die Steuern, war ein Fazit daraus. Die Frage nach der Freiheit des Künstlers und ihren Grenzen stellt sich natürlich bei jeder Bearbeitung eines historischen Stoffes, aber hier sollte ja bewusst Historie verarbeitet werden. Über den Sinn der Symbolik des bluttriefenden € als Logo darf man sich weiter fragen.

Das Vermögen des Joseph Süß Oppenheimer ist tatsächlich ein Stück, das den Antisemitismus vor Augen führen soll, historisch und mit aktuellem Bezug. Im Abspann des Stücks wird auf einer Leinwand – auf der immer wieder Videoprojektionen parallel zum Spiel auf der Bühne gezeigt wurden – auf die Antisemitismusstudie des Bundesinnenministeriums 2012 verwiesen. So heißt es da, dass soundsoviel Prozent der deutschen Bevölkerung glauben, dass die Juden auch selbst Mitschuld an ihrer Verfolgung unter dem Nationalsozialismus hatten. Im Stück selbst tritt jedoch der Rabbiner Isaak Landauer auf, der als moralische Autorität gegenüber Joseph Süß fungiert, und Süß vorwirft: »Du machst sie zum Judenhasser.« An mehreren Stellen wird Süß' Verhalten, sich durch Assimilation befreien zu wollen, von der jüdischen Autorität missbilligt, an dieser Stelle jedoch trifft diese Missbilligung mit der zitierten Auffassung aus der Antisemitismusstudie zusammen: Durch sein Fehlverhalten erzeuge Süß selbst den Antisemitismus – also nichts anderes, als was die Studie eben als antisemitische Haltung qualifiziert.[125] Leider können noch weitere kontraproduktive Effekte gegenüber der Intention des Stückes und weitgehend identisch mit Abweichungen von der historischen Realität genannt werden: So wird z. B. der Einfluss von Süß auf den Herzog übersteigert dargestellt (Luzie: »Du regierst den Herzog«); die jüdische Gemeinschaft taucht in einer seltsamen kollektiven Aktion auf (z. B. soll eine »hebräische Garde« Süß schützen); zum Versuch der Rettung von Süß wird daran appelliert: »Für Geld kann man alles kaufen, sogar Regierungen, warum nicht die alberne Gerechtigkeit der Schwaben«; und *last but not least* wird im Stück ein »Aufstand des Volkes« gegen die Juden multimedial inszeniert, den es damals überhaupt nicht gab, sondern eine Erfindung der Nachwelt, entsprechend im Film von Veit Harlan inszeniert. Die Medialisierung der Realität hat die Realität schon längst soweit überformt, dass dies nur noch mit Mühe zu erkennen ist und auch den Autor mit den besten Absichten noch beeinflusst, ohne dass er es merkt.

Mehr soll hier zu dieser Problematik nicht gesagt werden. Die Absicht des Stücks ist lobenswert, die Leistung der Schauspieler war hervorragend, die inhaltliche Konzeption aber schwierig. Ich habe grundlegende Zweifel daran, dass es gelingt, ein Theaterstück, einen Film usw. über den Antisemitismus gegen den Antisemitismus zu inszenieren, ohne zwangsläufig, d. h. ungewollt, ein Stück Antisemitismus selbst mit zu transportieren. Dies ist das schon oben beschriebene Problem des Anti-Antisemitismus.

125 Es geht hier um den »sekundären Antisemitismus«, siehe oben, S. 13.

Von Hitler »getäuscht«, »verführt« oder »überrumpelt«?

Das Ermächtigungsgesetz im deutschen Geschichtsbewusstsein[1]

»Wehret den Anfängen!« lautet eine populäre Parole, wenn es darum geht, wie verhindert werden kann, dass sich eine schlimme Vergangenheit wiederholt. Nicht nur im schulischen Unterricht fragen wir, ob, wann, wo und wie damals der Nationalsozialismus hätte verhindert werden können und wieso dies nicht geschah. Viele Standardwerke der Geschichtswissenschaft und noch mehr die Schullehrbücher, am meisten aber die zahlreichen Filmdokumentationen im Fernsehen vermitteln, so mein Eindruck, einen rückblickenden Fatalismus des Geschehens, der sich die Frage, was hätte anders laufen können, erst gar nicht stellt. So auch zuletzt die dreiteilige ZDF-Serie Hitlers Machtergreifung (2008) von Guido Knopp (ZDF-Mediathek[2]), obwohl auf der Präsentationsseite im Internet angekündigt wurde: »Es hat nicht so kommen müssen, wie es kam.« Wann und wie es hätte anders kommen können, zeigt die Dokumentation jedoch nicht auf. Unter dem Eindruck des nächtlichen Fackelzuges nach der Ernennung Hitlers zum Kanzler – die klassische Szene, die in allen Filmen den Fatalismus zum Ausdruck bringt – kommentierte die Zeitzeugin, die französische Journalistin Stéphane Roussel: »In einer einzigen Nacht ist die Weimarer Republik weggegangen.« Den Schwerpunkt legt die Dokumentation dann auf den Reichstagsbrand, das Ermächtigungsgesetz erscheint dagegen als vergleichsweise bedeutungslos. War es denn bedeutungslos?

1 Dieser Text erschien in einer ersten Version unter dem Titel »Von Hitler ›getäuscht‹, ›verführt‹ oder ›überrumpelt‹? Das Ermächtigungsgesetz im deutschen Geschichtsbewusstsein – eine Bilanz im Jahr 60 der Freiheit« in: *Kommune* – Forum Politik·Ökonomie·Kultur, N°3/2005 (Juni-Juli), S. 72-76. Die hier vorliegende Fassung entspricht der er an einigen Stellen überarbeiteten Version für eine Online-Publikation 2010 unter dem vorliegenden Titel auf www.geschichtslehrerforum.de.

2 www.zdf.de/ZDFmediathek/kanaluebersicht/712876.

Weimar: Demokratie ohne Demokraten?

Woran ging die Weimarer Republik zugrunde? Im allgemeinen historischen Bewusstsein, wie es sich auch in Schulbüchern niederschlägt, gibt es zwei verschiedene Interpretationsmuster hinsichtlich einer strukturellen inneren Unzulänglichkeit, also unabhängig von den politischen Auswirkungen der Weltwirtschaftskrise:

Für die einen krankte die Republik an ihrer Verfassung mit Demokratiedefiziten und der Institution eines »Ersatzkaisers« als Reichspräsident, dessen Machtfülle sich ebenso für wie gegen die Demokratie einsetzen ließ, weil die Grundrechte keine verfassungsrechtliche Absicherung hatten und es kein Verfassungsgericht gab.

Für die anderen war die Verfassung der Republik besser als ihre Repräsentanten, oder, eine Variante davon, besser als ihr Volk – eine »Demokratie ohne Demokraten«. So titelt auch die *Welt- und Kulturgeschichte* der ZEIT (Bd. 13) das entsprechende Kapitel. Und auch damals schon wurde dies so diskutiert: Wer kennt nicht die zeitgenössische Karikatur, wo jeder einen Buchstaben der R-E-P-U-B-L-I-K hochhält und die Frage lautet, wer ihren Geist trägt?

Zwei konträre Positionen markieren die Spannbreite der Analysen unter den Historikern: Gegen Sebastian Haffners These »Hitler war kein Betriebsunfall« stellt Eberhard Jäckel die Gegenthese vom »GAU der deutschen Geschichte« und sieht die Schuld im »menschlichen Versagen« der monarchistischen Koalitionspartner Hitlers.[3]

Aufs engste verbunden mit der Frage, woran die Republik scheiterte, ist die Frage danach, *wann* die Weimarer Republik unterging. Hier konvergieren viele Analysen in der These, dass die Republik aus sich heraus, schon vor der Kanzlerschaft Hitlers 1933 und noch vor den erdrückenden Wahlerfolgen der NSDAP »unterging« oder »zerbrach« – oder wie die Formulierungen auch heißen mögen.

So wird in einem Schulbuch Heinrich August Winkler über den Bruch der Großen Koalition unter Kanzler Müller (SPD) 1930 zitiert: »Die parlamentarische Demokratie zerbrach fünf Jahre später [= 1930] daran, dass sie das Gros der Machteliten gegen sich und die demokratischen Parteien nicht mehr entschieden hinter sich hatte.«[4] Doch wieso

3 Sebastian Haffner: *Von Bismarck bis Hitler. Ein Rückblick*. München (Knaur TB), 1987, ^{2}1989. – Eberhard Jäckel: *Das deutsche Jahrhundert. Eine historische Bilanz*, Frankfurt am Main (Fischer TB), 1999.

4 Heinrich August Winkler: *Weimar 1918-1933*. München (Beck), 1993,

»zerbrach« die Demokratie hier schon, weil die SPD einen politischen Fehler beging (Ausstieg aus der Koalition in der falschen Hoffnung, sie werde wieder gerufen) und die Zentrumspartei unter Brüning genau das aufgriff, was die Verfassung ihr für diese Situation anbot? Ab der Septemberwahl 1930, die den überraschenden ersten Wahlerfolg der NSDAP mit 18,5 Prozent brachte, tolerierte die SPD Brünings Minderheitenregierung und damit eine Politik, die sie in einer Regierungsbeteiligung nie gegenüber ihren Wählern hätte vertreten, eine andere aber nicht hätte durchsetzen können. War dies schon das Ende des Parlaments? Für eine solche Interpretation hat Karl Dietrich Erdmann bereits im Standardwerk der deutschen Historiker das entsprechende Signal gesetzt, wenn er darin die »seit dem Bruch der Großen Koalition 1930 vollzogene Selbstausschaltung des Reichstages« konstatiert.[5]

Der Terminus »Selbstausschaltung des Reichstages« nimmt geradezu das Ermächtigungsgesetz vorweg. Tatsächlich wird dessen Bedeutung in den allermeisten Analysen gering eingeschätzt gegenüber dem, was vorher schon geschah. So betont Eberhard Jäckel zur Reichstagswahl vom 5. März 1933, dass es keine Mehrheit im Volke für Hitler gegeben habe, aber das Verhalten der demokratischen Abgeordneten beim Ermächtigungsgesetz ist für ihn kaum eine Überlegung wert. Auch Sebastian Haffner, der umgekehrt mit großer Empathie nachvollzieht, wie die Demokraten resignierten, weil sie das Volk nicht mehr hinter sich hatten, entlässt die Abgeordneten auf seine Weise aus ihrer Verantwortung und schafft beim Leser fast so etwas wie Verständnis dafür. So treffen sich die beiden konträren Ansätze Jäckels und Haffners gleichwohl an einer gemeinsamen Schnittstelle.

Das Ermächtigungsgesetz: (k)eine freie Entscheidung?

Wie die Mehrheit für das Ermächtigungsgesetz zustande kam, ist für einige Historiker relativ einfach: Laut Michael Stürmer dadurch, »dass die Mandate der KPD-Reichstagsabgeordneten, die verhaftet oder untergetaucht waren, nicht gezählt wurden«[6], entsprechendes erfährt

S. 609. Vgl. in *Forum Geschichte* 4, Ausg. Hessen, Cornelsen, 2004., S. 61.

5 Karl Dietrich Erdmann: *Deutschland unter der Herrschaft des Nationalsozialismus 1933-1939*. Gebhardt Handbuch der deutschen Geschichte Bd. 20, München (dtv), 1980, S. 84.

6 Michael Stürmer: »Das industrielle Deutschland. Von 1866 bis zur Gegen-

man im *Kompakt-Wissen Geschichte Abitur:* »Zur Verabschiedung des ›Ermächtigungsgesetzes‹ mit 2/3-Mehrheit wurden abwesende Abgeordnete als nicht stimmberechtigt gezählt. Die Regierung hatte damit Parlament und Weimarer Verfassung ausgeschaltet.«[7] Diese schon faktisch falsche These von der Mehrheit durch einen Geschäftsordnungstrick taucht zwar so simpel nur selten auf, wird aber durch unklare Formulierungen auch in anderen Lehrbüchern immer wieder zum Thema im Geschichtsunterricht. Wenn dem aber damals so gewesen wäre, bräuchten wir gar nicht mehr darüber diskutieren.

In Wirklichkeit ging es natürlich nicht um die Absenz der verhafteten oder untergetauchten Kommunisten, sondern um die Präsenz der Bürgerlichen und deren Verhalten: Auch alle anwesenden Abgeordneten von KPD und SPD zusammen hätten nicht mehr als 31 Prozent der Mandate repräsentiert und folglich die Zweidrittelmehrheit der Gegenseite nicht verhindert. So hatte das bürgerliche Lager die Entscheidung in der Hand, und es entschied sich geschlossen für Hitler, selbst den minoritären Gegnern im Zentrum, der Bayerischen Volkspartei und den kleinen liberalen Fraktionen war die Einhaltung der Fraktionsdisziplin wichtiger als die Stimme ihres damit wertlos gewordenen Gewissens.

Die meisten Darstellungen gehen immerhin auf diese Problematik ein. Als typische Erklärung für das Ermächtigungsgesetz mag folgendes Schulbuchzitat stehen: »Mit einer Mischung aus staatlicher Gewaltanwendung, Drohungen und Versprechungen gelang es ihm [= Hitler] am 23. März 1933, mit Zustimmung der bürgerlichen Fraktionen, aber gegen die Stimmen der SPD-Fraktion, das so genannte Gesetz zur Behebung der Not von Volk und Reich (›Ermächtigungsgesetz‹) beschließen zu lassen.«[8] In der einschlägigen Literatur variiert allenfalls der Vokabelreichtum von *Lockung* bis *Täuschung*, von *Terror* bis *Zwang* in der Benennung der Faktoren, denen noch ein weiterer Aspekt hinzugefügt wird, nämlich dass eine Ablehnung des Ermächtigungsgesetzes Hitler auch nicht gehindert hätte, »sich die gewünschten Vollmachten wenn nötig mit Gewalt zu nehmen.«[9]

wart«, in: H. Brockmann/H. Schilling/H: Schulze/M. Stürmer: *Mitten in Europa – Deutsche Geschichte.* Berlin (Siedler) 1987, ergänzte und aktualisierte Ausg., Berlin (Goldmann), 1990, S. 442 f.

7 Ulrich Winkler: *Geschichte Oberstufe. Von der Französischen Revolution bis heute.* Kompakt-Wissen Geschichte Abitur, Freising (Stark), 2004, S. 78.

8 *Forum Geschichte* Bd. 4, Ausg. Hessen, Cornelsen, 2004., S. 74.

9 Walther Hofer: *Der Nationalsozialismus. Dokumente 1933-1945.* Frankfurt am Main (Fischer TB), 1957, überarb. Neuausg. 1982, S. 46.

So ging es im Rückblick für die einen um gar keine *freie* Entscheidung mehr, für andere eigentlich um gar *keine* Entscheidung... Symptomatisch für das Dilemma um die Frage, wie bedeutend das Ermächtigungsgesetz nun war, ist sicherlich Martin Broszats Formulierungskunst: »Unter diesen Umständen kam dem Ergebnis der Abstimmung *nicht mehr eine machtpolitisch entscheidende,* sondern *nur noch eine formale*, im Hinblick auf die von der NS-Führung erstrebte Anerkennung der Legalität ihres Vorgehens aber *doch sehr wesentliche* Bedeutung zu.« (Hervorheb. von mir).[10]

Die Erklärung des Abstimmungsverhaltens der bürgerlichen Abgeordneten folgt jedoch weitgehend deren eigenen Rechtfertigungen. So erscheinen die Argumente des Zentrumsvorsitzenden, des Prälaten Kaas, als »durchaus einleuchtend, aber gleichwohl verhängnisvoll«[11], nämlich »das Ermächtigungsgesetz ändere nichts an der Herrschaft Hitlers«, »weite Teile der Basis der Partei verlangten nach einem besseren Verhältnis zur NSDAP«, und »man wolle nicht noch einmal in die Rolle des Reichsfeindes geraten« wie zu Beginn des Kaiserreichs nach 1871. Die weitgehende Einfühlung in die damalige Lage konzediert auch den Zentrumsabgeordneten eine ehrliche (Selbst-)Täuschung: Sie »lieferten sich [...] den nationalsozialistischen Forderungen aus, um wenig später erkennen zu müssen, dass deren im Gegenzug abgegebene Versprechungen nichts wert waren.«[12] Dagegen ist zu fragen: Warum erst *wenig später*? Und warum waren die Argumente Kaas' *einleuchtend*? Beide gerade zitierten Historiker, Hans-Ulrich Thamer und Wolfgang Benz, analysieren zuvor sehr treffend, dass Hitler selbst spätestens seit der Reichstagsbrandverordnung und vor allem durch die Absetzung der letzten oppositionellen Landesregierungen noch vor dem Ermächtigungsgesetz seine wirklichen Absichten offenbart hatte, nämlich keinerlei Rücksicht zu nehmen, aber den legalen Schein wahren zu wollen.

Hitler brachte wohl das Ermächtigungsgesetz erst ein, als er sich der Zweidrittelmehrheit sicher sein konnte. Verhandlungen mit dem Zentrum waren schon nach dem 30. Januar aufgenommen worden, anfangs allerdings ohne Ergebnis. Versprochen wurde dem Zentrum nun, dass die katholische Kirche und ihre Einrichtungen unangetastet und die

10 Martin Broszat: *Der Staat Hitlers*. dtv-Weltgeschichte des 20. Jahrhunderts, München 1969, [12]1989, S. 114.

11 Hans-Ulrich Thamer: *Nationalsozialismus I: Von den Anfängen bis zur Festigung der Macht.* Informationen zur politischen Bildung 251, überarb. Neuaufl. 2000, Bundeszentrale für politische Bildung, S. 43.

12 Wolfgang Benz: *Geschichte des Dritten Reiches*, München (dtv), 2003, S. 22.

dem Zentrum nahe stehenden Beamten im Amt bleiben sollten – und mehr noch, glaubt man dem *Rückspiegel* 4, aber auch der *Enzyklopädie des Nationalsozialismus*, wonach Hitler sogar versprochen habe, die Grundrechte wieder herzustellen![13]

Von fast allen Autoren werden die beiden Standardargumente Verlockung/Täuschung und Zwang/Terrorisierung miteinander verknüpft, dabei schließen sie sich doch gegenseitig aus: Wen der Terror Hitlers einschüchterte, der konnte doch wohl nicht gleichzeitig an seine Versprechungen glauben.

Das Terror-Argument wurde von den Beteiligten selbst als Rechtfertigung vorgebracht, am drastischsten formuliert von dem damaligen liberalen Abgeordneten und späteren FDP-Vorsitzenden Reinhold Maier im Rückblick 1947: »Wir haben auch den Neinsagern das Leben gerettet.«[14] Das Argument der Einschüchterung durch die Präsenz der SA vor Ort in der Kroll-Oper ist jedoch schon deswegen nicht stichhaltig, da die Mehrheit der Zentrumsfraktion für sich die Entscheidung schon vorher getroffen und diesbezüglich über ihren Vorsitzenden Kaas noch einmal Gespräche mit Hitler geführt hatte. Vor allem hatte sie sich bereits seit Wochen grundsätzlich mit der Idee einer Ausschaltung des Reichstages – zeitlich befristet, gewiss – angefreundet, und zwar so sehr, dass nicht einmal die Brüskierung durch Hitler, der die ohnehin vagen Versprechungen nicht wie vereinbart noch vor der Abstimmung im Reichstag schriftlich gab, sie zu erschüttern vermochte. Winkler konstatiert: »Dass das Zentrum dem Ermächtigungsgesetz zustimmen werde, hielt der Kanzler bereits nach dem ersten Gespräch vom 20. März für sicher.«[15] In seiner Rede dazu beschwor der Zentrumsvorsitzende Prälat Kaas das »nationale Verantwortungsgefühl« und den »großen Sammlungsgedanken«, den seine Partei »schon seit langem und trotz aller vorübergehenden Enttäuschungen mit Nachdruck und Entschiedenheit vertreten« habe, notwendig sei jetzt »eine rettende

13 *Rückspiegel Geschichte* Bd. 4, Schöningh, 1996f. – Wolfgang Benz/Hermann Graml/Hermann Weiß (Hg.): *Enzyklopädie des Nationalsozialismus*, Digitale Bibliothek Band 25, Stuttgart (Klett-Cotta), 1997/99, »Ermächtigungsgesetz«.

14 Reinhold Maier: »Rede vor der Demokratischen Volkspartei 1947«, in: Wilhelm Hofmann, Reinhold Maier: *Die Reden. Eine Auswahl.* Stuttgart 1982, S. 40, cf. PSM-Data Geschichte: www.zum.de/psm/ns/maier2_ns_macht.php

15 Heinrich August Winkler: *Der Weg in die Katastrophe. Arbeiter und Arbeiterbewegung in der Weimarer Republik 1930 bis 1933*. Bonn (Dietz), ²1990, S. 902.

Tat« um die »Fortführung des nationalen Aufstiegswerkes zu sichern, die Wiederherstellung eines geordneten Staats- und Rechtslebens zu beschleunigen [...].«[16]

Gerade Filmdokumentationen retten sich mit der Empathie in den vermeintlichen oder echten Fatalismus jener Monate, vermittelt durch die Macht der Bilder, aus dem Erklärungsnotstand. Deutlich kommt dies auch in der Verfilmung von Joachim C. Fests *Hitler – eine Karriere* heraus. In der Tat kann man sich bei solchen Darstellungen einem Sog der Resignation auch im Rückblick kaum erwehren. Wie man gleichwohl nicht-resignativ über die Resignation schreiben kann, weil eine Alternative aufzeigend, hat Alfred Andersch auf literarische Weise in der Passage seines autobiografischen »Berichts« *Die Kirschen der Freiheit* bewiesen, in der er beschreibt, wie nach dem Reichstagsbrand die SA das Münchner Gewerkschaftshaus besetzte, während eine »Mauer aus Menschen« (Gewerkschaftern, Sozialdemokraten und Kommunisten) »mit der Faust in der Tasche geballt« regungslos zusah – ein literarisches Zeugnis, das ich deswegen auch in den Geschichtsunterricht einbaue; sein Fazit lautet:

> »Dies wäre der Augenblick des Aufstandes gewesen, der Deutschland vielleicht ein anderes Gesicht gegeben hätte. [...] Jetzt eine kleine Bewegung nur, ein einziger Schrei, und alles käme in Gang: [...] der Sturmlauf zum besetzten Haus, das Knattern von Gewehrsalven, zusammenbrechende Körper, aber das Klirren von Fensterscheiben, die Eroberung, der Sieg, die Tat. Sicherlich, es wäre nur ein kleiner Sieg gewesen, eine rasch verwehende Tat, morgen ausgelöscht vom Orkan der Niederlage – aber er hätte genügt, hätte den Staatsstreich in ein für alle sichtbares Blutbad verwandelt und den Schein der ›Ordnung‹ zerstört.«[17]

Das gleiche Fazit hat auch Golo Mann als einer der wenigen von Historikerseite ebenfalls schon in den 50er Jahren gezogen (damals wohl noch unter dem Eindruck des selbst Erlebten):

16 Stellungnahme des Prälaten Dr. Kaas für das Zentrum, in: Johannes Hohlfeld (Hg.): *Dokumente der Deutschen Politik und Geschichte von 1848 bis zur Gegenwart*, IV. Band: *Die Zeit der nationalsozialistischen Diktatur 1933-1945 – Aufbau und Entwicklung 1933-1938*. Berlin/München (Giersch & Co,), o.J., S.36., siehe auch online die Verhandlungen des Deutschen Reichstags, Sitzung vom 23.3.1933, S.37f., www.reichstagsprotokolle.de.

17 Alfred Andersch: *Die Kirschen der Freiheit. Ein Bericht*. Zürich (Diogenes), 1971, S.35. Erstausgabe 1952.

> »Aber wenn es so stand« – Brünings Rechtfertigung, Hitler habe die Macht ohnehin schon gehabt – »dann wäre es doch besser gewesen, einen letzten würdigen, wenn auch praktisch nicht mehr wirksamen Protest zu wagen, anstatt gewalttätigem Umsturz jenen Schein der Reichskontinuität zu geben, an dem Hindenburg und, wegen Hindenburgs, auch dem Diktator so viel gelegen war. Die Sozialdemokraten, jene von ihnen, die noch in Freiheit waren, dachten so.«[18]

Wieviel geringer als im Nachhinein vermutet die Gefahren für die Gegner des Ermächtigungsgesetzes waren, zeigt sich auch in der fast unbekannten Tatsache, dass die Reichstagssitzung zum Ermächtigungsgesetz keineswegs die letzte Reichstagssitzung der alten Ordnung war. Am 17. Mai berief Hitler nämlich den alten Reichstag noch einmal ein um ihn seiner Friedensresolution zustimmen zu lassen, die das Ausland beschwichtigen sollte. Selbst die SPD-Fraktion war mit 65 von 120 Abgeordneten anwesend und stimmte dafür, der Parteivorstand war zu diesem Zeitpunkt größtenteils schon emigriert und missbilligte die Anwesenheit der sozialdemokratischen Abgeordneten. Sie »warf einen Schatten auf den moralischen Kredit, [der] durch die Ablehnung des Ermächtigungsgesetzes« entstanden war, kommentiert die Friedrich-Ebert-Stiftung.[19]

Legal, illegal ...?

Auf der Website *www.geschichtsforum.de* diskutieren Geschichtsbegeisterte im Internet. Im Dezember 2004 entstand eine Diskussion über die Legalität von Hitlers »Machtergreifung«. Symptomatisch ist die dort geäußerte Meinung: »Rein rechtlich war denke ich alles legal, moralisch nicht, aber das ist keine juristische Kategorie.« Mehr als fünf Jahrzehnte nach dem Nürnberger Prozess, der die Frage der auch nur formalen Legalität des Ermächtigungsgesetzes zu Recht abschlägig beschieden

18 Golo Mann: *Deutsche Geschichte des 19. und 20. Jahrhunderts.* Frankfurt am Main (Büchergilde Gutenberg) 1958 (Fischer TB) 1992, S. 822.

19 mit einem Zitat aus: Heinrich Potthoff/Susanne Miller: *Kleine Geschichte der SPD. 1848-2002.* Bonn 2002, S. 146f. Vgl. Sozialistische Mitteilungen »Erkämpft Eure Freiheit! Stürzt Hitler!« Einleitung von Heiner Lindner, Kapitel 2: Zur Vorgeschichte des sozialdemokratischen Exils in Großbritannien, http://library.fes.de/fulltext/sozmit/einl-02.htm. – Siehe auch das Reichstagsprotokoll vom 17.5.1933 online: Verhandlungen des Deutschen Reichstags, 1933, 3. Sitzung, S. 47, www.reichstagsprotokolle.de.

hat, vermitteln fast alle Schullehrbücher und etliche historische Standardwerke den Eindruck, das Gesetz sei zwar durch Druck und Terror zustande gekommen, selbst aber verfassungsgemäß gewesen, weil mit verfassungsändernder Mehrheit beschlossen: es war »legal, wenn man so will«, meint selbst Haffner.[20] Für das Oberstufenbuch *Geschichte und Geschehen II* war sogar die ganze Gleichschaltungsphase vom Januar 1933 bis August 1934 »in formaler Hinsicht legal«[21] auf Grund des Artikels 48 der Weimarer Verfassung (Notverordnungen). Fast nirgendwo wird berücksichtigt, dass das Ermächtigungsgesetz Hitler auch zu Gesetzen »ermächtigte«, die von der Verfassung abwichen. Damit wurde also auch der Passus der parlamentarischen Zweidrittelmehrheit für Verfassungsänderungen abgeschafft und somit die Verfassung als solche. Eine verfassungsändernde Mehrheit konnte sich nach dem Sinn der Verfassung nämlich nicht selbst abschaffen, so wie generell niemand sich auf die Demokratie (Mehrheitsprinzip) zur Abschaffung der Demokratie berufen kann. Wenn die Verfassung also in Wort und Sinn gebrochen wurde, konnte sie keine weiteren Schritte »legalisieren« und der Bruch selbst, das Ermächtigungsgesetz, war somit in keiner Hinsicht legal, auch formal nicht, sondern die Zustimmung zu einer Diktatur, von der man, wie zumindest aus den »Verhandlungen« des Zentrums mit Hitler hervorgeht, hoffte, dass man davon weitgehend verschont bliebe, wenn man nicht ohnehin schon von der Notwendigkeit der Abschaffung der Demokratie überzeugt war.

Positiv unter den Lehrbüchern sticht hierzu *Wir machen Geschichte 4* heraus, wo klar der Verfassungsbruch benannt, allerdings in der Erklärung dafür wieder auf die Verführungsthese rekurriert wird. Das Stichwort »Verführung« erinnert fatal an die Schulddebatte nach 1945, wo es als Argument diente, das »Führerprinzip« zum Zwecke der Entschuldigung umzukehren: »Führer« und »Verführte«, so wie sich die ersten alliierten Beobachter des befreiten Deutschland über die Standardausrede »belogen und betrogen« wunderten, womit »der Deutsche [...] unbedacht zugibt, dass er irgendwann einmal an die Nazis geglaubt hat und ihnen gefolgt ist.«[22]

Doch viele Schullehrbücher ignorieren schlicht die Fakten: So bekommt das Ermächtigungsgesetz in einem Oberstufenbuch gar noch

20 Haffner, op. cit., S. 236.

21 *Geschichte und Geschehen II,* Oberstufe, Klett, 1997, S. 16.

22 David Lerner, in: Ulrich Borsdorf/Lutz Niethammer (Hg.): *Zwischen Befreiung und Besatzung. Analysen des US-Geheimdienstes über Positionen und Strukturen deutscher Politik 1945.* Wuppertal (Hammer), 1976, Weinheim (Beltz Athenäum), 1995, S. 39.

die Legitimation durch den Reichsrat, denn dieser »ließ das Gesetz am selben Tag ohne Einwand passieren«[23], während es in einem anderen Oberstufenbuch heißt: »Das Zentrum gab sich wie alle bürgerlichen Parteien mit Hitlers Beschwichtigungen, der Reichspräsident und die Länder würden unangetastet bleiben, zufrieden.«[24] Entsprechend meinen auch die Autoren der CD-Rom der Shoa Foundation im politisch-historischen Teil, dass die »Bedenken des Zentrums« durch später nicht eingehaltene Zusagen »ausgeräumt« wurden: »Sicherung der Existenz der obersten Verfassungsorgane, der Länder (...)«[25] Ein anderes Buch für die Klasse 10 (G9) meint sogar, die »Vertreter der Länder«[26] hätten dem Gesetz zugestimmt und ignoriert damit auf eklatante Weise, dass es diese »Ländervertreter« zu jenem Zeitpunkt gar nicht mehr gab.

Denn einfach unter den Tisch fällt hier wie auch andernorts, dass damals die letzte legitime oppositionelle weil demokratisch gewählte Landesregierung (Bayern) bereits seit zwei Wochen abgesetzt und durch einen Reichskommissar ersetzt worden war, folglich zwar die Länder noch existierten, der Reichsrat aber keine Ländervertretung mehr darstellte, wie Hitler sogar bei seiner Rede zum Ermächtigungsgesetz im Reichstag selbst ausführte: »Die Reichsregierung beabsichtigt daher nicht, durch dieses Ermächtigungsgesetz die Länder aufzuheben. Wohl aber wird sie diejenigen Maßnahmen treffen, die *von nun ab und für immer eine Gleichmäßigkeit der politischen Intentionen im Reich und in den Ländern gewährleisten.*«[27] (Hervorheb. von mir).

23 *Buchners Kolleg Geschichte. Von der Französischen Revolution bis zum Nationalsozialismus*, 1992, S. 403.

24 *Kursbuch Geschichte. Von der Antike bis zur Gegenwart,* Cornelsen, 2000, S. 416. (Oberstufe)

25 *Erinnerung für Gegenwart und Zukunft. Überlebende des Holocaust berichten.* Survivors of the Shoah Visual History, CD-Rom, Cornelsen, 2000, »23. 3. 1933, Selbstentmachtung des Reichstags«

26 *Das waren Zeiten* Bd. 4, Ausg. C, Buchner, 2005, S. 55.

27 Regierungserklärung Adolf Hitlers vom 23. 3. 1933, in: Hohlfeld, *Dokumente ...*, op. cit., Dokument N°15, S. 29. siehe online die Verhandlungen des Deutschen Reichstags, Sitzung vom 23. 3. 1933, S. 25 ff., www.reichstagsprotokolle.de.

Fazit: Der lange Schatten des Scheins

Der lange Schatten Hitlers (frei nach dem Titel von Richard Evans)[28] wird im historischen Rückblick auf das Ermächtigungsgesetz heute noch vom fahlen Licht – dem »Schein« im doppelten Sinne – dieser »Ordnung« geworfen, der »legalen Revolution«, die Hitler versprach und die man so gerne glauben wollte, um das eigene Gewissen zu überlisten. Die historische Erklärung und mehr noch ihre didaktische Reduktion in den meisten Lehrbüchern hat sich bislang kaum über die Rechtfertigungsargumentation der Beteiligten erhoben, ob es um die Bedeutung der Entscheidung geht oder um die Motive dafür, bis dahin, dass, wie zuletzt gezeigt, schlichtweg die Fakten übergangen werden.

Der legale Schein der Machübertragung war wichtig für Hitler, außenpolitisch wie innenpolitisch, letzteres im Hinblick auf die Verständigung mit Hindenburg wie mit der Reichswehrführung – und dann natürlich, weil er auf diese Weise aus der Abhängigkeit von seinem Koalitionspartner DNVP heraus kam. Welche Bedeutung hat der Vorwurf gegenüber Papen und Co. angesichts dessen, dass die bürgerlich-demokratische Opposition Hitler half, diese Koalitionspartner überflüssig zu machen?

So ist das Ermächtigungsgesetz entscheidend, wenn man nach historischer Schuld und Verantwortung fragt und danach, wie und was aus der Geschichte zu lernen sei. Wieso sollte man den Deutschen nach 1933 Mitschuld an den Verbrechen der Nazis oder Mitverantwortung durch Wegsehen vorwerfen, wenn man bereits den letzten Abgeordneten der Weimarer Republik, gewählten Repräsentanten demokratischer Verantwortung, Verständnis dafür entgegenbringt, dass sie sich vom »Nazi-Terror« haben einschüchtern lassen? Was drohte ihnen bei einem Nein im Reichstag – oder besser noch im Vorfeld – im Vergleich zum Widerstand unter der vollendeten Diktatur?

28 Richard J. Evans: *Im Schatten Hitlers? Historikerstreit und Vergangenheitsbewältigung in der Bundesrepublik*. Frankfurt am Main (Suhrkamp), 1991.

Zwischen Scham und Vorurteil

Das Thema Israel im Schulunterricht – und nicht nur da[1]

Nach dem 11. September 2001 ist das »alte« Nahostthema aus den Lehrplänen und vielen Schulbüchern der meisten Bundesländer verschwunden, um dem neuen Thema »Islamismus« Platz zu machen, das in den Schulbüchern unter Titeln wie »Der 11. September 2001 – eine Antwort auf die Globalisierung?«[2] oder »Islamisten gegen die Moderne?«[3] auftaucht – wobei die Fragezeichen wohl als rhetorisch verstanden werden dürfen. Oder der alte Nahostkonflikt wird in globalen Themen wie »Krisenherd Naher und Mittlerer Osten«, Terrorismus, UN und Krisenbewältigung, Entkolonisierung und Dritte Welt usw. amalgamiert.[4] In einigen Lehrwerken blieb das Thema immerhin bestehen oder wurde jüngst wieder aufgenommen[5], z. T. ebenfalls in einem umfassenderen Nah- und Mittelostkontext.[6] Lediglich in Niedersachen taucht noch explizit der israelisch-arabische Konflikt für die Jahrgangstufe 10 im offiziellen Lehrplan auf, außerdem hat das Thema in Bayern einen Stellenwert dadurch behalten, dass es als optionales Thema in Geschichte in der Oberstufe angeboten wird. Für die Oberstufe ist die Situation allgemein komplexer als für die Sekundarstufe 1, da der Nahostkonflikt meistens eher im politischen Unterricht (Politik und Wirtschaft in Hessen) behandelt wird und kaum in Geschichte – ein Problem, da dem politischen aktualitätsbezogenen Zugang zum Thema die historische Tiefendimension fehlt.

1 Eine erste Version dieses Textes erschien in: *Begegnungen* – Zeitschrift für Kirche und Judentum, N° 2/2009, S. 8-15, herausgegeben vom evangelisch-lutherischen Zentralverein für Begegnung von Christen und Juden e.V. (Hannover), sowie gleichzeitig als Online Extra N° 97 (Juni 2009) beim Compass-Infodienst (www.compass-infodienst.de). Der hier vorliegende Text wurde aktualisiert, inhaltlich überarbeitet und ergänzt.

2 *Geschichte und Geschehen* 4, Hessen, Stuttgart/Leipzig (Klett), 2007, S. 322 ff.

3 *Das waren Zeiten* 4, Hessen, Bamberg (Buchner), 2005, S. 248 ff.

4 Vgl. z.B. in *Forum Geschichte 10*, Niedersachsen, Berlin (Cornelsen), 2008, S. 76-83.

5 Zum Beispiel *Geschichte konkret 3*, Baden-Württemberg, Braunschweig (Schroedel), 2006, S. 190-193. (Realschule), und *Mosaik – Der Geschichte auf der Spur B9*, Bayern, München (Oldenbourg), 2007, S. 150-153.

6 Zum Beispiel in: *Das waren Zeiten 5*, Bayern, Bamberg (Buchner), 2008, S. 80-84.

In den Medien, im öffentlichen Bewusstsein und damit auch bei den Schülern war der alte Nahostkonflikt nach 9/11 keineswegs so »out« wie bei den kultusministeriellen Lehrplanmachern – im Gegenteil. Spätestens der Libanonkrieg 2006 und der Gazakrieg 2008/09 haben dieses Thema wieder auf die Tagesordnung gesetzt, und die jüngste Entwicklung im Konflikt mit Irans Atomprogramm hat Israel um so mehr in den Fokus der Wahrnehmung gerückt.

Seit zwölf Jahren behandle ich Zionismus, Palästina, die Gründung Israels und – soweit mir noch Zeit bleibt – auch die wichtigsten Etappen der weiteren Geschichte regelmäßig als letztes Thema in der Klasse 13 vor dem Abitur. Die nachfolgenden Überlegungen sind Resultat dieser Erfahrung mit dem Thema und den Schülerreaktionen, gleichzeitig zeigen sie jedoch auch die allgemeine Problematik im Umgang damit auf.

Die Last der Gegenwart auf der Vergangenheit

Für uns Deutsche ist der Umgang mit dem Thema Israel nicht einfach, die Last der Vergangenheit scheint uns in unserer Meinungsfreiheit zu hemmen. Und dennoch – oder vielleicht gerade deswegen? – wird selten so schnell beurteilt, geurteilt und verurteilt ohne Kenntnis der historischen Grundlagen wie bei diesem Thema. Normalerweise wollen wir wissen, verstehen und erklären, wie etwas entstanden ist, das Gegenwärtige im Lichte des Vergangenen. Aber ist dies auch umkehrbar: die Vergangenheit im Lichte der Gegenwart? Denn kaum ein historisches Thema steht wie dieses rückblickend so im Lichte der Aktualität, von der aus die Vergangenheit beleuchtet wird. Es entsteht die Vorstellung eines Fatalismus der Geschichte, der vom Ende her verstanden werden muss. Im Rückblick erscheint die ganze Vorgeschichte der Gründung Israels nichts als eine linear in das Ergebnis mündende Abfolge kausaler Verkettungen und diese wiederum als das Resultat zielgerichteter Planung: nämlich des Projekts der Gründung des Herzlschen »Judenstaates«. Entspricht denn das Ergebnis nicht augenscheinlich zu 100 Prozent der Zielsetzung des Zionismus (sieht man einmal davon ab, dass die Ultranationalisten ein Groß-Israel unter Einschluss des Gebietes östlich des Jordans forderten)? Überschriften zu entsprechenden Darstellungen wie »Von der zionistischen Vision zum jüdischen Staat«[7] erscheinen

7 Angelika Timm: *Von der zionistischen Vision zum jüdischen Staat*. Informationen zur Politischen Bildung 278, Bundeszentrale für Politische Bildung, Bonn, 2005.

logisch, und im letzten Band der *Fischer Weltgeschichte* werden die »Bedingungen der jüdischen Nationalstaatsbildung in Palästina« zwar äußerst kritisch, aber – oder vielleicht gerade deswegen – auch nur unter dem Aspekt des Ergebnisses betrachtet.[8] Und genauso ist es mit der weiteren Geschichte Israels: Nebeneinander gestellte politische Karten vom UN-Teilungsbeschluss 1947 bis zu den Eroberungen im Sechstagekrieg 1967[9] suggerieren eine konsequente Expansionspolitik Israels, die Siedlerbewegung in den besetzten Gebieten nach 1967 erscheint als deren logische Fortsetzung. Die Idee, dass der spätere Konflikt schon mit dem ersten jüdischen Siedler vorprogrammiert gewesen sei, wird unübertroffen in einem Buch für Studierende der Politik zum Ausdruck gebracht:

> »Der Beginn des Nahost-Konflikts lässt sich auf das letzte Viertel des 19. Jahrhunderts datieren. Die erste Gewalttat könnte ein palästinensischer Hirte begangen haben, als er einen Stein gegen den ersten jüdischen Siedler warf, oder ein jüdischer Siedler, als er einen palästinensischen Hirten verprügelte, der seine Ziegen auf das Feld des Siedlers führte.«[10]

Die formale Äquidistanz zu den Kontrahenten erweist sich hier als Schein insofern, als der jüdische Siedler, egal ob er oder der Palästinenser »den ersten Stein« warf, auf jeden Fall der Grund für den Konflikt ist. Im radikalen Urteil, dass ein Zusammenleben von vornherein unmöglich gewesen sei, sind sich jedoch auch die Extremisten beider Seiten vor Ort einig. Weil Israel aus allen Kriegen siegreich hervorging – sieht man von den jüngsten Konflikten ab, die nicht mehr in das Schema eines regulären Krieges fallen und auch keinen Sieg mehr herbeiführen, sondern nur noch einen Dauerkonflikt aufrechterhalten –, machen auch seine Kritiker in Europa gerne das Ergebnis zur Anklage, während die

8 Cf. Dan Diner: »Israel: Nationalstaatsproblem und Nahostkonflikt«, in: Fischer Weltgeschichte, Band 36: *Das Zwanzigste Jahrhundert III*, Frankfurt am Main 1982, S. 165-212. – Zuvor wurde in der FWG das Thema Palästina im Rahmen der Geschichte der islamischen Welt angesprochen, cf. Bd. 15: *Der Islam II*, darin: 5. Die ostarabische Welt von Ägypten bis zum Irak einschließlich des Sudan, II. Probleme der Gegenwart, b) Der Palästinakonflikt, S. 373-379.

9 Wie z. B. auf der Seite eines Regionalverbandes der Deutschen Friedensgesellschaft unter der Überschrift »60 Jahre Israel – 60 Jahre Entrechtung der Palästinenser« auf http://www.dfg-vk-bonn-rhein-sieg.de

10 Margret Johannsen: *Der Nahost-Konflikt*. Wiesbaden (Verlag für Sozialwissenschaften/GWV Fachverlage), 2006, S. 11 f. (Reihe Elemente der Politik).

verpassten Chancen für eine andere Entwicklung im politischen Urteil unter den Tisch fallen und damit auch der Teil der Verantwortung dafür, den die arabisch-palästinensische Seite trägt. Diesbezüglich verurteilt wird allenfalls der Terrorismus, und auch dazu findet sich in manchen Diskussionen gewisses Verständnis mit Argumenten wie: »Sie haben ja keine andere Waffe«, oder mit der Gegenüberstellung zum »israelischen Staatsterrorismus«.

Die Bedeutung der Balfour-Erklärung

In dem Schulbuch *Forum Geschichte* 4 heißt es über die Balfour-Erklärung (die allerdings nicht als Begriff auftaucht): »Von der britischen Regierung, die das Gebiet im Auftrag des Völkerbunds verwaltete, erhielten sie [= Juden, Zionisten] 1917 die Zusage für eine neue Heimstätte. Aber sie sprach auch den in Palästina lebenden Arabern das Recht auf einen eigenen Staat zu.«[11] Schon in der Darstellung der vermeintlichen historischen Fakten wird hier anachronistisch die Zwei-Staaten-Lösung suggeriert, die erst 30 Jahre später im UN-Beschluss zur Teilung Palästinas entstand. Abgesehen davon, dass es 1917 noch kein britisches Völkerbundsmandat gab (der Völkerbund war noch nicht einmal gegründet), galt das kurz zuvor von den Briten gegebene Versprechen der arabischen Unabhängigkeit nicht den *Palästinensern*, sondern den *Arabern* als Volk oder Nation, von denen sich die Briten im 1. Weltkrieg Unterstützung im Kampf gegen das mit Deutschland verbündete Osmanische Reich erhofften und auch bekamen. Das militärische Engagement von arabischer Seite war von dem britischen Hochkommissar in Ägypten, McMahon, mit dem Scherifen von Mekka, Hussein ibn Ali, ausgehandelt und von dem britischen Offizier T. E. Lawrence (»Lawrence of Arabia«) organisiert worden. Weniger explizit wie im oben genannten Buch, aber implizit ähnlich, heißt es jedoch in *Das waren Zeiten* 4: »Bei der Übernahme der Verwaltung Palästinas erklärte die britische Regierung 1917, für eine ›nationale Heimstätte‹ der Juden sorgen zu wollen. Gleichzeitig bestätigten die Briten aber auch den Palästinenser ihre nationalen Ansprüche.«[12] Eine palästinensische nationale Identität gab es zu diesem Zeitpunkt aber noch nicht. Der Widerstand aus der arabischen Bevölkerung gegen die Pläne Frankreichs und Großbritanniens zur Aufteilung des Nahen Ostens in

11 *Forum Geschichte* 4, Hessen, Berlin (Cornelsen), 2004, S. 174.
12 *Das waren Zeiten* 4, Bayern, Bamberg (Buchner), 2007, S. 162.

Völkerbundmandate, die sie sich selbst zuwiesen, richtete sich gegen die spätkoloniale Fremdherrschaft als solche und dann gegen die Aufteilung dieses Gebietes zwischen der Südgrenze Anatoliens, dem Euphrat und dem Mittelmeer, das traditionell als Syrien bezeichnet wurde. Der Protest in der arabischen Führungsschicht des sich bildenden britischen Mandatsgebietes Palästina forderte bis 1920/22 die Einheit mit Syrien. Desgleichen war der Jordan als neue Grenze zwischen Palästina und Transjordanien, wie man damals sagte, ein historisches Novum, wenn auch bereits durch die osmanischen Verwaltungsgebiete vorgezeichnet. *Filastin*, wie der alte lateinische Name Palaestina im Arabischen und dann im Türkischen adaptiert wurde, war ein geographischer Begriff, kein politischer. Eine palästinensische nationale Identität wurde erst durch das britische Mandat geschaffen, auch wenn verständlicherweise palästinensische Intellektuelle in heutiger Zeit eine Geschichte der palästinensischen Nation retrospektiv weit davor zurück konstruieren wollen. Hinzu kommt, dass eine palästinensische Identität dann auch später von den arabischen Nachbarn lange nicht anerkannt wurde, v.a. von Jordanien nicht, welches das Westjordanland 1949 bis 1967 in seinem Staatsgebiet integriert hatte. Noch in der Resolution 242 des UN-Sicherheitsrats vom 22.11.1967 taucht der Begriff Palästinenser gar nicht auf.

Die britischen Versprechungen gegenüber der arabischen Welt wurden jedoch nicht eingehalten, obwohl oder eher weil sie konkreter waren als die den Zionisten gegebene vage Aussicht auf ein »national home«. Die Balfour-Deklaration versprach nämlich auch nicht die Gründung eines Staates im Sinne des zionistischen Selbstverständnisses, wie dies ebenfalls im Rückblick viele meinen, sondern lediglich die Förderung der Einwanderung und Siedlung – und dies unter der expliziten Bedingung der Garantie der Rechte der dort lebenden arabischen Bevölkerung. Die Einschränkungen der Balfour-Erklärung wurden mit der Errichtung des britischen Mandats bestätigt und 1922 erklärte Kolonialminister Churchill unmissverständlich gegenüber radikalen zionistischen Positionen (und mit einem Lob für entsprechend gemäßigte Statements des Zionistenkongresses in Karlsbad 1921):

> »Unauthorized statements have been made to the effect that the purpose in view is to create a wholly Jewish Palestine. Phrases have been used such as that Palestine is to become ›as Jewish as England is English.‹ HMG [= His Majesty's Government] regard any such expectation as impracticable and have no such aim in view.«[13]

13 *The Churchill White Paper*, 3 June 1922. Cf. United Nations Information

Wie sehr die spätere Entwicklung den Blick auf die Balfour-Erklärung deformieren kann, zeigt auch das bereits zitierte Lehrbuch für Studierende der Politik, in dem es heißt, die Erklärung

> »enthielt bereits den Keim für die kommenden jüdisch-arabischen Auseinandersetzungen, denn von wirtschaftlichen, sozialen oder gar politischen Rechten der Araber war in keinem der beiden Dokumente [i.e. Balfour-Erklärung und Mandat] die Rede.«[14]

Doch paradoxerweise wird direkt im Anschluss daran die Balfour-Erklärung zitiert, die damit abschließt,

> »dass nichts geschehen soll, was die bürgerlichen und religiösen Rechte der bestehenden nicht-jüdischen Gemeinschaften in Palästina [...] in Frage stellen soll.«[15]

War diese Garantie der »civil rights« nicht ausreichend? Von politischen Rechten war zu diesem Zeitpunkt für keine der beiden Seiten die Rede. Der besagte Passus wurde auch wortwörtlich in den Mandatstext aufgenommen, und in einem Brief an den britischen Premier bestätigte Lord Balfour, die jüdische Heimstatt könne geschaffen werden, »ohne die gegenwärtigen Einwohner entweder zu enteignen oder zu unterdrücken.«[16]

Dieses Einzelthema macht schon sehr gut deutlich, wie aus politischen oder didaktischen Gründen (»didaktische Reduktion« im Lehrbuch) die gewiss komplexe Geschichte unzulässig vereinfacht wird durch eine Rückprojektion des Ergebnisses einer historischen Entwicklung auf ihren Anfang oder, noch deutlicher, durch die Vertauschung von Ursache und Wirkung. Dabei ist diese Komplexität im Zusammenhang mit der Balfour-Erklärung durchaus reduzierbar ohne Verfälschung, indem man z.B. ganz einfach den Passus über die Wahrung der Rechte der nicht-jüdischen Bevölkerungsgruppen aus der Balfour-Erklärung bzw. dem Mandat zitiert.

Dieses Versprechen der Errichtung einer nationalen jüdischen Heimstätte unter Wahrung der Rechte der anderen Bevölkerungsgruppen mag im Nachhinein als Illusion erscheinen, man sollte jedoch deswegen nicht unterstellen, es sei von vornherein nur ein Lippenbekenntnis ge-

System on the Question of Palestine (UNISPAL) http://unispal.un.org > Browse and Search > Date > 1922.

14 Johannsen, op. cit., S. 16.

15 Ebd.

16 Zit. in: Gudrun Krämer: *Geschichte Palästinas*. München (Beck), 2002, S. 199.

wesen. Dies gilt auch für das Abkommen der gegenseitigen Unterstützung, das am 3.1.1919 zwischen Chaim Weizmann, dem Leiter der zionistischen Delegation bei den Nachkriegsverhandlungen in Paris, und Emir Faisal, dem Prätendenten auf den Thron des von den Briten versprochenen arabischen Königreiches, geschlossen wurde (Faisal war der Sohn des Sherifen Hussein von Mekka). Die keiner proisraelischen Haltung verdächtige Islam-Professorin Gudrun Krämer fasst Faisals Absichten so zusammen:

> »Dabei scheint er sich jüdisches Kapital und jüdische Hilfe gegen die Franzosen erhofft zu haben, die, wie auch ihm bekannt war, Anspruch auf Syrien erhoben; die Zionistische Organisation bot dem Arabischen Staat in dem Abkommen ihre guten Dienste an. Allerdings knüpfte Faisal in einer handschriftlichen Notiz in arabischer Sprache sein Entgegenkommen an eine entscheidende Voraussetzung: die Erfüllung der arabischen Ansprüche auf Unabhängigkeit durch die auf der Pariser Friedenskonferenz versammelten Mächte. Als diese verweigert wurde, war auch das Abkommen hinfällig.«[17]

Diese verpasste Chance – eine von vielen – macht deutlich, wie falsch es auch ist, den zionistisch-arabischen Konflikt ausschließlich unter dem Aspekt der Schuldfrage zwischen den beiden Parteien zu betrachten. Ein dritter Faktor, Europa, spielte eine mindestens ebenso maßgebliche Rolle für die Entwicklung der Dinge: zunächst Großbritannien als Mandatsmacht, aber auch Frankreich, das die arabische Unabhängigkeitsbewegung in Syrien bereits 1920 blutig unterdrückte, sowie die politische Entwicklung in Europa insgesamt. Dann stärkte der Antisemitismus in Europa die zionistischen Bewegung durch Auswandererwellen aus Osteuropa vor, während und nach dem 1. Weltkrieg als Reaktion auf konkret erfahrene Verfolgungen, und die letzte Phase vor der Gründung Israels war geprägt von der NS-Gewaltherrschaft mit der dramatischen Zuspitzung hin zur Shoah.

Einwanderung: Kann es ein Land für zwei Völker geben?

Gegen die zionistische Legende von einem quasi leeren Palästina steht die umgekehrte Legende, dass es für so viele Einwanderer keinen Platz gegeben hätte und folglich die Einwanderung der einen die Vertreibung der anderen von vornherein beinhaltete. Der jüdischen Siedlungsbewe-

17 Krämer, op. cit., S. 191.

gung wird somit automatisch der Vorwurf der »Wegnahme des Landes« gemacht. Es ist in der Tat nicht schwer, auch entsprechende Zitate führender Zionisten bis zurück auf Theodor Herzl als scheinbaren Beleg dafür zu finden.[18] Doch sind solche Absichtserklärungen und andere radikale Äußerungen deckungsgleich mit der historischen Realität? Alle Informationen über diesen ursprünglich südlichsten Teil der osmanischen Provinz Syrien zeichnen die Region als relativ zurückgeblieben und dünn besiedelt, selbst im Vergleich zu benachbarten Landstrichen, z.B. dem späteren Libanon. Unter dem britischen Mandat wuchs die Bevölkerung Palästinas von ca. 820.00 auf 1.940.000, also um 1,12 Millionen, der jüdische Anteil in Folge der Einwanderung um ca. 508.000 (von 94.742 auf 602.586)[19], was also nur die Hälfte des gesamten Zuwachses ausmachte. Denn die arabische Bevölkerung hatte sich ihrerseits verdoppelt, darunter auch ein signifikanter Teil an Christen. Dies ist durch eine hohe Geburtenrate zu erklären, hinzu kam zum kleineren Teil aber auch eine arabische Immigration aus den benachbarten Regionen. Doch damit lag die Einwohnerzahl immer noch unter den 2,5 Millionen, auf die die meisten Historiker die Bevölkerung Palästinas in der Antike schätzen. Die finanzielle Unterstützung der jüdischen Einwanderung sowie weitere Investitionen aus dem Westen, die nicht nur direkt mit dem Zionismus verbunden waren, hatten während des Mandats einen wirtschaftlichen Impuls geliefert, mit dem die Peel-Commission noch 1937 in ihrer Bilanz des sich zuspitzenden Konflikts die guten Absichten der Balfour-Erklärung beschwor. Obwohl die Wachstumsrate des Bruttoinlandsprodukts (soweit ermittelbar) auch für die arabische Bevölkerung mit 8,5 % über die ganze Mandatszeit hoch lag, brachte dieser wirtschaftliche Aufschwung nicht allen die Vorteile, auf die ein harmonisches Zusammenleben hätte gründen sollen, vielmehr erzeugte die ungleiche Entwicklung zugunsten der jüdischen Bevölkerung bei vielen, wenn auch nicht bei allen alteingesessenen Arabern das

18 Wer die Formel »Ein Land ohne Volk für ein Volk ohne Land« zum ersten Mal geprägt hat, verliert sich wohl im Dunkel der Geschichte; Tatsache ist, dass sie zwar nie ein offizieller Slogan des Zionismus war, aber trotzdem die kolonialistische Vision des frühen Zionismus zugespitzt auf den Punkt bringt im Sinne einer Unter- bzw. Geringschätzung der Präsenz arabischer Bevölkerung, vgl. die Dokumente in: Henry Laurens: *Le retour des exilés. La lutte pour la Palestine de 1869 à 1997*, Première Partie, chap. I-IV.

19 Cf. Justin McCarthy, *The Population of Palestine. Population History and Statistics of the Late Ottoman Period and the Mandate*, New York (Columbia Univ. Press), 1990, S. 37

Gefühl einer Kolonisierung im politischen Sinne, also über die reine Ansiedlung und Selbstverwaltung der Juden hinaus. Doch zeigt diese Entwicklung auch das Potential der Aufnahmekapazität von Menschen bzw. für eine Intensivierung der Besiedlung. Weder war Palästina leer, noch war es voll.

Der Landerwerb jüdischer Siedler bis zum Ende der Mandatszeit geschah weitgehend auf legalem Wege, bis ca. 1927 erwarben sie zunächst Land von meistens auswärtigen Großgrundbesitzern oder brach liegendes oder nur extensiv genutztes Land von lokalen Eigentümern. Konflikte entstanden dadurch, dass die auf diesen Ländereien als Bauern arbeitenden Pächter der Großgrundbesitzer durch den Besitzerwechsel freigesetzt wurden und das Land verlassen mussten. In den 30er Jahren griff daher die Mandatsverwaltung ein und erteilte Auflagen für solche Landkäufe. Doch die dank dieser Nachfrage steigenden Preise für Grund und Boden führten in einer zweiten Phase auch ärmere arabische Bauern (Landbesitzer) dazu, ihr Land zu verkaufen, weil sie sich dadurch besser stellten oder von Schulden befreien konnten oder damit eine aufgrund der fehlenden Modernisierung wenig ertragreiche Landwirtschaft aufgaben und in die Stadt zogen.[20] »Entire Palestinian Arab villages disappeared because of land sales.«[21] Gudrun Krämer geht sogar soweit zu konstatieren: »Die Ausweitung des jüdischen Landbesitzes wurde insgesamt weniger durch mangelnde Verkaufsbereitschaft auf Seiten der arabischen Besitzer eingeschränkt, als vielmehr durch mangelnde finanzielle Mittel der jüdischen Käufer.«[22] Denn, anders als die Legende suggeriert, verfügte die zionistische Bewegung keineswegs über unerschöpfliche Geldquellen, und die Siedlungsprojekte befanden sich oft genug in einer äußerst prekären Lage. Weitere Konflikte resultierten aus dem nach westlichen Rechtsvorstellungen nicht eindeutig geklärten Kollektivbesitz von Dorfgemeinschaften sowie entsprechenden Nutzungsrechten für Hirten, Wasserzugang usw.

Aus lokalen Konflikten entstanden gewaltsame Übergriffe, Attentate und Massaker, die auf beiden Seiten zu einer Verhärtung führten, aber auch zu einer gemeinsamen Ablehnung der britischen Autorität. Wäh-

20 Cf. Michel Abitbol: *Le passé d'une discorde. Juifs et Arabes depuis le VIIe siècle*, Paris (Perrin), [2]2003, S. 317.

21 Kenneth W. Stein: *The Land Question in Palestine*. Chapel Hill/London (Univ. Of North Carolina Press), 1984, S. 216. – Diese Untersuchung analysiert den Prozess des Landtransfers bis ins kleinste Detail mittels der Auswertung umfangreichen Archivmaterials.

22 Krämer, op. cit., S. 288. – Alle genannten Statistiken stammen ebenfalls aus diesem Buch.

rend die Mandatsmacht den »Arabischen Aufstand« 1936-39 massiv bekämpfte, führende palästinensische Aktivisten verhaftete oder in die Emigration zwang und ihre Organisationsfreiheit beschränkte, reduzierte sie auf der anderen Seite immer mehr die Einwanderungsmöglichkeit für weitere Juden – und dies genau zu dem Zeitpunkt, als in Europa der Plan zur Vernichtung der Juden seinen Lauf nahm. Die Tatsache, dass der Westen seit 1939 nicht nur die Auswanderung nach Palästina, sondern überhaupt die Fluchtmöglichkeiten erschwerte (z.B. in die USA), verschaffte zwangsläufig den radikalen Kräften in der zionistischen Bewegung Auftrieb. Doch deren Führung akzeptierte im Grundsatz, wenn auch nicht im Detail der Grenzziehung, bereits den Teilungsvorschlag der Peel-Kommission 1937 sowie dann ohne Vorbehalte den UN-Teilungsbeschluss zehn Jahre später, während die arabische Seite diesen kategorisch ablehnte. Das den Juden 1937 zugesprochene Gebiet wäre sogar erheblich kleiner gewesen (das Küstengebiet sowie Teile des nördlichen Galiläa). Der UN-Teilungsbeschluss bevorteilte dann fraglos die jüdische Seite, doch die arabische Seite hatte die Teilnahme an der UNSCOP (United Nations Special Committee on Palestine) abgelehnt und damit den Zionisten das Terrain für deren Beeinflussung überlassen.[23] Aus palästinensischer Sicht rechtfertigt Karl Sabbagh den Boykott: »The Palestinian Arabs refused to meet yet another committee. It seemed to them that the committee was founded on the promise that some way had to be found to get as many European Jews as possible into Palestine«, doch einige Seiten später erklärt er paradoxerweise, dass die Palästinenser von der UNSCOP »a fair and equitable form of government« für Palästina erhofften.[24] Dieser Anspruch ist freilich Voraussetzung für die Verurteilung des Ergebnisses der Untersuchung, an der mitzuwirken man sich zuvor geweigert hatte. So beurteilt Adel Safty dagegen den Boykott zu Recht als »strategic mistake«, relativiert aber die Entscheidungsfreiheit der UNSCOP mit dem Hinweis darauf, die Würfel seien zuvor schon in Washington gefallen.[25] Übrigens hätte das Generalsekretariat der Arabischen Liga wohl für eine Teilnahme an der UNSCOP plädiert, doch die palästinensische Führung, d.h. das Arab Higher Comittee, setzte die Weigerung durch.[26]

23 Vgl. Alain Gresh: *Israel – Palästina. Hintergründe eines Konflikts*, Zürich (Unionsvlerag), 2002, neue erw. Ausg. April 2009, S. 89 ff.

24 Karl Sabbagh: *Palestine. A Personal History.* London (Atlantic Books), 2006, S. 255, 258.

25 Adel Safty: *Might over Right. How the Zionists Took Over Palestine.* Reading (Garnet), 2009, S. 162 und zuvor.

26 Vgl. die Darstellung auf der Website der Vereinten Nationen zum Paläs-

Es lohnt kurz zu skizzieren, wer diese palästinensische Führung war: Das Arab Higher Committee war 1936 mit Beginn des »Arabischen Aufstandes« in Palästina unter dem Vorsitz des Muftis von Jerusalem, Hadj Amin al-Husseini, gegründet worden. Während des 2. Weltkriegs paktierte der Mufti mit Hitler-Deutschland, dem er schon zuvor seine politische und ideologische Sympathie bekundet hatte, inspirierte einen pro-deutschen Putsch im Irak (schnell von den Briten niedergeschlagen) und ging dann nach Berlin ins Exil, von wo aus er weiterhin propagandistisch und organisatorisch den Kampf »gegen Briten und Juden« in der arabisch-islamischen Welt vorantreiben wollte. 1945 geriet er in französische Gefangenschaft, wurde aber unter ungeklärten Umständen freigelassen und kam nach Kairo. Ein offizielles Auftreten war nicht mehr möglich, doch sein Bruder Jamal vertrat ihn im Vorsitz des Komitees, während sein Sitz dort explizit für ihn freigehalten wurde.[27]

Welche Chancen bot die UN-Entscheidung über Palästina? Die Alternative zur Teilung, ein binationaler föderaler Staat, die heute noch in der Diskussion gerne dem Teilungsbeschluss entgegengesetzt wird, war zuvor von beiden Seiten mehrfach abgelehnt worden. Eine Variante davon, die sogenannte Kantonalisierung nach Schweizer Vorbild, blieb in der zionistischen Führung immerhin in der Diskussion, hätte jedoch keine Zustimmung durch die palästinensische Führung gefunden und war aufgrund der Entwicklung der Dinge auch bei den Zionisten nicht mehrheitsfähig. Immerhin enthielt der UN-Teilungsbeschluss mit dem Aspekt einer Wirtschaftsunion zwischen beiden Staaten noch ein Element der föderativen Idee, doch dazu kam es nicht, da die Arabischen Staaten Israel am Tag nach der Proklamation des Staates den Krieg erklärten. Dass es dazu kommen würde, war allen Beteiligten klar, bei-

tina-Konflikt: »The Arab League's Secretary General had indicated that the League would co-operate, but the Palestinian leadership in the Arab Higher Committee decided against participation [...]« United Nations Information System on the Question of Palestine (UNISPAL), Division for Palestinian Rights (DPR): *The Origins and Evolution of the Palestine Problem: 1917-1988, PART II 1947-1977*. (30 June 1990). http://domino.un.org/unispal.nsf.

27 Zur ersten Orientierung über den Mufti und seinen Kreis gibt es umfangreiche Informationen bei Wikipedia, außerdem sind in den letzten Jahren mehrere wissenschaftliche Publikationen erschienen, vgl. z.B. Klaus-Michael Mallmann/Marin Cüppers: *Halbmond und Hakenkreuz. Das Dritte Reich, die Araber und Palästina*, Darmstadt (WBG), 2006 (Veröffentlichungen der Forschungsstelle Ludwigsburg der Universität Stuttgart, Bd. 8).

de Seiten bereiteten sich darauf vor, und der Kampf der terroristischen Milizen vor Ort hatte schon zuvor begonnen.[28]

Staatsgründung: Kann es zwei Staaten in einem Land geben?

Eine adäquate Bewertung der Geschichte kann nicht ohne diese und weitere Faktenkenntnisse erfolgen, die hier nur in Kürze angerissen werden konnten[29], doch typisch für eine weit verbreitete vorurteilsbehaftete Wahrnehmung erscheint folgender Eintrag auf der Webseite einer Schule:

> »Nach dem gescheiterten Versuch derer Ausrottung durch die Nationalsozialisten wurde ein Großteil der Juden von Frankreich und Großbritannien in den unter ihrem Mandat stehenden ›Nahen Osten‹ abgeschoben; ihnen wurde 1948 ein eigener Staat geschaffen, wobei auf die Zustimmung der Palästinenser bewußt verzichtet wurde. Die Gründung Israels ist einzigartig in der Geschichte moderner Staatsgründungen, da diese mit biblischen Schriften rechtfertigt wird. Aus dem anfänglichen ›Heim in dem ihren von Gott geschenkten Land‹ wurde die rücksichtslose Einnahme eines großen Staatsgebietes der Palästinenser.«[30]

Abgesehen davon, dass jeder Satz davon zumindest unglaubliche Unkenntnis offenbart, wird hier v.a. exemplarisch die These von der gewaltsamen Landnahme des gesamten Territoriums formuliert. Wie schwer die Wahl der richtigen Vokabeln fällt und wie schwer das wiegt, zeigt auch das Lehrbuch *Anno 4* (Westermann, 1997):

28 Cf. Tom Segev: *Es war einmal ein Palästina. Juden und Araber vor der Staatsgründung Israels*, München (Siedler), 2005, Kap. 23.

29 Eine historische Darstellung zur Vorgeschichte und Geschichte des Nahostkonflikts für den Oberstufenunterricht, insbesondere wie er zur Zeit in Bayern curricular ermöglicht wird, konnte ich zusammen mit Martin Liepach 2011 publizieren: Wolfgang Geiger/Martin Liepach: *Naher Osten. Historische Wurzeln eines weltpolitischen Konflikts*, Freising (Stark), 2011 (Reihe Abitur-Wissen Geschichte).

30 http://www.staff.uni-marburg.de/~terno/judentum/index.html. Webseite des »Projekt Judentum« einer 8. Klasse in Religion an der Lahntalschule Biedenkopf aus dem Jahr 2000; der Religionslehrer hat die Seite auf dem Server der Universität Marburg eingestellt.

> »Da Großbritannien seit 1939 den Zuzug von Siedlern drastisch einschränkte, organisierten jüdische Untergrundorganisationen die illegale Einwanderung. Die Folge war ein Bürgerkrieg, in dem sich militärische Organisationen der Juden gegen die britische Mandatsmacht und die palästinensische Nationalbewegung gegen jüdische Überfremdung zur Wehr setzten.« (S. 140).

Den »militärischen Organisationen der Juden«, auf einer Ebene mit den vorher genannten »Untergrundorganisationen«, steht die »palästinensische Nationalbewegung« gegenüber, die sich gegen eine »jüdische Überfremdung« wehrt, der Bürgerkrieg wird als Folge der illegalen Einwanderung seit 1939 dargestellt.

Vergleichen wir noch einen Auszug aus einer anderen bekannten Schulwebseite:

> »Am 29.11.1947 beschloss die UNO die Teilung des ehemaligen britischen Mandatsgebietes Palästina. Nachdem die Briten abgezogen waren, rief die dort sesshafte jüdische Bevölkerung am 14.05.1948 den Staat Israel aus. Die arabische Bevölkerung floh in großen Scharen aus dem nun israelischen Gebiet, teilweise auch auf Grund des Druckes extremistischer jüdischer Gruppierungen. Es entwickelten sich arabisch-palästinensische Guerillaverbände. Am 11.12.1948 bekräftigte die UN das Recht der Palästinenser auf Rückkehr. Ein Jahr später vereinbarten Israel und die arabischen Konfliktstaaten einen Waffenstillstand.«[31]

Aus der chronologischen Darstellung folgt, dass die »palästinensischen Guerillaverbände« nur auf entsprechende Aktionen »extremistischer jüdischer Gruppierungen« reagiert hätten. Vollkommen unterschlagen wird hier, dass die arabischen Nachbarstaaten am Tag nach der Proklamation des Staates Israel diesem den Krieg erklärt hatten, weil sie von vornherein auch gegen die Teilung gewesen waren, und dass im Vorfeld, ebenso wie jüdische terroristische Gruppen, auch eine Palästina-Befreiungsarmee gegründet worden war (nicht zu verwechseln mit der späteren PLO).

Ein anderes Beispiel, bei dem man nicht zwischen den Zeilen lesen muss, aus dem Schulbuch *Das waren Zeiten 5:*

31 Projekt Judentum Lessing-Gymnasium Döbeln: www.judentum-projekt.de/geschichte/staatisrael/proklamation/index.html

> »Während die Juden mit militärischen Mitteln und westlicher Unterstützung ihren Staat 1948 gründen und zur alleinigen Atommacht der Region werden konnten, besteht bis heute kein palästinensischer Staat.«[32]

Über die in diesem Satz komprimierte Verzerrung der Geschichte und suggestive Botschaft ließe sich fast alleine schon ein ganzes Buch schreiben ..., daher nur kurz: »Die Juden« akzeptierten den Teilungsbeschluss, die Gegenseite nicht; die militärische Auseinandersetzung wurde, nachdem sie offensichtlich war, von beiden Seiten vorbereitet, alle arabischen Nachbarstaaten haben Israel nach der Staatsgründung den Krieg erklärt. »Der Westen« hat Israel keineswegs unterstützt, im Gegenteil: Die Briten stimmten nicht für den UN-Teilungsplan (Stimmenthaltung); im Krieg 1948 befehligte der hohe britische Offizier John Bagot Glubb (»Glubb Pascha«) die Arabische Legion für den König von Jordanien, die einzige effektive und erfolgreiche Armee auf arabischer Seite; die USA hatten nach der Unabhängigkeitserklärung Israels den Konflikt einzudämmen versucht bis hin zur Infragestellung des Teilungsplans. Eine Unterstützung »des Westens« im Sinne des Kalten Krieges hat es hier überhaupt nicht gegeben, die Sowjetunion sprach sich in der UNO für das Existenzrecht eines jüdischen Staates aus und stimmte für den Teilungsplan.[33] Und mehr noch: Während die USA, Großbritannien und Frankreich sich an ein generelles Waffenembargo hielten, wurde die *Haganah*, die israelische Armee, mit Zustimmung der Sowjetunion über die Tschechoslowakei mit Waffen versorgt.

Israel ging siegreich aus dem Unabhängigkeitskrieg hervor und konnte sein Territorium sogar noch vergrößern. Gewiss, jüdische terroristische Gruppen, die schon vor dem Teilungsbeschluss Anschläge gegen die britische Mandatsmacht unternommen hatten, weil sie nach 1945 immer noch den Zuzug von Holocaust-Überlebenden sperrte (das Drama der *Exodus*), besetzten nach dem Teilungsbeschluss mit Gewalt strategische Positionen innerhalb des jüdischen Gebietes und mit der Straße nach Jerusalem (vorgesehene neutrale Zone) auch darüber hinaus. Aus der radikalen Außenseiterposition heraus, zunächst von Ben Gurion und der politischen Mehrheit bekämpft, gelang es ihnen, im Zuge der Eskalation des Konfliktes immer mehr das Handeln zu diktierten und die Strategie der Haganah zu beeinflussen. So kam es zu Aktionen der

32 *Das waren Zeiten 5* (Bayern), Bamberg (Buchner), 2008, S. 82.

33 Die Logik des Kalten Krieges verlief damals anders: Die Sowjetunion erhoffte sich durch ein sozialistisch regiertes Israel einen potentiellen Verbündeten gegenüber den Monarchien im Nahen Osten.

Vertreibung arabischer Bevölkerung aus dem dem jüdischen Staat zugesprochenen Territorium (»Plan Dalet«), in kleinerem Maßstab zwischen dem UN-Teilungsbeschluss (Nov. 1947) und der Unabhängigkeitserklärung (Mai 1948) und massiver anschließend während des offiziellen Krieges. Doch so wie die jüdischen Milizen in der ersten Phase stärker waren als die bewaffneten Kräfte der Palästinenser, bei denen auch Freiwillige aus anderen Ländern mitkämpften, so war dann auch die israelische Armee motivierter, entschlossener, besser organisiert und bewaffnet als die gegnerischen Armeen. Ähnlich wie in anderen vergleichbaren historischen Situationen sind hier Flucht und Vertreibung schwer voneinander zu trennen, die politische Rhetorik auf beiden Seiten reduziert sich hier jeweils auf eine absolut einseitige Sicht der Dinge (Flucht bzw. freiwillige Emigration gegen gewalttätige Vertreibung). Doch nicht überall kämpften israelische und palästinensische Einwohner vor Ort gegeneinander: »Viele arabische Dörfer unterzeichneten mit ihren jüdischen Nachbarn ein Gewaltverzichtsabkommen.«[34] Somit wäre auf beiden Seiten zwischen politischer Führung und Bevölkerung bzw. zwischen Extremisten und Mehrheit zu unterscheiden – damals schon.

Die Bevorteilung der jüdischen Seite beim Teilungsplan war durch den palästinensischen Boykott der UNSCOP gefördert und die weitere territoriale Expansion über den Teilungsbeschluss hinaus durch den Krieg seitens der arabischen Nachbarn überhaupt erst ermöglicht worden, weil Israel dadurch in eine politisch legitime Verteidigungssituation gebracht wurde. Entsprechend reagierte die UN später mit Resolutionen zum Rückkehrrecht auf die Flüchtlingsfrage, stellte aber die Grenze von 1948/49 nicht mehr in Frage. Angesichts der v.a. von palästinensischer Seite vorgebrachten Anklagen der Missachtung der UN-Resolutionen durch Israel (v.a. hinsichtlich der Flüchtlingsfrage), ist zunächst festzuhalten, dass sowohl die Teilung Palästinas als auch die Grenzen 1948 von den Vereinten Nationen beschlossen bzw. anerkannt wurden. Die Flüchtlingsproblematik selbst wird man auch in einem globaleren Zusammenhang bewerten müssen, weil nämlich nach der *Naqba* 1948 (arab. »Katastrophe«, fast derselbe Begriff wie hebr. *Shoah*) viele orientalischen Juden in arabischen Ländern vor massiver Diskriminierung (auch durch offizielle Maßnahmen wie im Irak) und oft sogar aus berechtigter Angst um Leib und Leben vor Racheaktionen flohen und z.T. nach Israel einwanderten. Auch hier stellt sich die Frage nach der Dialektik von Flucht und Vertreibung. Der Konflikt hatte also einen mehr oder weniger gewaltsamen Transfer von Bevölkerungen im

34 Gresh, op. cit., S. 100.

gesamten nordafrikanisch-nahöstlichen Raum bewirkt, der die Position Israels stärkte, aber nicht von Israel alleine herbeigeführt wurde.

Ähnliches wie zum Konflikt 1947/48 lässt sich auch für den Sechstagekrieg 1967 und die Situation danach aufzeigen, was hier auch nur ansatzweise geschehen kann. Das dreifache Nein der Arabischen Liga (»Keine Anerkennung Israels, keine Verhandlungen, kein Frieden« – Beschluss von Khartum, 1.9.1967) hat es Israel erspart, unter Beweis zu stellen, ob es ihm ernst war mit dem Plan »Land gegen Frieden«, den die Resolution 242 des UN-Sicherheitsrats vom 22.11.1967 eröffnete: Sie forderte den Rückzug Israels aus den besetzten Gebieten gegen die Anerkennung des Staates Israel seitens der Nachbarn.[35] Die israelische Regierung und namentlich Verteidigungsminister Moshe Dayan – ganz entgegen seinem Image als Hardliner – hielten diese Option gegen den Druck der Rechten, auch innerhalb der eigenen Reihen, noch einige Zeit offen.[36] Doch die Gegenseite verweigerte jegliche Verhandlung.

Sinn und Rechtfertigung des israelischen Präventivkrieges mag man diskutieren, dabei gerät man allerdings zwangsläufig in hypothetische Spekulationen: Was wäre geschehen, wenn Israel nicht den Krieg eröffnet hätte? Aufgrund der Kriegsrhetorik des ägyptischen Präsidenten Nasser sowie der real unternommenen politischen und militärischen Schritte Nassers musste man an eine Vorbereitung des Krieges glauben: Die Sperrung der Straße von Tiran (Golf von Akaba), seit 1956 klar international als *casus belli* definiert, die Ausweisung der UN-Blauhelme vom Sinai (seit 1956 dort stationiert) und die darauf folgende massive Truppenverschiebung an die Grenze zu Israel, verbunden mit einem ostentativ verkündeten Militärpakt mit Syrien und Jordanien, das alles waren Maßnahmen, die eine Kriegsabsicht offenkundig machten. Die israelische Regierung unter Premierminister Levi Eshkol war alles andere als kriegslüstern, im Gegenteil, sie setzte sich in der öffentlichen Diskussion und bei der militärischen Führung einer massiven Kritik aus, die ihre Autorität komplett untergrub.[37] Später und bis heute wurden angebliche israelische »Kronzeugen« zitiert, die bezeugten,

35 »Achtung und Anerkennung der Souveränität, territorialen Unversehrtheit und politischen Unabhängigkeit eines jeden Staates in der Region und seines Rechts, innerhalb sicherer und anerkannter Grenzen frei Androhungen von Gewalt oder Akten der Gewalt in Frieden zu leben.« Deutsch auf http://de.wikipedia.org/wiki/Resolution_242_des_UN-Sicherheitsrates.

36 Cf. Tom Segev: 1967 – *Israels zweite Geburt,* München (Siedler), 2007, Kap. 13ff.

37 Cf. Segev, op. cit., Teil III.

dass Nasser keine Angriffsabsichten gehabt und Ägypten nicht kriegsbereit gewesen seien. Zitiert wird hier v.a. ein Artikel in *Le Monde* vom 28.2.1968 unter dem Titel: »Le général Rabin ne pense pas que Nasser voulait la guerre« (General Rabin denkt nicht, dass Nasser den Krieg wollte). Tatsächlich handelt es sich hier um eine ganz offensichtlich gezielte Irreführung, anders ist das nicht zu verstehen, denn der Inhalt des Interviews mit Jizhak Rabin, Generalstabschef im Sechstagekrieg und 1968 Botschafter in den USA, gibt überhaupt nicht wieder, was der Titel suggeriert. Tatsächlich bezieht sich das Zitat auf einen Zeitpunkt des sich zunächst zwischen Syrien und Israel anbahnenden Konflikts, als Nasser den Rückzug der UN-Blauhelme noch gar nicht gefordert hatte, also vor Ausbruch der heißen Phase der Konfrontation. Rabin rechtfertigt dann die israelische Reaktion auf die weitere Eskalation seitens des ägyptischen Präsidenten – also das Gegenteil dessen, was auf der Titelseite von *Le Monde* suggeriert wurde und was bis heute so viele Kritiker des israelischen Politik behaupten. Etwas Ähnliches geschah mit einem anderen Artikel in derselben Zeitung 1972, in dem israelische Generäle mit der Aussage zitiert wurden, dass die Angst vor einem neuen Genozid in Israel 1967 ein gezielter Bluff gewesen sei und damit kein Grund für den Präventivschlag bestanden habe – was die besagten Generäle aber so gar nicht erklärten.[38]

Eine Lösung »Land gegen Frieden« gab es nach 1967 nicht. Aus der Konsequenz der dann später einsetzenden Siedlungsaktivitäten religiös-radikaler Israelis lässt sich freilich bequem schlussfolgern: »Israeli leaders [...] consistently preferred land to peace.«[39] Oder, wie man im Anschluss an einen der »neuen Historiker« Israels, Beni Moris, die ideologische Argumentation beider Seiten auf einen Nenner bringen kann: »Opfer haben immer Recht«[40] und keiner will Täter oder Verantwortlicher für sein eigenes Handeln sein.

38 Siehe dazu den Wortlaut der Zeitungsartikel in deutscher Übersetzung auf http://www.historia-interculturalis.de/historia_interculturalis/Israel-Palaestina.htm.

39 Safty, op. cit., S. 239.

40 Cf. Benny Morris: *Righteous Victims. A History of the Zionist-Arab Conflict, 1881-1999*, New York (Knopf), 1999.

»1945 ist die deutsche Schuld zu Ende«?[41]

Die Opfer/Täter-Problematik prägt auch unser deutsches Verhältnis zum Thema Israel, dessen Schwierigkeit durch vorschnelle und überzogene Reaktionen nur überspielt werden soll. Unter Schülern, v.a. der Oberstufe, ist das Thema Nahost mit einem hohen Identifikationsgrad zugunsten der Palästinenser verbunden. Dies erklärt sich nicht nur aus der politischen Aktualität und der Unkenntnis über deren Genese. Es erlaubt auch, sich unbewusst ein Stück weit von der Last der deutsch-jüdischen Vergangenheit zu befreien. So erlebe ich immer wieder, dass meine Schüler bezüglich der deutschen Geschichte den Antisemitismus in Deutschland als Phänomen so verinnerlichen, dass sie ihn als historische Konstante ansehen, jüdische Emanzipation und staatsbürgerliche Gleichstellung gar nicht beachten und die Juden in der Weimarer Republik quasi als »Ausländer« betrachten, unter anderem auch mit dem Argument, dass »sie ja noch keinen eigenen Staat hatten.«[42] Ihre Opferrolle verwehrt ihnen noch im historischen Rückblick die Einbürgerung. Wenn ich dann aber die erste Episode der Filmdokumentation von Richard Chaim Schneider über die Präsenz der Juden in Deutschland nach 1945 zeige[43], können die Schüler es kaum glauben, dass es noch viele Juden als »Displaced Persons« im Nachkriegsdeutschland gab, und es noch weniger verstehen, dass etliche davon bleiben wollten: Warum sind sie nicht nach Israel? Wird dann aber genau dies thematisiert, nämlich die Geschichte der Gründung Israels, wird fast übergangslos auch der Zionismus kritisiert, und dort höre ich dann die antisemitischen Vorurteile und Ressentiments, die vorher beim Nationalsozialismus analysiert und verurteilt worden waren, nun als vermeintliche Erklärungen wiederkehren: die »mächtige jüdische Lobby in den USA«, das »Geld, das hinter den Juden steht« (fast bis zum NS-Jargon vom »internationalen Finanzjudentum«), die »jüdische Beeinflussung der in-

41 Diesen Schlussaspekt des Themas Israel im Unterricht von 2009 habe ich jüngst 2012, hier im ersten Text des Buches, in der Einleitung zu den Problemen der kollektiven Erinnerung aufgenommen und fortgeführt.

42 Vgl. oben »›Hilflose Aufklärung‹? Probleme des Anti-Antisemitismus in Schulbüchern und Unterricht. Erfahrungen eines Lehrers, 2. Teil: Der Antisemitismus des 19. und 20. Jahrhunderts«, S. 50.

43 Richard Chaim Schneider: *Wir sind da! Juden in Deutschland nach 1945*, Janusch Kozminski Filmproduktion in Co-Produktion mit dem BR, WDR u.a., 6 Folgen à 25 Min., 2000.

ternationalen Presse« bis zur einseitig proisraelischen Haltung der westlichen Staaten und v.a. dem Israelkritikverbot in Deutschland wegen des Holocausts – all dem verdanke Israel überhaupt seine Existenz... Was vorher der Scham über den Holocaust und die deutsche Schuld unterworfen war, wird nun durch die Zäsur 1945 und die Umkehrung der politischen Konstellation befreit, nämlich durch die bekannte Formel »gestern Opfer, heute Täter« und die damit verbundene Parallelisierung zu den Nazis: »Wie es den Juden einst geschah, so verhalten sie sich jetzt zu den Palästinensern.« So findet sich hierin die Möglichkeit zur psychologischen Relativierung der deutschen Schuld. »1945 ist die deutsche Schuld zu Ende« – so brachte es einer meiner Schüler auf den Punkt und so könnte man sinngemäß viele Schüleräußerungen zur diesbezüglichen Meinungsfreiheit zusammenfassen.

Damit soll nicht behauptet werden, alle dächten so, natürlich werden solche Gedanken in ihrer Radikalität nur von Einigen klar geäußert, die sich diesbezüglich zu Wort melden und oft eine Wortführerschaft erringen, weil es kaum Gegenstimmen gibt, sondern eher Schweigen von den anderen. Auch mache ich diese Erfahrungen nur, weil ich sie gezielt suche, d.h. auch provoziere, weil ich den Nahostkonflikt im Geschichtsunterricht zu einem Thema mache, dem ich *historisch* auf den Grund gehen will.

Der Antizionismus als Vektor für einen neuen (alten) Antisemitismus ist seit längerem Gegenstand der Forschung und Diskussion, und zwar auch als gesamteuropäisches Phänomen[44], und verstärkt sich analog in Schülerköpfen mit dem Fortschreiten des Konflikts im Nahen Osten, weil dieser dort auf beiden Seiten die extremen Kräfte fördert, eine Verhandlungslösung und damit einen Frieden immer unwahrscheinlicher werden lässt und den als Unrecht empfundenen Status quo verschärft. Angesichts der Thematik mit Sorgfalt konzipierte und durchgeführte Meinungsumfragen bestätigen, dass circa die Hälfte der Befragten in Deutschland »die israelische Politik mit der der Nationalsozialisten ge-

44 Vgl. u.a. die Synthese von Werner Bergmann: »Vergleichende Meinungsforschung zum Antisemitismus in Europa und die Frage nach einem »neuen europäischen Antisemitismus«, in: Lars Rensmann/Julius Schoeps (Hrsg.): *Feindbild Judentum. Antisemitismus in Europa*. Berlin (VBB), 2008, S.473-507, sowie im selben Band: Wolfgang Frindte/Dorit Wammetsberger: »Antisemitismus in Deutschland«, S.261-296 und die einschlägigen Beiträge in: Monika Schwarz-Friesel, Evyatar Friesel, Jehuda Reinharz (Hg): *Aktueller Antisemitismus – ein Phänomen der Mitte,* Berlin/New York (de Gruyter,), 2010.

genüber den Juden gleichsetzt.«[45] Die nicht vorgenommene Trennung zwischen Israelis und Juden in der politischen Meinung, die Aufrechnung zwischen Gegenwart und Vergangenheit, die »Befreiung« der Vorurteile aus ihrem Schuldzusammenhang von vor 1945 sowie die ideologische Verbindung zwischen Antizionismus und Antiamerikanismus seit der 68er Zeit, zeitweise wiederbelebt dank der Politik von George W. Bush, sowie die Überkreuzung des alten mit dem neuen Konflikt im Nahen und Mittleren Osten … – dies sind die Faktoren für die Prägung dieses »neuen« Antisemitismus. Einer davon mehr oder weniger stark beeinflussten Minderheit steht eine, wie mir scheint, ratlose, weil durch mangelndes Wissen gehandicapte Mehrheit gegenüber (auch unter den Lehrern, fürchte ich). Vor-Urteile können jedoch nur durch Urteile bekämpft werden, die auf einem entsprechenden Wissen beruhen.

45 Bergmann, op. cit., S. 499.

Nachwort

Bei Lehrerfortbildungen oder Vorträgen, in der Schule oder an der Universität oder in Gesprächen, die eines oder mehrere der hier versammelten Themen absichtlich oder zufällig streifen, werde ich immer wieder ungläubig gefragt, wie es möglich sei, dass heute noch »falsche Tatsachen« (ein schönes Wort, es ist die populäre Umsetzung der »falschen Klarheit« von Horkheimer und Adorno), Klischeevorstellungen oder sogar Vorurteile über Juden in Schulbüchern stehen. Die Diskussion darüber blieb anfangs weitgehend auf die Schulbücher beschränkt, erst langsam trat dann hinzu, dass sich dasselbe Phänomen auch in vielen allgemeinen Geschichtsbüchern findet, in »Handbüchern« und Überblicksdarstellungen, sowie in einer renommierten Enzyklopädie wie dem Brockhaus (2004)[1]. Wie man dies aus dem handwerklichen Prozess der Entstehung eines Überblickswerkes erklären kann, habe ich eingangs in »Zwischen Schuld und Scham, Urteil und Vorurteil« angedeutet. Dann mache ich verschiedentlich auch klar, dass sich einige dieser »falschen Tatsachen« selbst in Büchern finden, die bewusst aus einer jüdischen Perspektive heraus, oft auch von jüdischen Autoren, geschrieben wurden, dies betrifft vor allem den Mythos des Zinsverbots und des jüdischen Geldverleihers. In »Christen, Juden und das Geld« habe ich Beispiele dafür genannt und anhand des Buches von Jacques Attali auch einen Erklärungsversuch unternommen.

Es handelt sich dabei also nicht primär um Relikte eines intentionalen Antisemitismus, wenn auch die Übergänge vom unbewussten zum bewussten Vorurteil fließend sind. Die umfragebasierten Untersuchungen der Soziologen zum Antisemitismus unterscheiden jedoch nicht strukturell zwischen unbewusstem und bewusstem Antisemitismus, im Gegenteil: Für sie ist der verborgene Antisemitismus das »wahre Ich«, das sich unter der zivilisatorischen Firnis der »political correctness« verbirgt. Darin sehe ich ein epistemologisches Problem. Nicht alle als antisemitisch klassifizierten *items* implizieren eine antisemitische Absicht, bewusst oder unbewusst. Würde man das Prinzip der Umfragen auf die hier identifizierten *items* in Schulbüchern übertragen, käme eine nahezu hundertprozentige Trefferquote heraus. Für etliche *items* gilt jedoch, wie ich an mehreren Stellen erläutert habe, dass das Vorurteil sich von der auch unbewussten antisemitischen Absicht gelöst hat: Weil es vom Vorurteil der Anklage zum Vorurteil der Erklärung werden konnte.

1 Siehe oben, S. 26.

Was es als solches natürlich nicht besser macht, denn damit kann es weiterhin dazu beitragen antisemitische Einstellungen zu bestärken.

Das Vorurteil der Erklärung fällt in die Kategorie des Bestätigungsirrtums *(confirmation bias)*, eines psychologischen Denkfehlers, wie ihn jüngst Rolf Dobelli zusammen mit weiteren Denkfehlern in seinem populären Buch *Die Kunst des klaren Denkens*[2] am Beispiel von Alltagssituationen dargestellt hat. Man mag einwenden, das gelte für jedes Vorurteil, auch das des überzeugten Antisemiten, der darin seine Ideologie bestätigt sieht, doch besteht ein gravierender Unterschied darin, dass der ideologisch geprägte Mensch gar nicht auf die Idee kommt, er könne einem Irrtum aufsitzen, woraus sich auch eine Anfälligkeit für die abstrusesten Verschwörungstheorien ergibt. Der richtige Irrtum setzt dagegen voraus, dass man ihn *ausschließen* will. Daraus gewinnt das Vorurteil der Erklärung seine Macht. Dieser Bestätigungsirrtum verbindet sich dabei noch mit anderen psychologischen Irrwegen: mit der Überzeugungskraft der Plausibilität *(conjunction fallacy)* oder dem *social proof*, wonach so viele Autoren doch nicht irren können. Letzteres stellt für mich in den Diskussionen immer eine besondere Herausforderung dar und ich kann immer nur versuchen, das Argument des *social proof* mit der Erklärung des *confirmation bias* zu schlagen.

Ein weiterer Denkfehler, der *outcome bias* (so viel wie Ergebnisirrtum), »der auch als *Historikerirrtum* bekannt ist«[3], betrifft die Frage von Kausalität und Finalität in der Geschichte und zeigt sich am prägnantesten in etlichen Darstellungen des Nahostkonflikts und seiner Ursachen und mehr noch in der allgemeinen Vorstellung davon. Wie ich zuletzt in »Zwischen Scham und Vorurteil« dargelegt habe, gibt es wohl kein anderes Thema, bei dem das Ergebnis so sehr den historischen Rückblick determiniert. Hier fallen der Ergebnisirrtum und der Bestätigungsirrtum geradezu hundertprozentig zusammen: Es musste so kommen, wie es gekommen ist. Allerdings betrachte ich den *outcome bias* weniger als einen *Historikerirrtum* denn als einen Fehler aufgrund mangelnden historischen Denkens, wenn man das historisch-genetische oder hermeneutische Prinzip zugrunde legt, nachdem man etwas nur richtig verstehen kann, wenn man weiß, wie es entstanden ist.

Den Mythos als »falsche Klarheit« nach Horkheimer und Adorno durch die »Kunst des klaren Denkens« nach Dobelli aufzulösen ist so-

2 Rolf Dobelli: *Die Kunst des klaren Denkens*, München (Hanser), 2011. Die 52 Beiträge erschienen zunächst 2010-11 als wöchentliches Feuilleton in der *FAZ* und der *Schweizer SonntagsZeitung*.

3 A.a.O., S.82.

mit keine leichte Aufgabe, da auf die »Fragen an die Geschichte«, wie einmal ein Lehrwerk hieß, wie auch im aktuellen politischen Geschehen die einfachen Antworten besser ankommen als die komplizierten. Dennoch muss einfach nicht automatisch falsch sein, die Kunst der didaktischen Reduktion in Lehrbüchern, im Unterricht sowie in jeder Vermittlung von Wissen besteht genau darin, diese Gefahren zu erkennen und zu vermeiden.

Der Autor

Wolfgang Geiger, geb. 1956, studierte Französisch und Geschichte für das Lehramt, promovierte 1986 in Frankfurt am Main und 1996 in Nantes, dort mit einer Dissertation zum Frankreichbild im Dritten Reich, und ist seit 1999 Lehrer an einem Gymnasium in Hessen. Seit 2006 ist er Lehrbeauftragter an der Goethe-Universität Frankfurt, zunächst am Seminar für Didaktik der Geschichte, dann am Historischen Seminar.

Im August 2009 wurde er vom Hessischen Kultusministerium mit der Hälfte seines Lehrdeputats an das damals gegründete Pädagogische Zentrum des Fritz-Bauer-Instituts und des Jüdischen Museums Frankfurt abgeordnet.

Er war bzw. ist Mitglied in mehreren Arbeitskreisen des Verbandes der Geschichtslehrer Deutschlands (Jüdische Geschichte, Weltgeschichte, Bildungsstandards) sowie im hessischen Landesvorstand seit 2010.

Zusammen mit Martin Liepach betreut er die Website www.juedische geschichte.de

Im Verlag Humanities Online sind erschienen:

L'image de la France dans l'Allemagne hitlérienne et pendant l'après-guerre immédiat, Thèse de doctorat, Université de Nantes 1996, 1052p., Lille 1997 (microfiches); als PDF-Ausgabe (ergänzt um ein Namenregister) Frankfurt am Main 2000, 1051 Seiten, ISBN 978-3-934157-03-3.

Geschichte und Weltbild. Plädoyer für eine interkulturelle Hermeneutik, 2002, 390 Seiten, ISBN 978-3-934157-00-2.

»Interkulturelle Geschichte und monokulturelles Weltbild«, in: *Handlung · Kultur · Interpretation. Zeitschrift für Sozial- und Kulturwissenschaften,* ISSN 0942-8356, 2005, Heft 2: »Geschichtsbewußtsein interkulturell«, Seite 319-342.